제주방언의
그 맛과 멋

제주방언의
그 맛과 멋

문순덕

보고사

　우리에게 언어는 어떤 의미일까? 공식적으로 사용하는 모어(한국어)와 비공식적으로 사용하는 모어(지역 방언)는 공존하면서 살아남을 수 있을까에 대한 원론적인 고민을 많이 하고 있다.

　필자는 국어와 방언에 꽂혀서 형태소를 분석하고, 문장의 의미를 해석, 재해석하는데 관심을 가졌다. 그러면서 제주방언 문법 연구에 집중하게 되었다. 그 결과물을 모아놓은 『제주방언 문법 연구』(2003)가 나온 지 10년이 지났고, 이후 10년간 이런저런 발표지에 발표한 글을 모아서 한 권으로 내 놓으려고 한다. 물론 이런 작업이 어떤 의미가 있을 것인가에 대한 염려도 있으나 여러 글들을 매만지면서 자기반성을 통한 새로운 관점을 찾아보고자 하는 바람이 있다. 또한 제주방언 연구 분야에 대한 종합적 의미를 점검해 보고자 하는 소박한 소망이 있는 것도 사실이다.

　이와 같은 의도로 기획된 이 책은 2004년부터 2014년 8월까지 발표한 논문을 한눈에 볼 수 있도록 재편집하였다. 따라서 이는 새로운 창작물이 아니라 기존의 연구물을 엮은 것이며, 개별적인 연구 목적에 따라 발표된 글 중에 일부는 필자의 관점 변화에 따라 수정된 부분이 있고, 부연 설명이 필요한 곳은 각주로 처리하였다. 제주방언 문장들은 발표 당시 표기 방법을 그대로 적용하였으며, 신규

「제주어 표기법」을 반영하지 않았다. 이 점 독자들의 이해를 바란다.

서언을 쓰면서 지난 시간을 돌이켜 보면 필자가 제주방언에 관심을 갖고, 연구대상으로 삼은 것은 학부 때부터이니까 30년이 훨씬 넘었다. 우연히 학부 졸업 논문 "제주도 방언의 격조사에 관한 일고찰"을 볼 기회가 있었다(제출로 끝나고 미발표됨). 이 당시 국어국문학과는 4학년 때 졸업논문을 써야 졸업이 가능했다. 석사논문은 형태론 분야이고, 박사논문은 통사론 분야인데, 이후 방언 문법 분야를 딱히 정하지 않고 관심이 가는 대로 글을 써 보았다. 그래서 여기에 실은 글들은 공통적인 주제별로 엮는데 어려움이 있었다.

책의 구성은 크게 방언 문법과 보전 관련 정책적인 내용이다. 연구 영역이 조금씩 달라서 분야를 명확하게 구분하기는 어려우나 유사한 주제별로 분류하면 Ⅰ장과 Ⅱ장은 통사, 담화, 사회방언 등 문법적인 측면을 다룬 글이다.

Ⅲ장과 Ⅳ장은 제주방언의 보전, 전승, 활용, 부흥 등 언어정책적인 측면을 논의한 글이다. 1990년대 중반 이후 제주방언이 본격적으로 사회적 관심 대상으로 부각되었고, 그에 따라 제주방언이 제주도의 정책 추진 대상이라는 관점에서 작성된 글이다. 이 부분의 연구 제목에는 용어의 혼용이 있다. 즉 제주방언, 제주어, 제줏말 등이 쓰였는데, 이는 발표기관의 요청과 기관지의 성격에 맞춘 결과이다.

부록으로 「제주어 표기법」(2013년 제정)을 실었다. 제주방언 표기 방법은 학자에 따라 다를 수 있는데, 제주도에서는 통일된 '제주방언 표기 지침'에 대한 욕구가 있었으며, 제주방언의 문자 기록화를 위해 이 표기법을 마련하였다(제주특별자치도·제주발전연구원 제주학연구센터). 이 표기법은 2014년 7월 「제주특별자치도 고시 제 2014-115호」로 공표되었다.

곰곰이 생각해 보면 방언의 특징을 쉽게 찾아낼 수 있는 지역의 언어를 연구할 수 있는 것은 특혜인 것 같다. 내 자신이 방언 화자이면서 다양한 방언 화자를 만날 수 있는 장점이 있기 때문이다. 다만 방언에 매몰되어서 귀중한 연구 대상을 놓칠 수도 있다. 또한 원하면 언제든지 풍부한 방언 보유자를 면담할 수 있는 환경이어서 이들의 고마움을 가볍게 여길 수도 있다.

그러나 방언사용자들이 줄어들면서 원하는 방언자료를 얻을 수 없을 것이라는 불안감도 생긴다. 그래도 지금까지는 방언자료를 접하고 맛볼 수 있는 기회가 주어짐을 행운으로 여긴다.

필자는 제주 사람들이 사용해 온, 사용하고 있는 구어를 논의 대상으로 연구하므로 각 예문은 기존에 조사된 자료, 방언사용자들의 직접적인 발화 상황을 직접 제시하였다. 필자가 필요할 때마다 방언의 쓰임을 정확하게 알려준 제주방언 보유자들에게 이 자리를 빌려 고마움을 전한다.

앞으로도 오랫동안 방언 보유자와 만날 수 있는 기회가 주어질 것이라 믿고, 그들의 귀중한 언어자료는 내 연구 방향의 훌륭한 자산임을 기억하려 한다.

2014년 11월
思遊齋에서 문순덕

▌차례

I

제주방언의
문법적 특징

Ⅰ장은 제주방언 문법을 다룬 글과 사회언어학적 관점에서 논의한 글을 수록하였다.

"제주방언 '불다'의 문법화 과정"에서는 '불다'가 보조동사로 문법화 됨을 살펴보고, 합성어가 될 때는 본동사(밀어불다)의 기능이 있음도 논의하고 있다.

"구비문학에 나타난 제주방언의 문법 연구"는 구전 자료를 분석 대상으로 하여 격조사, 보조사, 종결어미, 연결어미, 피동 표현, 보조용언, 첨사(높임, 낮춤), 명사 등 제주방언 문법의 특징을 다루고 있다. 이 방언자료는 화자들이 생활어로 사용하는 실체를 보여주므로 발화 장면에서 문법 형태의 추출이 가능하다는 장점이 있다.

"제주방언의 성별어"에서는 절대여성어, 절대남성어, 통성어로 쓰이는 호칭어를 통해 제주사회에도 성 구별의식이 있음으로 보여준다.

제주 사람들이 지역의 언어(지명)를 어떻게 인식하고 있는지 상호명을 통해서 접근한 글이 있다. 즉 "음식점 상호에 나타난 지명의 의미"에서는 646개의 지명 상호를 분석 대상으로 삼았다. 그 결과 제주도의 마을별 지명을 사용하고 있는 음식점 상호는 제주도 전역에 분포되어 있음을 알 수 있다. 음식점 상호에 지명을 사용하는 것은 별다른 노력을 하지 않아도 소비자에게 위치를 알리는 효과가 있다.

제주방언 '불다'의 문법화 과정

1. 머리말

국어 보조동사에는 원래부터 보조동사인 것과 본동사에서 보조동 사로 문법화 된 것이 있는데, 이 글에서는 표준어 '버리다'에 대응하는 제주방언 '불다'1)의 문법화 정도를 논의 대상으로 삼았다. 우선 최현 배(1971 : 401)에서 '-어 버리다'를 종결보조사(끝남 도움움직씨)로 분 류한 이래 합성동사나 보조용언을 다룬 글에서 '버리다'에 본동사와 보조동사 기능이 있음에는 의견 일치가 보인다. 민현식(1999 : 125~126) 에서는 여러 학자들의(황병순, 김기혁, 김석득, 이관규) 논의를 종합하면 서 '-어 버리다'를 보조동사로 다루었으며, 이관규는 '-버리다'가 완 료의 보조동사라 했다. 허웅(1975 : 419)에서는 중세국어 '브리다'가

---

1) 제주방언 '불다(버리다)'는 보조동사이며 '나다', '말다'와 더불어 종결의 의미가 있다 고 보았다(문순덕, 「제주방언 보조용언의 통사·의미」, 『언어학연구』 5, 제주언어학 회, 2000 : 87). 지역에 따라서 '불다'와 '비다' 형태가 있지만 '불다' 형의 분포가 넓다 고 보고, 이 글에서는 '불다'를 대표형으로 정하였다.

　또한 제주방언 '데끼다'가 지역에 따라서 '네끼다'로도 쓰이지만 '데끼다' 형이 보편적 으로 쓰이므로 이 형을 기본형으로 선택하여 논의를 전개하고자 한다.

'완결, 끝장남'의 의미를 지닌 보조동사의 문법 기능이 있음을 제시하고 있는데, 이는 현대국어 '버리다'와 같다.

따라서 표준어 '버리다'의 의미와 통사 기능이 유사한 제주방언 '불다'의 문법화 단계와 '불다'의 의미로 쓰이는 '데끼다'(던지다, 버리다)의 통사 기능도 살펴보고, '불다'가 단어 형성에 관여할 때 본동사의 기능이 있음도 논의하고자 한다.

2. '불다'의 문법화 과정

2.1 '불다'의 보조동사화 단계

여기서는 표준어 '버리다'의 통사·의미와 같아 보이는 제주방언 '불다'에도 본동사와 보조동사의 기능이 있는지를 살펴보겠다.

우선 중세국어 '브리다'의 쓰임을 보자.

    (1) 가. 世間 브리고 뫼해 드러(석보상절 6 : 12)

        나. 恩惠를 니저 브리샤(석보상절 6 : 4)

        다. 破는 ᄒ야ᄇ릴씨라.(월석, 서 : 6~7. 허웅 1975 : 419)

(1)에서 중세국어 '브리다'는 (1가)처럼 본동사, (1나)처럼 보조동사, (1다)처럼 합성동사 형성의 기능이 있다. 중세국어 '브리다'의 의미와 통사 기능이 현대국어 '버리다'에 그대로 유지되고 있지만 제주방언 '불다'는 이와는 좀 다르다. 즉 '불다'는 본동사 단독의

기능이 없고, 보조동사의 기능만 드러난다. 그 과정을 구체적으로
살펴보고자 한다.

　　(2) 가. 이 떡 버린다.
　　　　나. *이 떡 분다.(이 떡 버린다.)
　　　　다. 이 떡 데낀다.(이 떡 버린다.)
　　　　라. 이 떡 데껴 분다.(이 떡 던져 버린다.)

　(2가)에서 표준어 '버리다'는 본동사로 쓰였는데 이와 유사한 '불
다'가 본동사로 쓰인 (2나)가 문장으로 성립하지 않는다.
　제주방언 '데끼다'2)가 '불다'의 대용으로 쓰일 때 화자의 의도나
선행 명사의 성격에 따라서 '던지다'나 '버리다'의 의미로 쓰인다. (2
다)는 제주방언 '데끼다'가 '불다'의 영역에서 실현되었다. (2라)처럼
'불다'가 보조동사로 쓰이는 것은 자연스러우며, '데끼다'는 항상 보
조동사 '불다'와 공기한다. (2다, 라)에서 화자가 청자를 협박하는
정도에 따라서 '데끼다'는 '던지다'나 '버리다'의 의미로 쓰인다. '버
리다'는 '행위완료/종결'의 의미가 있으므로 '떡을 버린' 행위가 종결
되고 눈앞에서 제거됨을 뜻한다. 여기에는 공간과 시선의 이동이 동
시에 일어난다. 반면 '던지다'는 공간의 이동을 동반하는 행위 종결
로 나타난다. 그래서 '데끼다'는 담화 상황에 따라서 '던지다'나 '버리
다'의 의미로 쓰임을 알 수 있다. 그래도 '데껴 불다'는 '버리다'의

---

2) "그 사탕 이레 데끼라.(그 사탕 여기 던지라.)"에서 '데끼다'는 '던지다'의 의미로 쓰였
　다. 여기서 '던지다'는 상대방이 나에게 사탕을 주는 행위를 가리킨다.

의미로 쓰이는 경우가 많다. (2라)에서 "데껴 분다"는 "버려 버린다"의 의미도 내포되어 있다.

표준어 '던지다'와 '버리다'는 의미 영역이 다르지만 제주방언에서는 '데끼다'가 '던지다, 버리다'의 의미로 쓰인다. '데끼다'의 의미가 포괄적인 것은 '불다'에 본동사의 기능이 없기 때문에 '불다'의 영역까지 확장된 것이라 본다. 이기동(1976 : 217~220)에서는 보조동사 '-어 버리다'의 의미를 '기대의 어긋남, 부담의 제거'로 정의하였다. 대체로 '버리다'를 완료, 종결의 보조동사로 분류하지만 한 동작이 끝난후 화자의 감정상태가 해소되거나 현재 사건의 멈춤이 나타나므로이는 화자의 주관적 관점이 잘 반영된다. 즉 화자가 원하는 결과가이루어지거나 아니거나 두 상황이 존재한다.

'불다'의 문법화 과정을 좀더 살펴보고, '데끼다'의 통사 기능도 논의하고자 한다.

> (3) 가. 책상 들렁 데끼게.(책상 들어서 버리자.)
> 　　나. *책상 들렁 불게.(책상 들어서 버리자.)

(3가)에서 '데끼다'는 본동사이며, '버리다'의 의미로 쓰였지만 '던지다'로도 해석이 가능하다. 즉 '책상을 들어서 던지다'도 가능한 문장이다. 이는 담화 상황에 따라서 화자가 단순히 책상을 지금 있는곳에서 다른 곳으로 던지는 행동만 할 수도 있고, 화자의 눈앞에서'사라지게 제거하는' 의미로도 쓰인다. 그러나 여기서는 '버리다'의의미가 강하다. 표준어에서 '던지다'와 '버리다'는 의미 영역이 다르지만 제주방언에서는 '데끼다'가 두 영역을 포함하므로 문맥에 따라

서 두 가지 의미로 해석된다. 이는 표준어 '버리다'와 제주방언 '불다'의 기능이 다르기 때문이라 본다. 그러나 '데끼다'가 '불다'의 의미로 쓰일 때는 '던지다'보다는 '버리다'의 의미가 강하게 느껴진다. (3나)는 '불다'에 본동사의 통사 기능이 없음을 보여준다. '불다'가 원래 보조동사인지, 아니면 본동사의 요소가 남아 있는지는 뒤에서 (2.2 참조) 논의하고자 한다.

> (4) 가. 책상 들러 불카?.(책상 들어 버릴까?)
> 　　나. 책상 들러데끼카?(책상 들어던질까/내동댕이칠까?)
> 　　다. 책상 들러데껴 불카?(책상 들어던져/내동댕이쳐 버릴까?)

(4가, 다)에서 '불다'는 보조동사이며, '들러데끼다'는 합성동사로 쓰였다. 제주방언 '들러데끼다'는 '던지다, 내동댕이치다'의 의미로 쓰인다. 예문 (2~3)에서 '데끼다'에는 '버리다'의 의미가 강하지만 '들러데끼다'의 의미는 좀 다르다. 즉 (4나, 다)에서 '들러데끼다'는 '내동댕이치다'의 의미로 해석하는 것이 자연스럽다. '들다'와 '데끼다'가 단순동사일 때 의미는 단지 '들어서 던지다/버리다' 정도인데 합성동사로 결합하면 의미의 변화도 따른다. 이때는 '던지다/버리다'의 의미보다는 책상을 들어서 던지는 행동을 나타낸다. 즉 화자의 눈앞에서 사라지게 하려는 의미가 들어있다. 이는 합성동사일 때 의미융합이 일어남을 보여준다.

> (5) 가. 이 옷 안 데끼켜.(이 옷 안 버리겠다.)
> 　　나. 이 옷 데끼지 안ᄒ켜.(이 옷 버리지 않겠다.)

        다. 이 옷 안 데껴 불켜.(이 옷 안 버려 버리겠다.)

        라. 이 옷 데껴 불지 안ᄒ켜.(이 옷 버려 버리지 않겠다.)

        마. *이 옷 안 불켜.(이 옷 안 버리겠다.)

        바. *이 옷 불지 안ᄒ켜.(이 옷 버리지 않겠다.)

(5가, 나)에서 '데끼다'는 단형·장형 부정문이 성립하며, (5다, 라)처럼 '데껴 불다'의 단형·장형 부정문도 성립한다. 그런데 '불다'는 본동사의 기능이 없으므로 (5마, 바)가 성립하지 않는다. (5다, 라)에서 표준어 '버리다'는 한 문장에서 본동사와 보조동사로 공기하면서 원래 의미도 유지하고 있다. 이는 '버리다'가 보조동사화 단계에 있음을 보여준다. 그런데 제주방언 '불다'는 본동사의 기능을 상실했기 때문에 (5다, 라)처럼 선행동사 '데끼다'가 '불다'의 기능을 하고, '불다'는 보조동사로 쓰였다. 이는 앞에서 논의한 바와 같이 '불다'는 보조동사로 문법화가 되었고, 본동사 자리는 '데끼다'에게 넘겨주었다고 본다. 표준어 '버려 버리다'가 자연스러운 것처럼 제주방언은 '데껴 불다'가 자연스럽다.

따라서 본동사 '버리다'는 '데끼다'와 보조동사 '버리다'는 '불다'와 대응된다고 볼 수 있다. 이는 '버리다'가 중세국어나 현대국어에서는 보조동사로 문법화 단계가 진행되고 있음에 비해 제주방언에서는 보조동사화 단계로 굳어졌다고 본다.

민현식(1999 : 123)에 따르면 합성동사와 이은말은 전체 대용이 가능하고, 본용언과 보조용언은 분리대용이 가능하지만 합성동사는 불가능하다고 보았다. 이 조건에 따라서 '불다'가 보조동사로 쓰임을 좀더 확인해 보고자 한다.

> (6) 가. 칠판 밀어 불고, 책상도 경허라.
>
>   (칠판 지워 버리고, 책상도 그렇게 해라.)
>
>   나. 칠판 밀어 불고, 책상도 경헤 불라.
>
>   (칠판 지워 버리고, 책상도 그렇게 해 버리라.)
>
>   다. *칠판 밀어 불고, 책상도 밀어 경허라.
>
>   (*칠판 지워 버리고, 책상도 밀어 그렇게 해라.)

(6가)는 이은말 전체 대용이 성립한다. (6나)는 '밀어 불다'가 이은말이어서 후행절에서 '밀다'의 대용이 가능하다. 그런데 (6다)처럼 보조동사의 대용형은 불가능하다.

통시적으로 보면 대부분의 보조용언은 본용에서 문법화되었다. 그런데 '불다'는 본동사로서 자립성이 드러나지 않고 보조동사의 단계만 나타나며, '불다'의 본동사 자리에는 '데끼다'가 실현된다.

2.2 '불다'의 단어 형성 단계

앞에서 제주방언 '불다'가 보조동사로 문법화되고, '데끼다'가 '불다'의 본동사로 쓰임을 살펴보았다. '불다'가 자립 어휘소의 기능이 있는 것은 '밀어불다, 속여불다'처럼 합성어 형성에 관여할 때이다. '불다'에 의한 합성동사가 많지만 여기서는 '먹다'와 교체되면서 의미 차이가 드러나는 '밀어불다/밀어먹다'를 논의 대상으로 삼았다.

(7) 가. 아인 푸더젼 이마 밀어먹엇저.

　　　(아인 넘어져서 이마에 상처났다.)

　　나. *아인 푸더젼 이마 밀어불엇저.

　　다. 난 푸더젼 무릎 밀어먹엇저.

　　라. *난 푸더젼 무릎 밀어불엇저.

　　마. 이마 밀어먹나 조심허라.(이마에 상처난다 조심해라.)

　　바. *이마 밀어분다 조심허라.

　제주방언 '밀다'에는 '닦다, 지우다, 깎다'의 기본 의미가 있으며, 합성동사 '밀어먹다/밀어불다'는 '흠이 있는 상태, 긁히거나 상처가 나다'는 의미로 쓰인다. (7가)에서 '밀다'가 '상처 나다, 흠집이 생기다'의 의미로 쓰일 때는 '먹다'와 결합해서 합성동사가 된다. '밀어서'(긁혀서) '먹힌 상태'의 의미가 있다. 이마에 흠집이 난 결과 상처의 흔적이 나타난 것을 뜻하며, '행위완료/종결'의 의미가 있어서 동작주의 부주의로 어떤 결과가 발생했음을 알 수 있다. 화자는 동작주의 상태를 청자에게 알려줄 수도 있고, 그 아이의 건강을 염려하면서 말할 수도 있다. (7나)가 성립하지 않는 것은 아이가 잘못해서 이마를 다친 상태이기 때문에 '불다'가 '밀다'와 결합하지 못하며, 동작주가 3인칭이서 성립하지 않는 것이다. '밀어불다'가 성립하려면 행위의 주체가 의도적으로 다치게 했다는 의미여야 가능하다. '밀어먹다'는 동작주의 의지와 상관없이 사건이 발생한 것을 뜻하는데 '밀어불다'는 동작주의 의지가 반영될 때 발화된다. 밀어먹지(상처나다) 않기를 바랐는데 동작주의 의지와 반대되는 결과가 발생했다는 뜻이다.

　(7다)는 1인칭 주어가 화자이며, 자신의 잘못한 행동으로 결과가 발생했음을 알 수 있다. (7가, 다)는 주어의 인칭과 상관없이 동작주의 실수로 사건이 발생했으므로 '밀어먹다'가 쓰인다. 그런데 (7라)는 1인칭 주어가 화자이지만 '밀어불다'가 성립하지 않는다. (7나, 라)에서 선행 동사 '밀다'와 후행 동사 '불다'는 결합하지 못하므로 '먹다'와 '불다'의 임의 교체가 일어나지 않는다.

　(7마)에서 동작주와 화자가 다르기 때문에 '밀어먹다'가 쓰인다. 즉 "네가 조심하지 않고, 부주의함 때문에 네 이마에 상처가 날 수 있다."는 사실을 알려 주고 있다. 여기서도 '밀어먹다'는 동작주의 행위 결과가 발생할 때 쓰인다. 반면 동일한 통사 환경에서 '먹다'와 '불다'를 교체하면 (7바)가 되며 이 문장은 성립하지 않는다. '밀어불다'는 동작주가 스스로 자신에게 어떤 행위를 가할 수 없으며, 다른 사람이나 사물에 의도적인 행동을 할 때 가능한 발화이다. 그래서 "다른 사람이 너의 이마를 밀어부니까 조심허라."는 문장은 성립한다. 이에 비해서 '밀어먹다'는 어떤 행위 결과가 자신에게 나타날 때 쓰인다.

　(7)에서 '밀어먹다'는 동작주가 잘못해서 생채기가 난 것을 뜻하며, '밀어불다'는 동작주나 제3자가 고의적으로 사건을 저질렀을 때 가능한 표현이다.[3] 이는 '먹다'와 '불다'의 선행 동사 '밀다'의 의미자질에 따른 차이점이라 생각한다. 또한 '먹다'는 동작주의 능동적인 의지에 따라서 결과가 나타나며, '불다'는 동작주의 내적 요인 외에 외적 요인에 따라서 동작이 완료될 때 사용된다. 따라서 '밀어먹다'

---

3) "역불로 나 독ᄆ릅을 밀어불엇저."(일부러 내 무릎에 상처 냈다.)처럼 화자의 의도성이 개입할 때는 '밀어불다'가 쓰인다.

와 '밀어불다'는 각 동사의 기본 의미의 융합 외에 동작주의 적극적
인 행동 참여 정도에 따라서 선택되기도 한다.

'밀어불다'의 의미를 좀더 살펴보겠다.

> (8) 가. 난 오늘 자동차 옆문 밀어불엇저.
>   (난 오늘 자동차 옆문 긁어버렸다.)
> 나. 난 오늘 자동차 옆문 밀어먹엇저.
> 다. 느가 나 자동차 옆문 밀어불엇지?
>   (네가 내 자동차 옆문을 긁어버렸지?)
> 라. *느가 나 자동차 옆문 밀어먹엇지?

(8가)에서 화자가 1인칭 주어이며 자신의 의지대로 '자동차 옆문
을 긁히게 했다.'는 뜻이다. 여기서 '밀어불다'는 화자의 의지에 따라
행동이 이루어질 때 쓰인다. (8나)에서 '밀어먹다'는 '긁히다, 흠집이
생기다'는 뜻이며, 화자가 운전을 잘못해서 자동차에 흠집이 났다는
의미가 강하다. 화자는 잘못한 기억이 없는데 자동차에 흠집이 생겼
을 때 그 상황을 보면서 이런 발화를 하기도 한다.

그런데 (8다)는 다른 사람이 고의로 흠집을 냈을 때 주로 사용하는
표현이다. 즉 자동차는 가만히 있는데 제3자가 일부러 흠집을 냈다
는 뜻이다. 또한 제3자가 의도하지는 않았지만 지나가다가 잘못해서
자동차를 건드려서 흠집이 났을 때도 이 표현이 가능하다. 여기서
'밀어불다'는 내 의지와 상관없이 발생한 사건을 의미한다. '옆문이
밀어진 상태, 흠집이 난 상태'일 때는 '먹다'보다 '불다'와 '밀다'의
결합이 자연스럽다. 여기서 동사 '불다'와 '먹다'의 의미가 비슷하지

만 화자의 심리상태나 행위 주체에 따라서 다르게 쓰임을 알 수 있다.

(8가, 다)에서 '밀어불다'가 동작주의 의도적인 행동으로 비치는 것은 '불다'(버리다)의 기본 의미가 살아있기 때문이다. 그런데 (8나)처럼 '밀어불다' 자리에 '밀어먹다'를 교체하면 의미가 달라진다. 동작주의 인칭과 자의적·타의적인 행동 결과에 따라서 '밀어먹다'와 '밀어불다'의 의미가 다르기 때문이다.

(8라)는 '자동차 옆문에 흠집을 낸 것'은 동작주의 의도적인 행동이므로 '밀어먹다'가 쓰이지 않는다. 즉 화자 자신이 자신의 소유물을 해롭게 할 때는 '밀어먹다'가 쓰이지만 상대방을 해롭게 하려는 의도가 있을 때는 '밀어불다'가 쓰인다. 따라서 '먹다'와 '불다'의 선행 동사가 같더라도 합성동사의 의미가 달라서 수의적 교체가 이루어지는 것은 아니다. 이 동사는 표준어에는 없고 제주방언에서만 자유롭게 발화된다.

(8)에서 '밀어불다'는 주어의 인칭에 관계없이 동작주가 의도적으로 행동할 때 발화된다. '밀어먹다'는 동작주의 부주의로 발생한 사건을 의미한다. 즉 '밀어먹다'에 비해서 '밀어불다'에는 동작주의 고의성이 강하게 드러난다.

제주방언 '밀다'에는 '긁다'의 의미가 없는데 '먹다/불다'와 합성한 '밀어먹다'와 '밀어불다'가 '긁히다/상처나다'의 뜻으로 쓰이면서 의미융합이 강하게 일어난다.

'불다'의 통사 기능을 좀더 논의하고자 한다.

(9) 가. 칠판 밀어 불라.(칠판 지워 버려라.)

　　나. *칠판 밀어 먹으라.

　　다. 동산 밀어 분다.(동산 깎아 버린다.)

　(9)에서 '불다'와 '먹다'의 통사 환경이 다름을 알 수 있다. (9가)에서 '밀다'는 '지우다'는 뜻이며, '불다(버리다)'는 보조동사로 쓰여서 '밀다'의 의미를 보충해 준다. 즉 '지우는 동작의 완료' 의미가 있다. (9나)가 성립하지 않는 것은 '밀다'(지우다)와 보조동사 '먹다'가 공기할 수 없기 때문이다. 사물을 지워서 먹을 수는 없기 때문에 '밀다'와 '먹다'는 의미 연결에 장애가 있어서 이은말이 될 수 없는 것이다. (9다)에서 '밀다'는 '깎다'는 뜻이며 이때 '불다'가 보조동사로 쓰였다.

　'불다'의 합성동사 기능을 확인해 보겠다.

　　(10) 가. 느가 날 속여불고, 가의도 경헷저.
　　　　　　 (네가 나를 속여버리고, 그아이도 그랬다.)
　　　　　나. 느가 날 속여불고, 가의도 *경헤불엇저.

　(10나)는 '속여불다'가 합성동사여서 선행 동사 '속이다'와 '불다'의 분리대용이 불가능함을 보여준다. 즉 '경헤불다'라는 동사는 존재하지 않는다.

　　(11) 가 그 사람이 나를 속여먹었다.
　　　　　나. *그 사람이 나를 속여버렸다.
　　　　　다. 그 사람이 나를 속여불엇저.(그 사람이 나를 속여버렸다.)

　(11가)는 표준어이며, '속이다'와 '먹다'의 합성어가 가능하지만

(11나)처럼 '속이다'와 '버리다'의 합성동사 형성은 불가능하다. 그러나 (11다)처럼 제주방언에서는 '속여불다'가 쓰인다. 제주방언에서 '속이다(쉑이다)+불다' 합성동사는 성립하며, '속이다+먹다' 합성동사는 성립하지 않는다. 즉 '속이다'가 '먹다'나 '불다'를 후행 동사로 선택하는 것은 제주방언과 표준어의 차이점이다. 제주방언은 선행 동사 '속다'와 통합하는 후행 동사로 '불다'를 선택하며, 표준어는 '먹다'를 선택한다. 제주방언에서 합성동사 형성 시 '먹다'와 '불다'가 교체되기는 해도 이는 선행 동사에 따라서 선택적임을 알 수 있다. 제주방언 토박이 화자들은 지금도 '속여불다'를 사용하며, 표준어 '속여먹다'는 사용하지 않는 반면 '속이다'를 쓰는 편이다.

합성동사 '밀어불다'와 '속여불다'에서 '불다'가 단어형성소의 기능이 있음을 보았다. 이렇게 '불다'가 합성어 형성에 관여할 때만 본동사의 기능이 드러나고, 그 외는 보조동사로 문법화가 끝났음을 알 수 있다.

3. 맺음말

여기서는 표준어 '버리다'의 의미와 통사 기능이 유사한 제주방언 '불다'의 문법화 과정을 논의해 보았다. 표준어 '버리다'는 본동사의 주 기능이 있으며 보조동사화 단계에 있는데 제주방언 '불다'가 본동사 단독의 기능이 없는 것으로 봐서 이미 보조동사화 단계가 완료되었다고 본다. 따라서 '불다' 본동사 자리에는 '데끼다'가 쓰인다.

제주방언 '데끼다'가 문맥에 따라서 '던지다, 버리다'의 의미로 쓰이지만 표준어 '던지다'와 '버리다'는 의미 영역이 다르다. '데끼다'의 의미가 표준어에 비해서 포괄적으로 쓰이는 것은 '불다'에 본동사의 기능이 없기 때문에 '불다'의 영역까지 확장된 것이라 본다. 즉 '불다'의 본동사 기능이 필요할 때 '데끼다'에게 자리를 넘겨주었다고 본다. 제주방언 '데끼다'가 처음부터 '불다'의 통사 기능을 유지했다기보다는 '불다'의 통사 기능이 축소되면서 그 기능이 확장되었다고 본다. 즉 '불다'가 본래부터 보조동사의 문법 기능만 있었다면 '밀어불다, 속여불다'처럼 단어 형성에 관여하기가 쉽지 않았을 것이다.

구비문학에 나타난
제주방언의 문법 연구

1. 머리말

지역어의 역사성, 지역인의 정체성에 대한 연구가 대두되면서 지역학에 대한 관심이 높아지고 있다. 그런 점에서 제주방언은 언어학적 가치는 물론 제주 문화의 실체를 보여준다는 점에서 매우 소중한 언어자원이라 할 수 있다.

일제강점기[1])에도 제주방언을 조사한 자료가 있는데, 주로 광복후 한국인 학자들이 국어학의 논의 대상으로 연구하기 시작했으며 1960년을 전후하여 제주 출신 국어학자들이 제주방언을 조사하고 연구했다. 제주방언 연구 자료로는 구비문학 채록본[2]), 방언자료

---

1) 조윤제는 "제주의 민요"(『문화조선』 3-3, 1942년 7월)[홍성목 역(2010), 『일제강점기의 제주도Ⅲ』, 제주문화에 재수록]에서 1931년 소창진평을 따라 제주도 조사에 동참하게 되었고, 이때 제주 민요를 채록하였다고 밝혔다. 이 민요는 제주방언으로 조사하고, 기록되었다.
오구라 신페이[小倉進平]는 외국인 학자로는 처음으로 제주방언을 조사하고, 그 결과를 발표하였다(1913년, 1931년).

집3), 구술자료집4) 등이 있으며, 특히 구술자료집은 1990년대부터 본격적으로 조사되기 시작했다. 2000년대 들어와서는 제주의 역사와 민속문화, 생활사 등이 정리되고 있어서 이런 자료들이 제주방언의 연구 자료로 구축될 것이다.

방언문법 연구는 해당지역 사람들의 발화 자료가 논의 대상이 된다. 방언문법의 쓰임을 알 수 있는 자료는 주로 채록된 구비문학 자료들이며, 연구주제와 연구자에 따른 구술자료들이 있다. 구비문학이 자료화된 것도 구술자료라 할 수 있다. 즉 제보자가 조사 당시 자신이 사용하는 방언형으로 구술하면 이것을 녹음하고 전사한 것이며, 여기서는 구술자료 중 구비문학에 포함되는 것만을 논의 대상으로 삼았다.

방언은 지역 사람들의 생활어가 응축된 것이며, 생활 속에 살아있는 대상을 연구한다는 것은 자료구축의 한계가 있다. 각 지역의 방언으로 채록한 것은 주로 구비문학(口碑文學)이라 할 수 있으며, 여기에는 설화, 민요, 속담, 수수께끼, 무가, 판소리, 민속극 등이 포함된다. 이들이 구술자의 주관적 입장에서 전달되는데, 언어적 가치가

---

2) 여기서 채록이란 조사가 직접 현장에서 제보자의 이야기를 녹음하거나 기록하는 등 구연하는 내용을 그대로 옮긴 것을 뜻하며, 이 글에서 소개하는 자료들이 여기에 해당된다.

3) 방언자료집이란 제주방언 연구자들이 연구 목적에 따라 조사하고 기록한 것으로 『제주도방언 연구 수정본 : 자료편』(현평효, 태학사, 1985) 등이 있다.

4) 구술자료란 특정 주제에 한정하지 않고 이야기 형식을 그대로 기록한 것이며, 이것이 방언의 자료적 가치를 띠기 위해서는 구술자가 제주방언으로 말하고, 이를 제주방언으로 정리해야 한다. 구술자료가 역사적 사료에 버금가는 위상으로 다루어지고 있으나 여기서는 그러한 가치를 논의하려는 것이 아니고 제주방언으로 기록된 구술자료를 뜻한다. 이와 같은 자료에는 『구술로 만나는 제주여성의 삶 그리고 역사』(제주도여성특별위원회, 2004), 제주4·3사건 증언집 등이 있다.

있다면 구연자의 지역어로 발화되고 채록된 것이다.

제주방언으로 표기된 구비문학에는 '설화, 민요, 속담, 수수께끼, 무가' 등이 있으며, 이런 자료들을 발간 시기별로 분류해 보았다. 제주방언으로 채록된 구비문학은 1960년 이후 방언연구의 훌륭한 자료로 제공되었으며, 이런 점에서 제주방언의 자료적 가치를 지닌 구비문학의 위상을 점검해 보고자 한다.

구비문학이 언어학적 자료로서 가치를 발휘하려면 제주방언의 음운, 문법, 어휘 등을 광범위하게 분석하고, 지역별 편차, 채록시기에 따른 변화 등을 다루어야 하지만 여기서는『한국구비문학대계 9-1』을 중심으로 하여 제주방언 문법의 특징을 간단히 살펴보고자 한다. 구비문학을 체계적으로 조사하고, 제주방언으로 기록하려고 시도한 것으로 먼저 발간된 자료를 논의대상으로 삼았다.

2. 구비문학에 나타난 제주방언의 언어학적 가치

2.1 시기별 구비문학 자료

국어 방언을 연구한 사람은 일본인 小倉進平(1914, 1924, 1931, 1944), 河野六郎(1940)이 있고 국내학자로는 방종현(1935)5)이 있다. 이들은

---

5) 小倉進平(1914), "慶尙南道 方言",『朝鮮彙報』 4.; 小倉進平(1924), "朝鮮語の 歷史的 硏究 上 より見たる 濟州島語の 價値"『南部朝鮮の 方言』, 朝鮮史學會.; 小倉進平(1931), "濟州島方言",『靑丘學叢』5.; 小倉進平(1944),『朝鮮方言の 硏究上/下』, 岩波書店.; 河野六郎(1940),『朝鮮方言學試攷 : '鋏語考', 東都書籍.
방종현(1937),「濟州道方言採集行脚」,『朝光』3-2 ; 방종현(1947),「제주도의 방언」,『朝鮮文化總設』, 동성사.

방언문법을 연구 대상으로 삼았으며 이런 연구 방법은 지금도 유효하지만 여기서는 제주 구비문학이 제주방언의 자료로 활용될 수 있음을 보고자 한다.

제주방언으로 채록된 구비문학 자료는 주로 1950년대 후반에 조사된 것이며, 국어국문학 전공자들이 조사한 결과물들이다. 당시 조사한 내용들이 음성으로 보존되었다면 현재의 시점에서 음운, 문법 형태 등을 자세히 점검할 수 있겠지만 아쉽게도 정리된 자료집만 남아있어서 표면화된 문장을 대상으로 하는 제주방언 문법 연구에 머물게 된다. 이런 단점들을 보완하고 연구자의 연구 목적에 따라 제주방언 연구자들은 여러 자료들을 채록하고 기록하여 왔다.

여기서는 제주방언으로 채록된 구비문학 자료들을 발행 연도 기준으로 해서 세 시기로 나누었다. 시기 구분에 대해서는 명확한 기준을 제시하지 못했다. 다만 자료집에 따라 채록한 시기와 발간된 시기에 간격이 생겨서 채록연도 기준으로 명확하게 구분하기 어려운 점이 있다. 또한 시기에 따른 제주방언의 제 특징들로 구분이 가능한가에 대한 검토가 수반되어야 한다. 이런 한계가 있지만 여기서는 발간일 기준으로 시기를 구분해 보았으며, 향후 이 부분을 보완하고자 한다.

편의상 시대 구분의 특성을 보면, 제1기는 1950년대부터 조사했지만 1970년대에 발간된 것을 포함한다. 제2기는 전문 연구기관에서 구비문학을 체계적으로 조사하고 제주방언으로 기록한 시기를 분기점으로 보았다. 제3기는 구비문학이나 구술자료에 드러난 제주방언의 가치가 매우 부각된 시기이고, 연구자들이 제주방언으로 기록하려는 의지가 팽배한 시기라 할 수 있다.

2.1.1 제1기 : 1950년대~1970년대 구비문학 자료

이 시기에는 주로 개별 연구자(김영돈, 진성기 등)들이 제주도 전역
을 돌아다니면서 조사한 구비문학 자료들로 제주방언으로 발표된
것들이다.

- 『남국의 속담』(진성기 편저, 제주민속문화연구소, 1958)
- 『제주도민요연구(上)』(김영돈, 일조각, 1965)는 제주 민요가 제
  주방언으로 채록되고 기록되었다.
- 『남국의 수수께끼』(진성기 편저, 제주민속문화연구소, 1972)는
  1958년 이후 조사한 자료 모음집이다.
- 『남국의 금기어 연구』(진성기, 제주민속문화연구소, 1972)는 1958
  년부터 1972년까지 조사한 자료 모음집이다. 금기어는 구비문학
  에서 제외되기는 하지만 이 자료들은 크게 보면 속담에 포함되는
  내용들이다.
- 『남국의 민담』(진성기, 형설출판사, 1976)은 1956년~1962년 조
  사한 자료 모음집이다.
- 『남국의 민요』(진성기 편저, 1977, 정음사)는 『제주도민요집』
  (1958년 이후 3권으로 발행됨)에 수록된 1,500여 수 중 400수를
  발췌한 것이며 채록 지역은 제주도 전역에 골고루 분포되어 있
  고, 제보자는 채록 당시 40대~70대에 속한다. 채록 시기는 1955~
  1961년으로 되어 있다.

제1기에 속하는 구비문학 자료들은 제주방언으로 기록되어 있으
나 제주방언 표기법이 통일되어 있지 않다. 그래도 제주방언의 음운,
어휘, 문법적 특징 등을 공시적으로 검토할 수 있는 자료들이며, 중
세국어의 모습을 찾는데 유리하다.

2.1.2 제2기 : 1980년대~1990년대 구비문학 자료

이 시기에 조사된 구비문학 자료를 보면 적어도 대학에서 규칙적으로 현장 조사한 결과물이며, 특히 제주 무속을 정리한 자료집이 등장하기 시작한다. 물론 이 자료들은 모두 제주방언으로 표기되고 공통어를 각주로 제시하였다.

- 대학교 학술조사 보고서로『국문학보』(4~16집, 제주대학교 국어국문학과, 1972~2004) ;『백록어문』(1~24집, 제주대학교 국어교육과, 1986~2007) 등에는 설화, 방언, 속담 등이 제주방언으로 수록되어 있다.
- 한국학중앙연구원(구한국정신문화연구원)에서는 1980년대 초에 우리나라의 구비문학을 각 지역어로 조사하고 정리한『한국구비문학대계』를 집대성했다. 이때 제주편으로는 9-1(제주도 북제주군 편, 1980), 9-2(제주도 제주시 편, 1981), 9-3(제주도 서귀포시·남제주군 편, 1983) 등이 조사·발간되었다.
- 제주대학교탐라문화연구소에서 발간한『제주도부락지Ⅰ』(1989 : 1984~1988) ;『제주도부락지Ⅱ』(1990 : 1978/1981/1983) ;『제주도부락지Ⅲ』(1990 : 1972~1974, 1985) ;『제주도부락지Ⅳ』(1991 : 1975/1977/1989) 등은 제주대학교 국어국문학과·국어교육과에서 시행한 학술조사 결과물을 엮은 것이다.
- 『제주도무속사전』(현용준, 신구문화사, 1980)
- 『남국의 무속서사시 : 세경본풀이』(진성기, 정음사, 1980)
- 『제주설화집성Ⅰ』(제주대학교탐라문화연구소, 1985)는 1981~1984에 채록한 것이며『제주도부락지』에 실린 자료와 중복된다.
- 『제주도무가본풀이사전』(진성기, 민속원, 1991)

- 『제주도무속신화-열두본풀이자료집』(문무병, 칠머리당굿보존회, 1998)
- 『제주도속담사전』(고재환, 제주도, 1999)

　제2기 구비문학 자료들을 보면 설화와 무속 분야의 채록이 진행되어서 긴 이야기를 통해서 제주방언의 문법적 특징과 음운 등을 다양하게 추출할 수 있다. 또한 무속자료에 쓰인 특수 어휘들을 알 수 있는 장점이 있다.

2.1.3 제3기 : 2000년대 구비문학 자료

　이 시기로 들어오면 구비문학 자료는 반드시 제주방언으로 채록되고 정리해야 한다는 의식이 지배적이다. 이는 언어와 문화의 결속을 인정한 것이며 지역의 문화는 지역어로 표현되어야 함을 알려준다. 또한 제주방언으로 정리된 구비문학 자료에 대한 거부감이 줄어드는 시기라고 본다.

- 『제주도큰굿자료』(제주도·제주전통문화연구소, 2002)는 1994년 동김녕 문순실댁 중당클굿 자료이며, 제주방언으로 정리되어 있다.
- 『제주도 조상신본풀이 연구』(김헌선·현용준·강정식, 보고사, 2006)
- 『제주도무속자료사전 개정판』(현용준, 도서출판 각, 2007)
- 『제주도 옛말 사전』(진성기, 제주민속연구소, 2008)은 1957년부터 1962년까지 채록한 자료 중 『남국의 민담』(1976)에서 제외된 자료를 엮은 것이다.
- 『동복 정병춘댁 시왕맞이』(강정식·강소전·송정희, 제주대학교

탐라문화연구소, 2008)는 2006년 조천읍의 한 굿당에서 행해진 무속자료이다.

* 『이용옥 심방 <본풀이>』(제주대학교 한국학협동과정 편, 제주대학교 탐라문화연구소, 2009)

* 『제주큰굿』(제주특별자치도·제주전통문화연구소, 2010)은 1986년 신촌리 김윤수 심방집의 신굿을 채록하고 정리한 자료이다.

제3기 구비문학 자료는 주로 무속자료들이며, 이 시기에는 제주방언으로 기록하는 구술자료들이 발간되었으나 여기서는 논외로 한다.

2.2 구비문학을 통해 본 제주방언 문법

구비문학이 전승될 때 구연자의 언어 지식에 의해 발화되는데 구연자의 직업, 나이, 정착 지역 등 특정지역의 방언으로 어떻게 구술하는지에 따라 언어적 가치가 달라진다. 제주방언 구연자는 제주방언으로 이야기하고, 채록자의 제주방언 문법 지식 정도에 따라 문자화된다.

구비문학 자료라고 하면 설화, 민요, 속담, 무가 등이 있는데, 이들이 제주방언으로 기록되면 귀중한 방언자료가 된다. 구비문학을 체계적으로 집대성한 자료로 『한국구비문학대계』(9-1, 9-2, 9-3)가 있는데, 여기서는 1980년에 발간된 『한국구비문학대계 9-1』을 논의 대상으로 하여 제주방언의 문법적 특징들을 살펴보고자 한다.6)

---

6) 『한국구비문학대계 9-1』(제주도 북제주군 편, 한국정신문화연구원, 1980)은 1978~1979까지 채록한 자료이다. 조사 지역은 구좌면, 애월면, 제주시이다. 설화, 민요, 무가가 채록되었으며, 당시 발화 자료가 실려 있으므로 제주방언 문법 유형을 살펴보는

제주방언의 문법 유형으로 격조사, 보조사, 종결어미, 연결어미, 피동 표현, 보조용언, 첨사(높임, 낮춤), 명사 등 제주방언 화자들이 생활어로 사용하는 실체를 보여주고, 담화들이 자유롭게 발화된 것이어서 제주방언 문법의 다양성을 보여주는 자료라 생각한다.

2.2.1 조사의 쓰임

먼저 부사격조사로 처격, 방향격, 여격, 공동격 조사의 쓰임을 보겠다.

> (1) 가. 선창 밑에 그 돌을 던져 두고 집의 들어오니
>
> (선창 밑에 그 돌을 던져두고 집에 들어오니)
>
> 나. 그디는 그 전의는 신작로 어염에 댕기며는
>
> (그곳은 그 전에는 신작로 옆에 다니면)
>
> 다. 그 중의게 이 펜지를 전흐라.
>
> (그 중에게 이 편지를 전하라.)
>
> 라. 이녁 마누라의게 오라 생겨실 것 ㄱ뜨면
>
> (자기 아내에게 오해가 생겼을 것 같으면)

(1)에서는 부사격조사 '의'의 실제를 보여준다. 이 형태는 중세국어에 쓰였으나 현대국어에서는 쓰이지 않고, 제주방언에 남아있다.

자료로 삼았다. 인용페이지는 제시하지 않았다. 예문들은 문법적 특징을 살필 수 있는 것으로 선택했으며, 실제 담화상황이라 미완의 문장들도 있다.

『한국구비문학대계 9-2』(제주도 제주시 편, 한국정신문화연구원, 1981)은 1980년에 채록한 자료이다. 『한국구비문학대계』 9-3(제주도 서귀포시·남제주군 편, 한국정신문화연구원, 1983)은 1981~1982에 채록한 자료이다.

이 글에서 제주방언 문장으로 사용한 예문들은 구술자료집에 있는 것을 그대로 인용했기 때문에 제주방언 표기에 맞지 않더라도 그대로 두었다.

　(1가) '집의'에서 '의'는 처격조사 '에'에 해당하며, (1나) 그 '전의'에서 '-의' 역시 처격조사 '에'에 해당한다. 이 격조사는 지금도 자유롭게 발화되며 이 외에도 '이, 의' 형이 있다. (1다) '중의게'에서 제주방언 '-의게'는 공통어 '에게'에 해당되며, 제주방언 격조사 '의'가 쓰였다. (1라) '마누라의게'에서 여격조사로 '의'형이 쓰이고 있다.

　가끔 "집이 가라."처럼 처격조사 '이'가 자유롭게 발화된다. 1980년에 발간된 구비문학 자료에서 보면 부사격조사 '의' 형태가 보편적으로 쓰였음을 알 수 있으며, 지금은 공통어 '에'로 거의 대체되었다. 제주방언 부사격조사로 쓰인 '이, 의'와 '의게' 형은 중세국어의 잔영이다.

　다음은 방향과 향진의 의미를 지닌 격조사 '(디)레'의 쓰임을 보겠다.

　　(2) 가. 이젠 터위 우터레 논 던젼 내비였단 오니
　　　　　(이제는 테우 위에 놓고 던져서 내버렸다가 오니)
　　　　나. 배레레 올라오니(배로 올라오니)
　　　　다. 모믈씨 가지레 가단 보나네(메밀씨를 가지러 가다 보니)
　　　　라. 하필이며는 중놈으로 허여가지고 멜 사레 가니
　　　　　(하필이면 중놈으로 해서 멸치를 사러 가니)

　(2)에서는 제주방언 '레'가 격조사와 어미로 쓰여서 형태는 동일하나 문법 기능이 다름을 보여준다. (2가)에서 '우터레'는 공통어 '위로'에 해당되며, '우ㅎ+더레'로 분석이 된다. '우ㅎ'은 중세국어의 쓰임이 남아있는 것이며, '더레'는 방향을 나타내는 격조사로 쓰였다. (2나)에서 '레레'는 방향을 나타내는 부사격조사로 지금도 쓰인다.

　제주방언 "안자리레(아랫목으로) 앚지고(앉히고)."에서도 방향격

조사('안자리+레')로 '레'가 쓰였다. 제주방언 방향격조사 '디레, 더레, 레레, 레' 등 이형태들은 선행명사의 음운조건에 따라 선택된다. 이 형태들은 지금도 제주방언 화자들이 자유롭게 발화한다. 제주방언 '디'는 동작주의 행동이 이동하고 도착하는 움직임을 의미하는 격조 사로 쓰이며 여기에 방향의 의미를 지닌 '레'가 결합되어서 그 의미 가 더 강하게 느껴진다.

그런데 (2다, 라)에서 '레'는 동작주의 목적을 나타내는 어미로 쓰 였다. 이 '레'는 '가지다와 사다'라는 동사와 결합하여 이동동사의 의 미를 분명히 해 주며 지금도 자연스럽게 쓰이고 있다.

(3)에서 공동격으로 쓰인 '영'은 공통어 '과'에 해당되며, 지금도 제주방언 화자들은 보편적으로 사용한다.

(3) 요벙에영 저벙에영(이 볏밥과 저 볏밥과)

다음은 (1)에서 살펴본 여격조사와 다른 형태로 쓰인 '안티'를 보 겠다.

(4) 가. 월계 진좌수안티 갔댄 말이우다.
　　　(월계 진좌수한테 갔다는 말입니다.)
　　나. 뛰영 내려서는 이놈안티 죽을 것이고 갈대로 가보자고.
　　　(뛰어 내려서는 이놈한테 죽을 것이고 갈대로 가보자고)

(4)에서 제주방언 여격조사 '안티'는 공통어 '한테/에게'에 해당되 며, 지금도 자유롭게 쓰인다.

이 외에도 "내 팔즈가 이만밧긴 아니뒈니."에서처럼 제주방언 '밧기'는 공통에 '밖에'에 해당되며 보조사로 쓰였다.

다음은 제주방언 상대높임 첨사의 쓰임을 보겠다.

> (5) 가. 김녕 사름마씀.(김녕 사람이에요)
>
> 　　나. 떡을 ᄀ찌 먹었던 모양이라마씀.
>
> 　　　(떡을 같이 먹었던 모양이에요.)
>
> 　　다. 엇수다. 몰란마씀.(아닙니다. 몰랐어요.)

(5)에서는 제주방언 상대높임 첨사로 '마씀'이 쓰였으며 선행어는 명사, 종결어미 등이다. '마씀'은 상대높임의 문법 기능이 있으나 화자의 단정적인 의미 전달의 담화 기능이 있다. '마씀'은 화자와 청자 사이에 격식을 요구하며 남성와 여성, 연령 차이에 따라 사용빈도가 다르게 나타난다. 이 외에도 '양/예'형은 화자와 청자의 친밀정도가 높을 때 나이, 성별에 따라 선택적으로 사용되나 발화환경의 변별력은 약한 편이다.

2.2.2 어미의 쓰임

연결어미와 종결어미의 쓰임을 보겠다.

> (6) 가. 이렇게 허여가니 문점(問點)인가 뭣을 하여 봐십주.
>
> 　　　(이렇게 해서 문점인가 뭣을 하여 보았어요.)
>
> 　　나. 옛날이야 많이 이서십주.(옛날은 많이 있었어요.)

(6가)에서 '봐십주'는 '보+아시+ㅂ+주'로 분석되며 '-아시'는 선어말어미이고 '주'는 화자의 의지를 나타내는 종결어미로 지금도 보편

적으로 쓰인다. (6나) 역시 '이시+어시+ㅂ+주'로 분석되고, '-ㅂ-'은 높임의 선어말어미로 쓰였다. 제주방언 '-암시-'는 현재진행의, '-아시-'는 과거완료의 문법 기능이 있다. 동사 '이시다/잇다'와 '시다/싯다' 양형은 중세국어의 잔영이며, 이는 보조동사와 격조사, 어미로 문법화되었다.

다음은 '-가지고'의 연결어미 기능을 보겠다.

> (7) 가. 큰 동치를 가져다가 국을 끓여가가지고 올렸댄 말이우다.
>   (큰 동치를 가져다가 국을 끓여서 올렸나는 말입니다.
>   나. 미릇 알아가가지고, 큰 도폭 입고
>   (미리 알아서 큰 도폭을 입고)
>   다. 칼 가져다 탁 끈어가가지고(칼을 가져다가 탁 끊어서)
>   라. 그때는 놀래가가지고 둠북비레 안 뎅겨나십주계.
>   (그때는 놀래서 듬북을 베러 안 다녀났습니다.)
>   마. 돌하르방이라고 허여가지고 인형으로 뒌 돌이우다.
>   (돌하르방이라고 해서 인형으로 된 돌입니다.)

(7)에서 보듯이 제주방언 '가가지고'는 연결어미로 쓰였는데 '어간+가가지고'로 보면 '가지고'와 '가가지고'형은 발화자의 습관으로 볼 수 있다. 즉 동사 '가지다'가 어미로 문법화되어서 공통어 '-어서'의 문법 기능과 같다고 보며, 제주방언에서는 연결어미 '가지고'의 쓰임이 보편적이다.

또한 (7마)의 '돌이우다'에서 '-우-'는 상대높임 선어말어미이며, 이 형태로 '-수-'가 있으며 이들은 선행어의 음운조건에 따라 선택된다.

다음은 인용어미의 쓰임을 보겠다.

(8) 가. 선 보름 후 보름 살랜 허여도 아이 사나네

　　　　　(먼저 보름 나중 보름 살라고 하여도 아니 살아서)

　　　나. 가젼 오란 보난 모믈씨 아니 가져 오라 간다.

　　　　　(가지고 와서 보니 메밀씨는 안 가져 왔다.)

　　　다. 나는 인간 하직 제석할망 내려삼시메 잘 살암십서.

　　　　　(나는 인간을 하직한 제석할망으로 내리고 있으니 잘 살고

　　　　　계세요.)

　(8)에서는 인용어미로는 '-랜'과 연결어미 '-매'가 보이며 (8나)의
동사 '오란, 보난'에서 '-ㄴ'은 과거시제 선어말어미로 쓰였다. (8가,
나)에서는 부정소 '아이'와 '아니'는 이형태며 이들은 동사에 선행하
고 있다. 부정소 '아니'의 문법적인 특징은 공통어와 같다.

2.2.3 보조용언의 쓰임

보동동사 '불다'와 '비다'의 쓰임을 보겠다.

(9) 가. 이젠 터위 우터레 놘 던젼 내비였단 선창 밑에 내 분 예가

　　　　　있다.(이젠 테우 위로 놓고 던져서 내버렸다가 선창 밑에

　　　　　내버린 예가 있다.)

　　　나. 기냥 내비여시민 영웅이 될는지, 장수가 될는지

　　　　　(그냥 내버렸으면 영웅이 될는지, 장수가 될는지)

　　　다. 뭐 오꼿 털어 불어십주.(뭐 온전히 털어버렸어요.)

　　　라. 다 잡아 먹어 부는 판이라.(다 잡아 버리는 판이라.)

　　　마. 소릴 질르면 물결이 일어불어, 물결이.

　　　　　(소릴 지르면 물결이 일어나버려, 물결이)

(9가, 나)의 '내비다'에서 '비다'는 보조동사 '불다'의 이형태이며, 제주방언에서는 지금도 '불다'와 '비다' 형이 공통어 '버리다'의 뜻으로 쓰이고 있다. 같은 단락에서 '내 분'이 나오는 것으로 보면 내비다와 내불다가 혼용되었음을 짐작한다. 만약 한 유형이 고정되었다면 '내 빈'이나 '내 분' 형이 쓰여야 한다. (9나)에서 '내비+어시민'을 보면 보조동사 '비다'형이 쓰였고, 선어말어미 '-어시-'에 연결어미 '-민'이 결합되었다. 공통어 '-면'에 대응되는 제주방언 연결어미로는 '믄, 민'이 쓰이며 지금은 '-민'형이 자주 쓰인다.

이 외에도 보조동사 '두다'의 쓰임을 보면 "그 놈의 부젯집은 떼려 부수완 못으로 딱 떼리완 데껴두고."에서 본동사 '데끼다'와 보조동사 '두다'가 결합되었다.

2.2.4 피동 표현

'지다'가 쓰인 피동 표현을 보겠다.

> (10) 가. 단단한 돌이 자꾸 낚시로 걸어정 올라와
> (단단한 돌이 자꾸 낚시로 걸리고 올라와)
> 나. 경 읽노랜 야단이주. 촛불만 싸지민.
> (경을 읽느라고 야단이지. 촛불만 켜지면)
> 다. 하, 이거 속아졌구나.(하, 이거 속아졌구나.)
> 라. 바당이 막 뒤집어져 부렀어.(바다가 막 뒤집혀 버렸어.)
> 마. 돈 열량을 짊어젼 그때 시절엔 것도 큰 돈인디
> (돈 열 냥을 짊어지고 그때 시절엔 것도 큰 돈인데)

(10가)에서 '걸+어+지+엉'은 공통어 '걸리다'에 해당되지만 자동사

'걸어'에 기동성을 지닌 '지다'가 결합되어서 피동사로 쓰였다. (10나)에서 제주방언 '싸지민'은 공통어 '켜지면' 정도로 해석되는데, 동사 '싸다'와 '지다'가 결합되어서 피동사로 쓰였다. (10다)에서 '속아지다'는 공통어 '속다'에 해당되며 '속다+지다'의 결합으로 피동사처럼 쓰였다. (10라)에서 뒤집어지다는 공통어 '뒤집히다'에 해당되며, 이는 피동접미사와 결합한 형인데 제주방언은 '뒤집+어+지다'로 결합되었다. 즉 제주방언 피동 표현은 주로 '동사 어간+지다'형이 자주 보인다. (10마) '짊어+지다'에서 '지다'는 피동사로 쓰였다.

2.2.5 의존명사 '디' 쓰임

앞에서 '디'는 처소와 방향의 의미가 있음을 봤으며, 여기서는 의존명사로 쓰임을 보겠다.

> (11) 가. 묘흔 게 서문 하르방이라고 흔 디가 잇입니다.
>   (묘한 것이 서문 할아버지라고 한 데가 있습니다.)
>   나. 암만 탐험허엿자 생수가 내리는 디가 없댄 말입니다.
>   (아무리 탐험하여도 생수가 내리는 곳이 없다는 말이다.)
>   다. 정싱 앉인 디를 딱 들어가니(정승 앉은 곳을 딱 들어가니)
>   라. 물이 떨어지는 디가 이서마씸.
>   (물이 떨어지는 곳이 있어요.)

(11)에서 '디'는 공통어 '데'에 해당하는 의존명사이다. 제주방언 의존명사 '디'는 관형어에 후행하며, 격조사 '가'와 '를'이 결합했다. 이 형태는 1970년대 발화문에서 보았듯이 2000년대인 지금도 제주방언 화자들이 자연스럽게 사용하고 있다.

의존명사 '디'와 형태가 같은 어미로 "이젠 그 산 가운디서 무술을 연마허여 줘십주."를 보면 '가운디서'에서 '디'는 공통어 '데'에 해당된다.

이외에도 제주 구비문학 자료에서 볼 수 있는 것으로 '내기'가 있다. 이는 "이젠 허여 볼 내기가 없다고."처럼 공통어 '방법, 도리'에 해당하는데, 주로 관형어 다음에 위치한다.

2.2.6 어휘 몇 가지

이 항에서는 제주방언 문법 유형은 아니지만 구비문학 자료에 쓰인 몇몇 어휘들이 지금도 보편적으로 쓰이고 있으므로 언어의 생명력을 확인하는 차원에서 소개하고자 한다.

(12) 가. 거 윤칩인디, 윤간디(거 윤집인데, 윤가인데)
　　 나. 그 놈의 하르비도 아주 검박흔 놈의 하르빕주.
　　　　(그 놈의 할아버지도 아주 검박한 놈의 할아버지에요.)
　　 다. 아, 힘쎈 하르방은 거세기(아, 힘센 할아버지는 뭐)
　　 라. 남에 감아가지고(나무에 감아서)
　　 마. 불 짇어 불언 살 수 없으니, 그제는 낭으로 허여가지고.
　　　　(불을 때 버려서 살 수 없으니, 그때는 나무로 해서)
　　 바. 이 여호 나는 디가 잇어.(이 여우가 나오는 곳이 있어.)
　　 사. 동치국을 먹다가 비늘이 숨통 궁기에 가 톡 부뗘부리니
　　　　(동치국을 먹다가 비늘이 염통 구멍에 가서 톡 붙어 버리니)
　　 아. 김녕 사름인가양?(김녕 사람인가요?)
　　 자. 반드시 기 일름을 아는 거 보니 멩인이 있는 땅이라.
　　　　(반드시 그 이름을 아는 것을 보니 명의가 있는 땅이다.)

(12가)에서 윤칩은 '윤+집'의 합성어인데 제주방언으로는 '칩'이 쓰인다. 제주방언 '집'이 합성어로 쓰일 때는 '칩'으로 실현된다. (12나, 다)에서 제주방언 '하르비, 하르방'은 지금도 사용되는 지칭어이다. (12라, 마)에서 제주방언 '남, 낭'은 공통어 '나무'에 해당되며 중세국어 '나모'의 어형이 남아있다. 즉 '나모'가 격조사와 결합하여 '남기'가 되고 이때 '남' 어형이 제주방언에 남아있는 것이다. 제주방언으로 쓰이는 '남, 낭' 양형은 지역에 따라 다른데 보통 제주시를 기준으로 하여 서부지역에서는 '낭'을, 동부지역에서는 '남'을 사용한다.

(12바)에서 제주방언 '여호'는 공통어 '여우'에 해당되며 중세국어로는 '여으'로 지금도 노인층에서 '여호'가 자주 발화된다. (12사)에서 제주방언 '궁기'는 노인층에서 간혹 들을 수 있는 어휘다. 이는 지역에 따라 '굼기, 고냥, 구녁, 고망' 등으로 쓰인다. 중세국어로는 '구무'이며, 여기에 격조사가 결합하면 '굼기'가 된다. 즉 중세국어 '굼기'가 제주방언에서는 그대로 쓰였다. (12아)에서 제주방언 '사름'은 지금도 자연스러운 어휘이며, '양'은 상대높임 첨사로 쓰였다. (12자)에서 제주방언 '일름'은 공통어 '이름'에 해당되며, '일홈'도 쓰이는데 이는 중세국어 '일홈'이 그대로 남아 있으며 현대국어 '이름'으로 변화하는 중간단계로 본다.

다음도 제주방언 언어공동체에서 자유롭게 쓰이고 있는 어휘이다.

(13) 가. 글로부떠는 원 처녀허영 아니 바쪄도 아무 괭이도 엇고.
　　　 (그로부터는 원 처녀를 안 바쳐도 아무 일도 없고)
　　 나. 그 돈 봉가당 사탕도 사 먹곡. 궤기도 잘 낚아져
　　　 (그 돈 주워서 사탕도 사 먹고, 고기도 잘 낚아져)

(13가)에서 제주방언 '바찌다'는 공통어 '바치다'에 해당된다. (13
나)에서 제주방언 '봉그다'는 지금도 노소를 불문하고 많이 사용되
는 단어 중 하나이다. 제주방언 '낚아져'는 공통어 '낚이다'처럼 피동
의 의미로 쓰였으나 '낚+아+지+어'로 분석해 보면 동사어근과 '지다'
의 결합이다. 여기서 '지다'는 피동사로 기능한다.

3. 맺음말

구비문학 자료를 방언 연구의 목적으로 조사한다면 조사 대상 시
기, 조사지역, 문법 변화 등을 구체적으로 목록화하는 것이 선행되
어야 한다. 다만 현재를 기준으로 해서 이전 시기의 방언자료를 탐
색하는 것은 이미 정리된 구비문학 자료를 활용할 수밖에 없다. 그
런 점에서 여기서는 1980년에 발간된 제주 구비문학 자료 중 일부를
대상으로 해서 제주방언 문법의 특징을 간단히 살펴보았다.

즉 자료의 채록시기, 제보자의 방언사용 정도, 전사자의 언어학적
지식 등이 체계적으로 정비된 상태에서 기록화된 것이면 아주 중요
하지만 현재로서는 1978년 당시의 제주방언 자료를 일정 부분만 보
여주고 있다.

1970년대 후반에 제주방언 화자들이 일상적으로 사용했던 표현
들을 정리해 보면 우선 부사격조사로는 '의, 더레, 레, 의게, 안티'
등이 있으며 이 형태들은 지금도 쓰이고 있다. 선어말어미로 쓰인
'-아시-'와 종결어미 '-주' 상대높임 선어말어미 '-우-/-수-' 등도
지속적으로 쓰이는 형태이다. 상대높임 첨사로는 '마씀, 양'이 쓰였

다. 보조용언으로 '불다'는 '비다'와 공존하며, 피동 표현으로는 '지다'와 동사의 결합이 자연스럽다. 또한 의존명사로 쓰인 '디'형은 어미에도 나타난다.

특히 제주방언으로 쓰이고 있는 '일홈, 남, 굼기' 등은 중세국어의 잔영이므로 국어학적 가치가 있는 것이며, 이를 확인할 수 있는 구비문학 자료는 언어학적 가치가 높다.

보통 연구는 문헌자료를 기준으로 삼는 경우가 많으나 최근 들어 구비자료가 연구 대상으로 손색없음이 알려지면서 관심사로 떠오르고 있다. 구비문학 자료는 제주방언의 훌륭한 연구 대상임을 알게 되었지만 한계도 있다. 즉 구연자의 제반 조건(지역, 특정지역 거주 기간, 성별, 방언구사력 등), 전문적인 채록과 정리의 한계 등을 해소한다면 이는 당대 언어의 유형을 관찰할 수 있는 기초자료의 가치가 높을 것이다. 제주의 구비문학이 문학자료보다는 방언자료로 활용되려면 언어학적 요소들을 찾을 수 있게 조사하고 정리되어야 할 것이다.

구비문학 자료의 채록 시기에 따른 문법 변화 정도와 지역별 차이 유무에 대한 논의는 후일로 미룬다.

제주방언의 성별어

1. 머리말

1960년대 여성주의운동이 본격화되면서 언어와 성에 대한 관심이 대두되었다. 즉 여성주의(페미니즘)운동의 관점에서 언어가 논의 대상이 되었으며 남성과 여성을 지칭하거나 구성하는 언어 특성을 '성별어'라 하면서 사회언어학적 관점에서 논의되기 시작했다. 1970년대 이후 '언어와 성'이 사회언어학의 관심 분야로 등장하면서 여성주의적 언어학이 정립되었다. 즉 남성언어와 여성언어의 사회적 위치에 관심을 집중하기 시작했다. 특히 영어나 프랑스어 등은 문법 범주로 성이 있기 때문에 남성어와 여성어의 구별이 뚜렷한 언어이며, 아울러 언어의 성 차별에 대한 연구가 발전하게 되었다. 이러한 언어 연구 경향은 한국어에도 영향을 미쳤다.

국어학에서 성별어(性別語) 연구[1]는 유창돈(1966)을 필두로 해서

---

1) 성별어(성별방언, 성별언어)란 남성과 여성을 지칭하거나 구성하는 언어 특성을 가리킨다. 민현식(「국어 성별어 연구사」, 『사회언어학』 4-2, 1996 : 5/13)에서는 국어의 성별어 연구사를 일목요연하게 정리해 주고 있다. 통시적 관점에서는 주로 '호칭, 이름,

통시적, 공시적 연구가 이루어졌다. 유창돈(1966)에서는 몇몇의 여성 지칭어를 역사적 관점에서 다루었으며, 구현정(1995)에서는 어휘의 남녀 불평등 현상을 연구했다. 여성 발화어에 대한 연구는 1960년대 말 장태진(1969)이 여성 은어를 다루면서 시작되었지만 본격적인 여성 발화어의 연구는 1980년대 후반의 일이다. 민현식(1995)에서는 여성대상어와 여성 발화어를 종합적으로 다루었고, 이를 좀더 보완한 것이 박창원 외(1999)이다.

국어학의 성별어 연구에 비하면 제주방언 성별어 연구는[2] 아주 미미하며, 호칭어를 다룬 글은 없다고 본다. 따라서 여기서는 제주방언에는 성별어가 어떤 형태로 남아있는지 호칭어를 통해서 살펴보고자 한다. 제주 사람들이 사용하고 있는 호칭어에는 제주의 사회

속담'의 연구물을 제시했으며, 공시적 관점에서는 성별집단어(은어 중심), 여성어의 특성을 종합적으로 다루고 있다.

국어 성별어 관련 선행연구는 다음과 같다.

유창돈(1966), 「여성어의 역사적 고찰」, 『아세아 여성연구』 5, 숙명여대 아세아여성문제 연구소.

구현정(1995), 「남·여성형 어휘의 사회언어학적 의미」, 『어문학연구』 3, 상명여대.

장태진(1969), 「현대 여성어 연구」, 『아세아여성연구』 8, 숙명여대 아세아여성문제연구소.

민현식(1995), 「국어의 여성어 연구」, 『아세아여성연구』 34. 숙명여대 아세아여성문제연구소.

박창원 외(1999), 『언어와 여성의 사회적 위치』, 태학사.

2) 고재환(「제주도의 여성 속담」, 『국어국문학』 86, 1981)과 문순덕(『제주여성 속담으로 바라본 통과의례』, 제주대 출판부, 2004)에서는 속담과 성별어의 관련성을 논의하고 있다. 문순덕(「제주지역 신문광고에 나타난 여성대상어」, 『영주어문』 9, 2005)에서는 제주지역 신문광고를 분석하여 여성대상어를 논의하였다.

이 외에도 문순덕(「제주여성의 통과의례 공간」, 『제주여성의 삶과 공간』, 제주특별자치도여성특별위원회, 2007)에서는 통과의례 공간 중 성별어를 추출하였다. 문순덕(『역사 속에 각인된 제주여성-제주 열녀들의 삶』, 각, 2007)에서는 열녀 관련 성별어를 언급하였다.

현상이 반영되어 있다고 보고, 언어를 매개로 해서 그 현상들이 무엇인지를 알아보려고 한다.

2. 제주방언의 성별어

학자들은 호칭, 속담, 은어 등을 통해서 국어학적 측면에서 여성어의 차별성을 연구해 왔다. 우리가 말을 배우면서 사용하기 시작하는 호칭은 남녀 모두 무의식적 발화 속에 습득된 것이다. 이러한 것을 기초로 해서 제주도에서 발화되고 있는 호칭어(지칭어 포함)를 통해서 여성을 어떻게 바라보고 있는지, 한 인격체로 대접을 받아왔는지 등 언어학적 측면에서도 사회를 관찰할 수 있다.

언어에서 성별(性別)이라고 하면 화자의 성별은 물론 청자의 성별도 포함된다. 호칭에서는 청자의 성별도 중요하다. 우리사회에서는 결혼 전과 결혼 후의 가족 관계가 확장되면서 호칭의 쓰임도 넓어지는데 여성이 호칭 적응에 더욱 힘들다는 것은 남성중심의 결혼제도(가족제도)와도 유관하다. 따라서 호칭어 논의를 통해서 제주사회가 여성들을 어떻게 대우했는지 등을 짐작할 수 있을 것이다.

2.1 절대여성어로 쓰이는 호칭어

2.1.1 일반어휘

비바리(비어), 처녀, 지집아이, 뚤, 여자, 예펜(비어), 예청(女丁에서 온 말, 예펜네), 해녀/줌녀/줌네(직업어) 등.

2.1.2 어머니계 어휘

할망, 어멍, 홀어멍/홀에미 등.

2.1.3 혼인어휘

씨앗, 첩, 서방질, 씨어멍, 씨집, 친정어멍, 씨앗, 두씨앗(처첩), 씨누이, 씨누이성제, 족은각시(첩), 어이뜰(모녀), 에비뜰(부녀), 성님, 각시, 넹바리(부인), 메누리, 새각시 등.

2.1.4 친족어휘

넛할망, 다슴(다심, 다슴)뜰, 다슴어멍, 단뜰, 오라방, 오라방각시, 오래비각시, 아지망, 오래비, 오라버니, 오라버님, 누이, 누님, 아지바님/아지버님, 이모, 고모, 언니, 여자삼춘/예펜삼춘 등.

2.1.5 비속어휘

지집년, 년(비어), 비발년(욕), 네/내미(너의 어미·비어), 니애미, 그놈의 할미 등.

위와 같이 절대여성어로 쓰이는 호칭어를 간단히 제시하였다.

호칭은 사회적 관계일 때는 서열, 나이, 신분 등 사회적 요인에 의해 구분되지만 친족 관계일 때는 항렬을 최우선으로 한다. 친족호칭은 공통어나 제주방언 공히 남편과 아내의 가족 내 위치에 따라 달라진다. 즉 남편을 기준으로 하여 남성과 여성에 대한 호칭이 있고, 아내를 기준으로 하여 여성과 남성에 대한 호칭이 있다. 친족

호칭 중 여성 표지어로 '친정, 시(가)'가 있다. '서방질'은 여성을 가리키는 언어이며, 이에 대응되는 '각시질'은 존재하지 않는다. 이렇게 성별어의 유무에 따라 그 사회의 의식과 제도를 알 수 있다.

제주방언 '성제'는 가족 수를 나타내는 표현으로 동성들을 가리킬 때 사용한다. 예를 들면 '똘 싀성제(딸 삼 형제), 아들 싀성제(아들 삼 형제)' 등이 있다.

비속어를 보면 여성을 경멸하고 모욕하는 단어가 남성 비속어보다 많다. 이런 것이 여성을 차별하는 언어이며 여성의 사회적 지위가 미미한 사회임을 극명하게 보여주는 성별어라 할 수 있다.

2.2 절대남성어로 쓰이는 호칭어

2.2.1 일반어휘

총각, 소나이, 소나(이)놈, 아덜, 남자, 보재기(어부) 등.

2.2.2 아버지계 어휘

아방, 하르방, 홀아방/홀에비 등.

2.2.3 혼인어휘

처갓집, 사위, 새서방, 홀아방/홀애비, 신랑, 가시아방, 가시하르방, 처아지망, 스나이사둔, 씨아방, 아지방, 어이아들(모자), 에비아들(부자), 아바지, 매부, 매형, 씨누이서방 등.

2.2.4 친족어휘

내비, 넛하르방, 다슴아딜, 다슴아방, 단아들, 웨삼춘 등.

2.2.5 비속어휘

고래백정놈(욕), 놈(비어), 그놈의 하래비, 니애비 등.

이와 같이 절대남성어로 쓰이는 호칭어를 제시하였다.

친족어휘 중 남성 표지어는 '가시, 처(가)'이다. 이는 공통어와 같다. 남성이 결혼하면 처가의 가족들을 부르는 호칭어에 '가시'가 결합한다. 제주방언 '가시'는 중세국어 '갓(妻)'의 잔영이다. '가시'는 '아내/여자'를 가리키는데 지금은 '아내'의 뜻으로 쓰인다. '가시내'(가시나)에 '처녀'의 의미가 남아있다. 제주방언 '다슴'은 중세국어 '다슴'에 기원하며, 공통어 '의붓'의 의미이다.

2.3 통성어로 쓰이는 호칭어

2.3.1 친족어휘

아시, 성, 동싱 손지, 성제, 궨당, 넛손지, 널손지, 다슴애기, 덥덜(일가), 두갓, 삼춘, 우던(혈족), 방상, 연거리(동년배), 조케, 큰, 셋, 말잣/말젯/말찻, 족은, 촌놈 등.

2.2.2 혼인어휘

중매쟁이, 우시, 가지사둔, 부찌사둔 등.

　이들은 남성과 여성에게 두루 쓰이는 호칭어이며, 이는 통성이라
고 한다.

　이상으로 제주방언 호칭어를 통해서 사위(남성), 며느리(여성), 가
족 구성원, 사회제도 관련, 친족, 비속어 등을 가리키는 성별어를 어
느 정도 알 수 있다.

　제주방언이나 공통어에서 시가(媤家)를 부를 때 '시댁(여성의 입
장), 친가(=본가, 남성의 입장)'이 있는데 친정은 높임말이 없고, 남성
의 입장에서는 처가(댁)라 부른다.

　제주방언 부모계 호칭어[3] '할망, 하르방, 아방, 어멍 등'은 단일어
로 굳어졌으나 '할미+앙, 하르비+앙, 아비+앙, 어미+엉'으로 분석이
가능하다면 이때, '앙/엉'은 인칭 접미사로 볼 수 있다. 공통어 '할머
니, 할아버지, 아버지, 어머니'와 제주방언 부모계 호칭어를 비교해
보면 인칭 접미사에 따른 형태의 차이로 보인다. 따라서 공통어 호
칭어에 비해 제주방언 부모계 호칭어가 낮춤말로 쓰이는 것은 아니
다. 다만 공통어에 익숙한 세대들이 제주방언 호칭어가 낯설다는 이
유만으로 비속어로 착각하는 경향이 있다.

　형제간 호칭어에서 제주방언을 보면 '아지/아주 미+앙 : 아주머
니', '아지/아주 비+앙 : 아주버니', '오라비+앙 : 오라비' 등으로 분석
해 볼 수 있다. 여기서도 제주방언 호칭에는 접미사 '앙'이 쓰임을
알 수 있다.

　따라서 제주방언 호칭어에서는 성(性) 구분 없이 '앙'이 인칭접미

---

3) 친족호칭어 중에 분석 과정과 내용 일부를 수정하였다.

사로 쓰이는데, 이를 어근과 관련시키면 여성어는 '망/멍' 형태이고 남성어는 '방' 형태로 볼 수 있다.

제주방언 '성(姓)'은 '친가'를 가리키고, '웨(外)'는 '외가'를 가리킨다. 그래서 '웨펜(외가)', '성펜(친가)'이라 하여 어머니와 아버지의 가계를 구분한다. '성'이나 '친(親)'은 부계를 상징한다. 반면에 어머니 쪽은 '외(外)' 하나로 정리된다. 친가의 밖에 있는 대상이라는 말이다. 제주도에서는 친가를 나타내는 단어는 접두사 '성'-성할망(친할머니), 성하르방(친할아버지), 성손지(친손자), 성펜(친가) 등-과 결합한다. 외가를 뜻하는 접두사 '웨'는 '웨할망(외할머니), 웨하르방(외할아버지), 웨손지(외손자), 웨펜(외가)'으로 쓰인다. 다만 친가에 대한 호칭은 접두사를 빼도 자연스럽게 통용되는데(친할머니/성할머니/할머니), 외가에 대한 호칭은 대부분 접두사가 붙는다. 즉 '웨(외가쪽) : 성(친가쪽)'에서 '웨'는 모계를, '성'은 부계를 가리킨다. 성할머니와 당할머니에서 '성과 당'은 부계가문을 가리킨다. 어린아이들은 가끔 친가쪽은 '성'을 생략하고 '할머니와 할어버지'라는 호칭을 사용하면서 외가쪽은 '외할머니'라고 부르는 등 여성의 가문을 구분하는 의식이 남아있다.

공통어에서는 주로 외할아버지/외할머니와 친할아버지/친할머니로 구분한다. 외가 식구를 부를 때는 '외할아버지/외할머니'라 하고 친가를 가리킬 때는 그냥 '할아버지/할머니'라고 한다. 즉 어머니 쪽을 외가(外家)라 하고, 아버지 쪽을 친가(親家)라 한다. 이는 부계중심사회임을 뜻하며 '나'와 가장 가까운 곳은 부계혈족이고, 모계혈족은 멀리 떨어져 있다는 말이다.

공통어와 제주도의 친족용어는 좀 다르다. 공통어는 한자어계 호칭어가 보편화 되었는데 제주방언은 고유어계 호칭어가 보편화 되었다. 이는 제주사회가 오래전부터 양반중심사회, 신분제사회가 고착화되지 않았음을 짐작하게 한다. 즉 언어에는 사회상이 반영되므로 호칭어의 조어법을 통해서 당대 사회의 계층화 정도를 추측할 수 있다.

호칭어를 좀더 살펴보면 동성(同性)끼리는 성님, 성 등이고, 여성이 남성을 부를 때는 오라버님, 오라버니, 오라방 등이 쓰인다. 남성은 결혼한 여성에 대해서 그 관계에 따라 아주마님, 아지마님, 형수라 하고 여성은 성님, 오라방각시, 아지망이라 칭한다. 남편은 아내를 가리키거나, 부를 때 ○○어멍, 집사름, 우리각시라 한다. 또한 제주방언 '아시'는 동성(同性) 전용 호칭어이며, 공통어에서는 '아우'라 해서 남성이건 여성이건 자신보다 손아래이면 이 호칭어를 사용한다.

호칭어에서 삼춘이나 성님, 조케(조카)는 성별 구분이 드러나지 않으며 필요에 따라 예펜삼춘(여자삼촌), 소나이삼춘(남자삼촌) 등이 쓰인다. 또한 '사둔'은 통성어인데 성별어로 쓰일 때는 '남자사둔', '여자사둔'으로 구분한다.

3. 맺음말

호칭어는 화자와 청자 간의 예의이며 생활의 기본이다. 그러기에 호칭은 예우 표출 기능을 수행한다. 따라서 남녀 관계에서 호칭어의 쓰임을 통해 성차별이 있었는지 알 수 있다. 언어예절의 기본 요소로 '권세'(연령, 직위, 항렬)와 '유대'(친소관계)가 있다. 권세는 화자와 청자 간에 '연령, 직위, 항렬'에 따라 호칭이 달라진다. 그런데 친족 호칭은 '항렬'이 우선한다. 일반호칭은 청자가 화자보다 권세가 높더라도 유대가 높으면 격식이 약화된다. 이런 요인들은 성별어에 어느 정도 드러나는지는 여기서 다 논의하지 못했다.

우리사회에서 부모의 호칭은 이름 대신 맏이의 이름으로 불린다. 그러나 맏이가 딸인 경우 그 이름으로 부르다가 아들이 있으면 아들 이름으로 대체되어서 영원히 쓰인다. 그래서 '○○○ 어머니/○○○ 아버지'라는 호칭이나 지칭은 그 가계가 존속함을 의미한다. 또한 아들이 대를 잇는다는 의미이기도 하다. 여성의 이름은 어머니가 되면서 사라진다.

제주방언 호칭어를 통해서 성별어가 구별됨을 보았는데, 이와는 좀 다르지만 열녀와 통과의례 관련 성별어를 제시하면 다음과 같다.

공통어와 제주방언에 공통적으로 드러나는 성별어로는 '열녀, 조강지처, 본처, 후처, 처, 첩, 과부, 청상과부, 미망인, 효부, 절부, 정절, 수절' 등 절대여성어가 존재한다. '효자, 양자' 등은 절대남성어이다. 다만 '정절, 지조' 등은 통성어가 될 수 있다. 사람들은 이런 용어에 차별 의식이 숨겨져 있음을 간과한다. 그러나 언어는 의식을 지배하며 언어의 평등이 해소되지 않으면 의식의 평등은 이루어지지 않는다.

통과의례에 나타나는 제주방언 성별어를 보면 '제관, 상뒤꾼'은 절대남성어이며, '부엌, 허벅, 설배, 초제제물, 팥죽 쑤기' 등은 절대여성어이다. '적고지, 진설, 젯방'은 절대남성어에서 상대남성어로 변하고 있다. '우시'는 통성어며, 제례 시 '절하기'는 절대남성어에서 통성어로 변하고 있다. 상가(喪家)에 문상을 가서 절할 때도 남성은 당연한 행동이고 여성은 특별한 행동으로 여겼는데 사회의 변화에 따라서 여성의 절하기도 용인되고 있다.

여성은 임신과 출산의 주체이지만 성스러운 권력을 행사하기보다는 의무감에 짓눌려 살아왔다. 태교, 산실, 출산·산후 도우미, 수유 등은 절대여성어이며 태반 처리는 남성과 여성이 공동 참여했다. '마당, 마루'는 절대 남성 공간에서 여성과 남성이 공동으로 생활하는 통성 공간으로 변했으며, 부엌은 절대 여성 공간에서 통성 공간으로 변하고 있다.

따라서 통과의례 용어와 호칭에서도 성별어가 있음을 알 수 있다. 성별어가 있는 것은 좋고 나쁨의 이분법적 사고가 아니라 여성과 남성을 다르게 인식해 온 사회제도나 문화를 짐작할 수 있는 요소이므로 '성 차이'는 인정하지만 '성을 차별'하지는 말기를 바라는 마음이다.

여성 화자와 여성 청자·남성 청자의 관계, 남성 화자와 여성 청자·남성 청자의 관계에 따라 성 차이와 성차별 정도가 다를 것이다. 언어를 통한 성차별은 겉으로 드러나지 않지만 심리적인 상처를 주는 요소이다. 언어의 불평등을 인지하고, 인정하고, 공감할 수는 있지만 이를 해결하려는 시도는 쉽게 기대할 수 없다. 이는 우리가 오랫동안 가정교육, 학교교육을 통해서 눈에 보이지 않게 지속적으로 여성성, 남성성에 대해서 교육을 받았기 때문이다.

여성의 지위가 사회적·경제적인 측면에서 향상되고 있으나 정작

우리가 일상적으로 사용하는 언어로 보면 여성의 지위 향상은 아직 부족한 편이다. 언어에는 여러 의식이 반영되어 있다고 본다면 겉으로 평등하고 자유롭다고 하지만, 입을 통해서 발화되는 말, 글로 쓰는 문자언어에는 남녀불평등 의식이 내재되어 있다. 즉 머릿속에는 평등의 언어를 쓰고자 하는 욕구가 강하나 실제 발화에서 사용하는 것이 어색할 수고 있고, 청자가 화자의 말을 얼마나 자연스럽게 받아들이느냐 하는 것도 의식하지 않을 수 없다. 이러한 언어의 사용은 관습화되었으며, 이 관습화된 틀에서 자유로우려면 사회제도가 변해야 한다. 그렇게 되면 사람들의 의식이 점차 변화되고 언어 사용에 좀더 자유로울 것이다(문순덕, 『제주여성 속담으로 바라본 통과의례』, 제주대 출판부, 2004. 참조).

제주방언 호칭어를 통해서 성별어 유형을 간단히 논의했으며, 이를 사회제도와 연관지어 성별어의 특징을 분석하는 것은 다음 기회로 미룬다. 제주의 문화어에도 성별어가 쓰이지만 이는 특정 성을 가리키거나, 특정 성이 독점적으로 사용하는 공간을 중심으로 해서 살펴보았다.

음식점 상호에 나타난 지명의 의미

1. 머리말

이 글에서는 제주도1) 음식점 이름 중에서 지명을 사용한 상호를 조사하고 분석하였다. 실제로 제주도 전 지역을 조사할 수 없기 때문에 우선 『2005~2006 제주 업종 편』(전화번호부)에 실린 지명 상호를 논의 대상으로 삼았다. 이 자료는 음식의 종류에 따라서 음식점이 분류되어 있다. 예를 들면 '패스트푸드점'이나 '한정식' 등 다양하지만 여기서는 제주도 소재 지명이 들어간 상호만 전부 추출했다.

여기서 지명이란 마을이름(행정동명, 옛지명), 마을의 특정 장소를 가리키는 지명을 뜻한다. 또 하나는 음식점의 종류에 따라서 제주도를 제외한 다른 지방의 지명도 나타난다. 이는 특정지역의 음식재료

---

1) 제주도는 제주와 서귀포시, 북제주군(한림읍, 애월읍, 구좌읍, 조천읍, 한경면, 추자면, 우도면)과 남제주군(대정읍, 남원읍, 성산읍, 안덕면, 표선면) 등 2시, 2군으로 되어 있다. 이는 2006년 6월까지의 상황이다. 2006년 7월 1일자로 제주도가 특별자치도로 출범하고, 제주시와 북제주군이 서귀포시와 남제주군이 통합될 예정이다. 이후 음식점명에도 어떤 변화가 나타날지 추후에 조사·비교해 보고자 한다. 이 연구는 이러한 차후 연구의 기초가 될 수 있다.

와 관련이 있을 것이란 가정하에 선정하였다. 음식점 상호와 지명이 동일하며 그곳에 있는 경우, 다른 지역에 있는 경우 등으로 나누어서 음식점 상호의 구성과 조어법을 살펴보고자 한다. 제주도의 지역명이 쓰인 상호는 441개이고, 다른 지방명이 쓰인 상호는 165개, 국외 지역명 상호는 40개로 총 646개의 지명 상호를 분석 자료로 삼았다.[2)]

음식점 상호 전체에서 제주도 소재 지명이 쓰인 것을 전부 추출한 후에 이 자료들의 상호 연관성을 분석하고자 한다. 그 결과에 따라 음식점에 지명을 사용하는 것은 향토적이며 지역성을 드러내는지 등 마케팅 측면도 고려할 수 있을 것이다. 즉 '광주, 전라도, 전주' 등 지명이 들어간 음식점은 맛이 있다는 고정관념이 있어서 소비자가 무조건 이용할 수도 있다. 이런 점에서 지역성을 띤 지명이 곧 상품화가 될 수 있다고 본다.

2. 소재지와 상호의 연관성

2.1 소재지와 상호명이 동일한 경우

제주시, 서귀포시, 북제주군, 남제주군에 속한 지명이 쓰인 음식

---

2) 음식점 상호는 식당주인의 공개여부 동의를 얻지 못했지만 전화번호부에서 차용했으며, 직접 방문 조사의 어려움 때문에 일차적으로 자료를 이용했다. 원 자료에는 음식점의 위치가 구체적으로 나와 있지만 여기서는 지역을 구분하는데만 참조했다. 따라서 상호는 제시했지만 구체적인 소재지는 생략했다.
음식점의 폐업과 개업이 수시로 이루어지므로, 여기에 제시한 상호명이 이미 없어졌거나 새로 등록되어도 자료로 삼지 못한 것은 『2005~2006 제주 업종 편』(전화번호부)에 실린 지명상호를 대상으로 해서 분석했기 때문이다. 그러나 음식점 상호와 지명의 유기적 관계를 살피는 것이므로, 음식점의 폐업유무에는 큰 영향이 없을 것으로 본다.

점 이름과 동일한 지역에 있는 상호명을 살펴보겠다.[3]

2.1.1 제주시지역

(1) 제주시 옛지명이 음식점 상호로 쓰인 경우(27개)

　　① 가령골회관

　　② 서흘포가든(제주시 삼양1동), 정존가든

　　③ 남수각횟집, 내도바당횟집, 도근내횟집, 어영횟집, 오래물횟집,
　　　한두기횟집

　　④ 고산동산, 돈물국수(제주시 건입동), 망동산해장국(제주시 화북
　　　1동), 먹돌식당(제주시 용담1동), 몰래물(제주시 사수동, 제주시
　　　오라1동), 산지물식당(제주시 건입동), 산천단휴게소, 소드랭이
　　　감자탕(제주시 외도1동), 앞돈지식당(제주시 건입동), 오도롱구
　　　운도새기, 오도롱반점, 우랭이숯불생구이, 원당골, 원당골토종
　　　닭, 인다식당, 정드르숯불갈비, 큰물식당, 한두기식당

　음식점 상호의 조어법을 보면 각 마을의 '옛지명+회관, 가든, 횟
집, 식당'으로 되어 있다. '우랭이, 정드르+숯불갈비'처럼 '옛지명+음
식명'이 상호이기도 하다. 즉 지명과 음식명이 합성어로 되어 있다.
옛지명이 쓰이면 그 지역 사람들은 자연스럽게 인지하지만 다른 지
역 사람들에게는 낯선 지명이 된다. 그러나 이런 상호를 사용하면
지명을 알리는 부차적인 효과도 있다고 본다. 지명 상호는 향토음식
점이라는 이미지가 강하게 작용할 수 있다.

---

3) 음식점 소재지가 동리 단위만 기록된 것을 보완하여 읍면동 단위를 추가하였다. 즉
　이 글 전반적으로 ( )안에 있는 행정동명의 소재지를 보완하였다.

(2) 관광지 명소가 음식점 상호로 쓰인 경우(8개)

    ① 곰솔식당(제주시 노형동) 곰솔휴게음식점(제주시 노형동)
    ② 삼무공원흑생구이
    ③ 삼성혈해물탕
    ④ 용두암갯바위, 용연골, 용연포구, 용연횟집

①에서 '곰솔'은 제주대학교 근처인 산천단에 있는 유명한 소나무이다. 그런데 음식점의 위치는 이곳과 거리가 먼 노형동에 있지만 명승지의 이미지를 노린 것 같다. ②는 삼무공원 근처에 있는 돼지고기 음식점임을 알 수 있다. ③은 삼성혈 정문 근처에 있으며, '해산물'을 음식재료로 이용하는 식당임을 알 수 있다. ④는 용두암과 용연 주변(제주시 용담동 소재)에 있는 식당이며, 지명이 곧 상호로 쓰였다. '용연+횟집'은 용연 부근에 있는 횟집이란 뜻이다.

(3) 오름이나 주변 섬 이름이 음식점 상호로 쓰인 경우(3개)

      도두봉식당, 뫼오름식당(제주시 일도2동), 사라봉회관

이 음식점 상호는 이미 알려진 장소를 사용함으로써 소비자들에게 인지도를 높이는 효과가 있다. 즉 음식점을 찾아갈 때 잘 알고 있는 장소를 연상하면 모르는 장소보다 친밀감이 있고, 쉽게 접근할 수 있는 이점이 있다. 이런 장소는 여러 지역 거주자들이 모일 때 이용하기 쉽다.

(4) 지명과 음식점 상호가 동일한 경우(90개)

① 행정동명+음식명(27개)

광양코끼리만두, 광양해장국, 남문갈비, 남문태양숯불갈비, 노형갈비마을, 노형뼈다귀탕, 노형삼조삼계탕, 노형순창갈비, 노형호수아구찜, 도남안창구이, 도남초밥, 도남황금갈비, 삼도골고루숯불갈비, 서문떡볶이, 서문떡볶이시청점, 서문시장할머니순대, 서사라갈비, 서사라장터국수, 연대토종닭, 연동아구나라, 연동아구찜, 오등동숯불갈비, 오라토종닭, 용담불타는아구찜, 탑동산호전복, 화북삼룡숯불갈비, 화북송가네감자탕

② 행정동명+식당, 가든, 회관, 횟집(19개)
• 가든
광평가든(제주시 노형동), 노형평평가든, 도두가든, 명도암가든, 아라골가든, 해안가든
• 회관
탑동제주회관(제주시 삼도2동, 용담2동)
• 횟집
도두어해촌횟집, 도두횟집, 화북바다횟집
• 식당
노형진미식당, 노형한빛식당, 도남오거리식당, 도두항식당, 삼양장원식당, 서부두식당, 아라식당, 외도식당, 화북진미식당

③ 도로명+음식명(3개)
남성로치킨하우스, 서사라민물식당, 전농로조개구이

④ 행정동명+보통명사(41개)
노형꼴지네, 노형맷돌, 노형서해촌, 노형차돌마을, 노형항아리, 도

남동흥부네마을, 도남반점, 도남오삼, 도남옹기, 도남왕서방, 도남일미, 도두동돈미정, 도두바당, 도두해녀의집, 도평구룡반점, 삼도왕서방, 삼양모메존, 삼양오리마을, 아라리, 아라평화반점, 연대동산, 연동골, 연동길조, 연동도뚜리판매장, 연동막창골, 연동이가네, 연동참맛, 연동탑부펑, 외도강서방막창, 외도골오리촌, 외도돈돼지, 외도민들레분식, 용담골, 용담반점, 이도분식천국, 이도정가네, 이도중국관, 이도훈제고을, 인화반점, 탑동일번지, 화북수산

①을 보면 행정동명 다음에 음식이름 '갈비, 토종닭, 초밥, 아구찜, 감자탕, 전복, 떡볶이, 국수, 순대' 등이 결합되었다. 그래서 음식점 이름을 보거나 들으면 그 위치와 음식의 종류를 바로 연상할 수 있는 이점이 있다.

②는 보편적이 작명법이다. 지명에 식당의 보통명사인 '가든, 횟집'을 결합하였다. 음식점명에서 '가든'은 도심지를 벗어난 곳, 전원적인 풍경이 있는 곳에 있는 식당임을 강조하기 위하여 사용한 것 같다. 전원풍을 드러내기 위하여 도심지에서도 마당이 있는 음식점에 붙기도 했다. '회관'이 결합된 음식점은 수용인원이 많을 경우 자주 이용한다는 인식도 있었다. 특히 결혼식 피로연 장소로 이용되기도 했다.

③은 도로이름에 음식명이 결합해서 상호로 쓰이고 있다. 즉 남성로에 있는 닭 음식점이고, 전룡로에 있는 조개구이 음식점이란 뜻이다. 서사라는 서사로 일대 지역을 가리킨다.

④는 여러 형태로 구성되어 있다. 우선 행정동명에 반점이 결합되어서 중국 음식점을 가리킨다. 여기에는 '도남반점, 도평구룡반

점, 아라평화반점, 용담반점, 이도중국관, 인화반점' 등이 있으며, '중국관'은 중식을 가리킨다. 어촌마을 횟집을 가리키는 '도두바당, 도두해녀의집, 화북수산'도 '지명+음식점' 특징이 상호로 되어 있다. 삼양오리마을은 '오리'를 음식재료로 하는 곳임을 알 수 있고, 이도훈제고을은 '음식 만드는 방법이 상호에 드러나 있다. 또한 항아리나 옹기 등 음식 담는 용기가 쓰이기도 한다. 이도분식천국, 외도민들레분식처럼 밀가루를 주재료로 이용하는 분식도 상호에 직접 드러난다.

따라서 음식점 상호의 조어법을 보면, 행정동명이 어두에 오고 그다음에는 음식명이나, 음식 만드는 방법, 음식 재료, 음식 용기 등이 결합하는 합성어로 되어 있다. 이는 음식점 상호에 소비가자 원하는 것을 다 드러내려는 의도로 보인다. 상호는 문자여서 시각적인 매체이지만 음식과 연관된 여러 요소들을 나열함으로써 영상의 효과를 거둘 수 있다고 본다.

위에서 상호의 조어법을 보면 '옛지명/행정동명+회관, 가든, 식당' 또는 '옛지명/행정동명+음식명'으로 되어 있다. 음식점 상호가 마을의 특성을 나타내는 경우는 어촌이면 주로 횟집이나 해녀식당이 있다.

소비자가 음식점 상호를 보거나 들을 때 어느 지역에 있는지 식당의 위치가 쉽게 연상되며, 지명 다음에 쓰인 음식명은 소비자의 선택에 직접적인 영향을 미친다. 즉 어떤 음식을 먹을 것인지 결정하는 데도 영향을 줄 수 있다고 본다.

2.1.2 서귀포시지역

(1) 서귀포시 옛지명이 음식점 상호로 쓰인 경우(14개)

① 옛지명+횟집(5개)
갯바위횟집(서귀포시 중앙동), 거문여횟집(서귀포시 토평동), 논짓물횟집, 동난드르횟집, 큰갯물횟집(서귀포시 대포동)

② 옛지명(마을의 특정 장소)+가든, 식당(7개)
• 검은여식당(서귀포시 정방폭포 근처), 뒷빌레식당, 상동산식당, 선돌식당, 솔대왓, 솔왓동산식당
• 비석거리가든

③ 옛지명(마을의 특정 장소)+음식명(2개)
앞동산숯불갈비, 예촌삼계탕

(2) 관광지 명소가 음식점 상호로 쓰인 경우(4개)

정방폭포흑돼지전문, 지삿개식당(서귀포시 중문동), 천지연폭포회센터(서귀포시 서홍동), 천지회센터

음식점 상호만 봐도 정방폭포, 지삿개, 천지연폭포 근처에 있는 식당임을 알 수 있다. 지명과 음식재료(돼지고기, 어류)가 합성어로 쓰이고 있다.

(3) 오름이나 주변 섬 이름이 음식점 상호로 쓰인 경우(6개)

① 고근산춘천닭갈비, 늘오름가든

② 새섬갈비, 숲섬갈치요리전문점, 숲섬횟집(서귀포시 대포동), 직
구섬자리횟집

①을 보면 '고군산'이 어두에 놓여서 식당의 소재지를 알려주며,
'춘천닭갈비'라는 고유음식명과 결합해서 음식점의 성격을 미리 설
명해 주고 있다.

②는 섬 이름과 음식명이 결합되었다. 즉 횟집, 갈치, 자리 등 음식
재료가 어류이고, 음식점도 바닷가에 있음을 알려준다.

(4) 지명과 음식점 상호가 동일한 경우(29개)

① 행정동명+가든, 식당, 횟집, 해녀의집(19개)
• 강정가든, 정방가든(서귀포시 동홍동), 중문허니문가든(서귀포시
색달동)
• 보목포구돌하르방식당, 상효식당, 서홍식당(동홍), 중문돌하르방
식당(서귀포시 서귀동), 호근식당, 회수식당
• 강정부두횟집, 대평수산회센터, 대포동산횟집, 대포동산횟집2호
점, 대포어촌계횟집, 대포횟집, 법환어촌계횟집, 법환해녀횟집
• 보목동해녀의집, 중문해녀의집

② 행정동명+음식명(8개)
• 용홍숯불갈비(서귀포시 강정동), 색달토종닭농장, 서귀포용우동,
중앙분식(서귀포시 중앙동)
• 중문아구찜, 중문한라아구찜
• 중앙족발(서귀포시 중앙동), 하효왕족발보쌈

③ 행정동명+보통명사(2개)
색달원, 효돈시골집

①에서 보는바와 같이 행정동명에 식당과 가든이 결합한 합성어는 보편적이 상호이다. 여기에 횟집이나 해녀의집은 주로 어촌에 위치함을 알 수 있다. 이는 음식재료의 신선도를 소비자들에게 알리는 효과가 있으며, 업주의 입장에서도 음식재료의 산지에서 영업을 하면 재료 구입에 편리함이 있을 것이다. 또한 '대포어촌계횟집, 법환어촌계횟집'처럼 지명에 어촌계라는 마을공동체가 들어가면 운영 주체는 개인보다는 마을사람이며, 재료가 신선하고, 가격이 저렴할 것이라는 이미지를 줄 수 있다. '보목동해녀의집, 중문해녀의집'처럼 '해녀의집'이 상호에 있으면 해녀들의 주 채취물인 '소라와 전복'이 음식재료임을 알 수 있다. 그래서 전문적인 음식점이라는 인식을 줄 수 있는 장점이 있다. 요즘처럼 자연산이나 국내산 음식재료의 가치가 높을 때일수록 원산지에서 음식을 먹을 수 있다는 것은 특수층의 신분임을 암시하기도 한다. 따라서 어촌마을에 있는 음식점인 경우 소비자에게 적극적인 접근을 하기 위해서 차별화된 상호를 의도적으로 사용할 수도 있다고 본다.

②에 있는 상호를 보면 어디에 있으며, 어떤 음식을 파는 곳인지를 금방 알아차릴 수 있다. 이는 음식의 특성상 무엇을 먹고 싶은지, 쉽게 찾아갈 수 있는지 등 음식점의 입지 조건과 관련이 있다고 본다. ③은 소재지에 있는 음식점임을 직접 알려준다.

2.1.3 북제주군지역

행정구역상 북제주군에는 한림읍, 애월읍, 구좌읍, 조천읍, 한경면, 추자면, 우도면이 있으며 이를 중심으로 해서 음식점 상호를 분석했다.

(1) 북제주군 옛지명이 음식점 상호로 쓰인 경우(13개)

　① 옛지명+식당, 가든, 회관, 횟집(8개)
　• 당머루숯불갈비식당, 상두거리식당, 솔띠왓홍룡식당
　• 도치돌가든, 아진가든
　• 모살밭회관
　• 다려도횟집, 한수풀횟집

　② 옛지명+음식명(3개)
　골막국수(한림읍 한림리), 높은물정식갈비, 솔도토종닭

　③ 지명+기타(2개)
　도깨물항, 별방촌

①에서 '다려도횟집, 한수풀횟집'은 바다와 인접해 있으며 '횟집'의 소재지로 적합하다는 인상을 준다. '당머루숯불갈비식당'은 '소재지+음식명+식당'의 합성어이다.

②는 특정 마을의 이름에 음식명(국수, 토종닭)이 결합되었고, '높은물'은 구체적인 장소를 가리킨다. ③은 ①과 ②의 조어법과 다르게 옛지명이 그대로 상호로 쓰였다.

(2) 관광지 명소가 음식점 상호로 쓰인 경우(12개)

　금산식당, 만장굴식당, 만장굴향토음식점, 문주란식당, 산굼부리가든, 연북정, 연북정식당, 우도봉식당, 우도일출회관, 우도자연, 우도횟집, 함덕별장

음식점 상호의 조어법을 보면 '관광지+식당, 가든, 회관, 횟집' 등

의 합성어로 되어 있다. 즉 음식점 이름을 들으면 그 위치를 **빨리** 알 수 있는 이점이 있다. '우도'는 섬 전체가 유명한 곳이며 그곳에 있는 음식점이다.

(3) 오름이나 주변 섬 이름이 음식점 상호로 쓰인 경우(9개)

　① 녹구메식당, 당오름가든, 둔지오름가든(함덕), 새오름식당, 서우
　　봉가든, 월랑봉돼지촌(구좌읍 세화리), 지미봉식당
　② 비양도횟집(한림읍 금능리), 차귀도횟집

　①은 각 오름이 있는 마을의 식당이며, ②는 어촌이어서 지명과 횟집이 합성어로 구성되었다. 이런 상호의 영향으로 사람들은 음식점을 찾을 때 그 지역명이 쓰이고 향토색이 짙은 상호를 연상하게 된다. 예를 들어 어촌에 가서 식사를 할 경우 '지명+횟집' 상호를 찾아가게 된다.

(4) 지명과 음식점 상호가 동일한 경우(54개)

　① 행정동명+식당, 가든, 회관, 횟집(32개)
　• 식당
　고성성안식당, 광령식당, 동복해녀식당, 동복해녀잠수촌식당, 송당
식당, 신촌선창식당, 장전식당, 조천사거리, 조천식당, 조천오향보쌈
식당, 종달잠수촌, 하귀식당, 한림오메식당(한림읍 동명리), 함덕식당
　　• 가든
　고산가든, 광령가든, 교래아름가든, 납읍돌산민박가든, 대천민속가
든, 신흥가든(조천읍), 하귀박가네가든, 하귀풍년가든, 한담가든

• 회관

한림회관

• 횟집

고내횟집, 곽지횟집, 귀덕어촌계횟집, 김녕어촌계해녀횟집, 동귀어
촌계횟집, 옹포횟집, 한담별장횟집, 함덕어촌계횟집

② 행정동명+음식명(15개)

고산국수, 고성거평갈비, 광령갈비, 구엄숯불갈비, 동복갈비, 상가
토종닭, 애월포구산곰장어, 이호숯불갈비(구좌읍 김녕리), 조천장원
삼계탕, 하귀추어탕, 하도민물장어, 하도솔밭장어집, 한림해장국(한림
읍 동명리), 함덕별미해장국, 함덕장어나라

③ 지명+보통명사(7개)

교래민속음식점, 김녕반점, 동귀하귀일식, 판포해녀휴게소, 한담의
바다풍경, 함덕로얄부페, 협재반점

①에서 '지명+보통명사(아름, 민속, 민박, 풍년)+가든'형이 있고, 성
씨가 삽입된 조어도 있다. 이는 음식명의 특성을 더 드러내려는 의도
로 보인다. 횟집은 '지명+어촌계'이거나, 해녀를 강조하려고 이를 삽
입한 경우가 있다. 식당이름에 쓰인 '잠수'는 '해녀'의 제주방언이다.
여기서 특이한 이름은 '조천오향보쌈식당'이다. 이는 '지명+음식 만
드는 방법+음식명+식당'으로 구성되어 있어서 이 이름만 들어도 어
떤 음식을 파는, 어디에 있는 식당인지 금방 알아차릴 수 있다.

②는 '지명+갈비, 추어탕, 삼계탕'으로 구성되어서 음식 종류가 구
체적으로 드러난다.

③의 상호 구성요건을 보면 '지명+음식점/일식/반점' 등 음식의

국적을 상호로 사용하고 있다. 이런 음식점명은 한국인이 보편적으로 좋아하는 음식이 주를 이룬다. '함덕로얄부페'는 '함덕'에 있는 서양식 음식점을 가리킨다. '한담의 바다풍경'에서 '한담'은 바닷가에 있는 지명이어서 '바다풍경'이 쓰였다고 본다. 이 상호는 지명을 사용해서 풍광이 좋은 곳임을 암시한다.

2.1.4 남제주군지역

(1) 남제주군 옛지명이 음식점 상호로 쓰인 경우(11개)

① 옛지명+가든, 식당(8개)
* 갯늪해녀가든, 고은물가든, 장터가든(남원읍 남원리)
* 나목도식당, 낭밭식당, 당케식당, 드랭이가든, 버들못식당

② 옛지명 단독이 식당명(3개)
검은여(표선면 표선리), 그등에, 벼락맞은동산

위 음식점 이름은 한 마을 안에서도 특정한 장소를 가리키므로 그 마을사람이나 이웃마을 사람이 쉽게 알 수 있다.

(2) 관광지 명소가 음식점 상호로 쓰인 경우(7개)

성산일출식당, 성읍신토불이식당, 성읍칠십리주막, 성읍타운, 송악회관, 안덕계곡가든, 큰엉식당

'특정 관광지+식당, 회관' 등 음식점임을 알 수 있는 상호를 쓰고 있다. 이들은 유명 이미지를 음식점 상호로 이용해서 광고 효과를

얻을 수 있다.

(3) 오름이나 주변 섬 이름이 음식점 상호로 쓰인 경우(3개)

　마라도식당(대정읍 하모리), 산방식당(대정읍 하모리), 형제도식당
1호점(대정읍 상모리)

이 음식점들은 지명 인근에 위치한다. 음식점 이름을 들으면 그
위치를 누구나 쉽게 짐작할 수 있다.

(4) 지명과 음식점 상호가 동일한 경우(34개)

　① 지명+식당, 가든, 회관(21개)
　• 식당
가시식당, 공천포식당, 남원포구식당, 동남점투다리태흥식당, 무릉
동산식당, 사계어촌계식당, 성산수산식당, 안덕식당, 오조리해녀의집,
온평포구식당, 표선삼미식당, 표선어촌식당, 표선진주식당, 한남식육
식당, 화순사거리식당, 화순장식당

　• 가든
공천포해안가든, 성산포가든, 한남가든, 화순소낭가든

　• 회관
대정천일회관

　② 지명+음식명(2개)
남원리24시족발보쌈, 화순중앙아구찜

　③ 지명+기타(11개)
남원고을, 대정우리마을(돼지갈비전문), 사계마당, 사계오름, 표선

골목집, 표선관, 표선분식, 표선장수촌, 표선춘하추동, 표선해장국, 화순반점

위 상호들은 앞에서 본 바와 같이 보편적인 상호이다. 음식점 상호를 보면 어떤 음식을 파는 곳인지, 음식 재료는 무엇인지, 재료가 신선한지 등 소비자의 정보 파악에 유리하다.

이상으로 음식점이 있는 곳과 상호가 동일한 정도를 살펴보았다. 대체적으로 상호는 '지명+식당, 가든, 횟집, 회관'이나 '지명+음식명'으로 구성되어 있으며, 관광명소가 상호로 쓰여서 인지도를 높이는 데 기여했다고 본다. 상호를 보면 소비자가 원하는 내용을 구체적으로 나타내고 있어서 음식점 상호는 직접적인 접근법을 쓰고 있다. 즉 소비자가 원하는 것을 바로 알려주는 효과가 있는데, 이는 음식의 종류에 따라 다를 수 있다.

위에서 살펴본 음식점 상호는 주로 한국적, 지역적 특징이 강한 음식점들이다. 음식점 상호에 외국어가 쓰이거나 구의 형식이라면 음식의 종류가 다른데 이 부분은 여기서 다루지 않겠다.

음식점 상호명의 조어법을 보면 '지명+음식명'이 있는데 이는 지명에 어떤 기능이 있는지, 동일 마을에 있는지, 다른 지역에서 사용하고 있는지, 음식재료의 신선도, 가치를 알리는데 일조하는 지명이어서 사용하는지 등 사회적 의미에서 접근이 가능하다고 본다.

또 하나는 음식점 상호에 나타난 고유지명(세부 장소, 동향출신만 쉽게 알 수 있는 이점이 있음)과 행정동명(제주 사람이라면 쉽게 마을의 위치와 특성을 알 수 있음)을 분석하면 상호의 장점을 파악할 수 있

다고 본다.

또한 음식명의 사회상이라고 본다면 웰빙(well-being) 바람을 타고 '먹을거리'와 음식재료에 많은 관심을 나타낸다. 선호하는 음식은 '국내산'이며 유기농, 자연산(양식이 아님) 등등의 음식재료라면 기꺼이 사 먹을 것이다. 음식점 상호도 이런 의식에 일조한다고 볼 수 있다.

〈표 1〉 음식점 소재지와 상호 동일 분포

지역	제주시	서귀포시	북제주군	남제주군
음식점수(325)	129	53	88	55

<표 1>에서 제주시지역 소재 음식점이 많은 것은 거주 인구수와 관계가 있다고 본다. 서귀포시는 유명한 관광지가 많지만 음식점 수가 적은 것은 일시적인 경유 인구가 많기 때문이라 본다.

2.2 소재지와 상호명이 다른 경우

2.2.1 제주시 소재 음식점명 중에서 제주시 지명이 아닌 경우

여기서는 제주시에 있는 음식점 이름 중에서 제주시 이외의 다른 지역 지명이 상호로 쓰인 경우를 살펴보겠다.

① 서귀포시 소재 지명(6개)

대평어촌(제주시 이도2동에 위치), 범섬횟집(제주시 연동에 위치), 색달가든(제주시 이도2동에 위치), 서호식당(제주시 연동에 위치), 쇠소각(제주시 일도2동에 위치), 호근동(제주시 이도2동에 위치)

② 북제주군 소재 지명(15개)

골막식당(제주시 이도2동에 위치), 광령갈비(제주시 용담2동에 위치), 금산식당(제주시 삼도동에 위치), 봉성식당(제주시 건입동에 위치), 산굼부리가든(제주시 삼도2동에 위치), 우도근고기(제주시 삼도2동에 위치), 우도마린수산(제주시 연동에 위치), 우도바당(제주시 이도2동에 위치), 우도봉회센터(제주시 이도2동에 위치), 우도에서(제주시 삼도1동에 위치), 우도전복죽(제주시 일도2동에 위치), 차귀도횟집(제주시 노형동에 위치), 추자도회센터(제주시 일도2동에 위치), 한동김밥(제주시 화북1동에 위치), 한동순대(제주시 화북1동에 위치)

우도는 섬이며 관광지로 부각되었다. 또한 우도란 지명이 신선한 음식재료의 공급처로 이미지화되었다면 우도음식점 상호가 일반 소비자들에게 호감을 줄 수 있다고 본다. 우도식당은 해산물을 식재료로 이용하는 식당이다. 차귀도나 추자도 역시 대표적인 섬이며 해산물의 생산지이다. 그래서 이 이름을 차용한 식당은 '횟집'이 주를 이룬다.

③ 남제주군 소재 지명(14개)

가파도수산(제주시 노형동에 위치), 구억식당(제주시 연동에 위치), 대정골(제주시 용담1동에 위치), 대정뼈다귀감자탕(제주시 이도1동에 위치), 동남국수(제주시 이도2동에 위치), 마라도수산횟집(제주시 연동에 위치), 마라도회센터(제주시 연동에 위치), 사계갈비(제주시 일도2동에 위치), 섭지바당(제주시 이도2동에 위치), 성산포할망집(제주시 화북1동에 위치), 송악가든(제주시 노형동에 위치), 형제섬(제주시 도남동에 위치), 형제섬횟집(제주시 연동에 위치), 화순반점(제주시 오라1동에 위치)

가파도, 마라도, 형제섬은 해산물의 원산지여서 이곳의 음식재료를 이용한 음식점임을 알려주는 효과가 있다. 또한 '화순반점'처럼 '지명+반점'은 중국 음식점을 의미한다.

위에서 음식점 상호를 분석해 보면 '지명(옛지명/현재지명)+가든, 횟집, 식당, 음식명'으로 구성되어 있다. 사람들이 음식점 상호를 보거나 들을 때 그 마을의 위치를 짐작할 수 있고, 음식재료의 출처를 쉽게 짐작할 수 있는 이점이 있다고 본다. 향토음식을 주재료로 하는 음식점 상호는 소비자에게 잘 알려진 지명을 사용하는 것이 마케팅 전략이 될 수 있다고 본다.

2.2.2 서귀포시 소재 음식점명 중에서 서귀포시 지명이 아닌 경우

여기서는 서귀포시에 소재하는 음식점 중에서 다른 지역의 이름이 상호로 쓰인 정도를 살펴보겠다.

① 제주시 소재 지명
서문식당(서귀포시 천지동에 위치)

② 북제주군 소재 지명
봉성민물장어(서귀포시 송산동에 위치)

③ 남제주군 소재 지명
남원잔치집국수(서귀포시 천지연에 위치)

2.2.1의 음식점 상호 35개와 비교하면 2.2.2는 아주 적은 편이다.

2.2.3 북제주군소재 음식점명 중에서 서귀포시 지명이 아닌 경우

행정구역상 북제주군에 있는 음식점 중에서 다른 지역의 이름이 상호로 쓰인 정도를 알아보고자 한다. 이는 2.2와 마찬가지로 수효가 적다.

① 제주시 소재 지명
동문식당(한경면 고산리에 위치), 성안식당(한경면 고산리에 위치), 성안식당(애월읍 애월리에 위치)

② 서귀포시 소재 지명
없음

③ 남제주군 소재 지명
동남반점(애월읍 하귀2에 위치), 화순식당(애월읍 광령리에 위치)

2.2.4 남제주군 소재 음식점명중에서 남제주군 지명이 아닌 경우

여기서는 남제주군 지역에 있는 음식점을 중심으로 해서 분석했으며, 다른 지역의 이름이 상호로 쓰인 정도를 살펴보고자 한다. 음식점명에 나타난 지명과 소재지가 다른 경우이다.

굼부리식당(성읍리에 위치), 금데기횟집(표선리에 위치)

다른 지역은 없고 북제주군 소재 지명 식당만 있다. 굼부리는 교래리(조천읍)에 있는 산굼부리를 가리키며 음식점이 있는 성읍과 인접해 있다. 금데기는 유수암(애월읍)의 옛지명 '금덕'을 가리킨다.

제주시에 있는 음식점 중에서 다른 지역 지명이 쓰인 것이 제일 많다. 즉 서귀포시, 북제주군, 남제주군에 있는 음식점명 중에서 다른 지역명 상호는 드문 편이다. 이는 제주도에서 제주시가 중심 지역이며, 인구가 집중되어 있음을 짐작할 수 있다. 즉 제주시가 제주도의 축소판이라 볼 수 있다.

〈표 2〉 음식점 소재지와 상호 비동일 분포

지역	제주시	서귀포시	북제주군	남제주군
음식점수(45)	35	3	5	2

<표 2>도 <표 1>과 마찬가지로 제주시지역에 있는 음식점 수가 많다. 이렇게 음식점 상호와 지명의 상관관계를 분석하면 각 마을의 특징을 알 수 있을 것이다. 예를 들면 우도 지명이 들어간 음식점 종류를 분석하면 지명과 음식점, 음식재료의 상관성을 파악하 수 있다. 즉 '횟집'은 주로 해안가에 위치하고 있다.

2.3 제주도 상징 음식점 상호

2.3.1 지명(64개)

여기서는 제주도를 상징하는 단어가 음식점 상호인 경우를 알아보았다. 즉 한라산의 분화구인 '백록담'과 제주도를 가리키는 '삼다도'(三多島 : 女多, 風多, 石多), 제주의 옛 지명인 '탐라'가 쓰이고 있다. 또한 제주도를 가리키는 '한라'도 음식점 상호로 쓰이고 있다.

① 백록담갈비(서귀포), 백록담가든(제주시 봉개동)

①에는 여기서도 전형적인 상호 작명법이 적용되었다. 즉 '백록담+음식명, 가든'으로 구성되었다. 이 상호를 보거나 들으면 제주도에 있다는 것을 알 수 있다. 물론 백록담이 한라산의 분화구란 사실을 아는 사람에게만 한정될 수도 있다.

② 삼다도(제주시 연동), 삼다도(애월읍 하귀2), 삼다도시락(제주시 연동), 삼다도식당(애월읍 고성리), 삼다숯불갈비(서귀포시 정방동), 삼다식당(제주시 삼도2동) : 6개

대체로 제주도라 하면 '삼다(도)'를 연상하게 된다. ②는 이를 이용한 작명법이라 생각한다. 조어법은 앞에서 본 것과 동일하다. '삼다+식당/음식명'이다.

③ 제주가든(서귀포시 강정동), 제주가든(안덕면 화순리), 제주갈치와 고등어(제주시 연동), 제주공원(제주시 아라1동), 제주궁전(서귀포시 호근리), 제주그린포크직영점(제주시 이도2동), 제주기사식당(제주시 오라1동), 제주깍두기연동점(제주시 연동), 제주꿩촌(제주시 연동), 제주나루터(서귀포시 토평동), 제주노량진회센터(제주시 삼도2동), 제주녹산장가든(조천읍 교래리)
제주도시락(제주시 건입동), 제주만부정(제주시 이도2동), 제주목마(제주시 연동), 제주바당(제주시 건입동), 제주바당(제주시 노형동), 제주바룻궤기(제주시 이도2동), 제주보쌈(제주시 삼도1동), 제주보쌈(제주시 일도2동), 제주손칼국수냉면전문점(서귀포시 동홍동), 제주수산(제주시 삼도2동), 제주싱싱회(제주시 이도2동), 제주야식(제주시 이도2동), 제주어물(제주시 일도2동), 제주어촌(조천읍 함덕리), 제주옹기설렁탕(제주시 연동), 제주해녀촌(제주시 연동), 제주해촌(제주시

이호1동), 제주회센터(제주시 도두1동), 제주회센터(성산읍 성산리) :
31개

③에서 제주를 음식점 상호로 사용한 것을 보면 제주도의 향토음
식점, 해산물 등이 주류를 이룬다. 여기서도 음식재료의 원산지와
신선도에 중점을 두었다고 볼 수 있다.

④ 탐라가든(조천읍 대흘리), 탐라가든(제주시 삼도2동), 탐라갈치
요리전문점(서귀포시 송산동), 탐라감자탕(서귀포시 정방동), 탐라고
을(제주시 연동), 탐라고을돼지마당(제주시 도남동), 탐라궁(제주시
노형동), 탐라도원(제주시 연동), 탐라마을(제주시 삼도2동)
　탐라무문(제주시 오등동), 탐라바당(제주시 도남동), 탐라샤브촌
(제주시 노형동), 탐라성음식점(제주시 오등동), 탐라식당(표선면 성
읍리), 탐라정식당(제주시 이도2동), 탐라정신제주점(제주시 연동), 탐
라제복일식(제주시 이도1동), 탐라조랑말식당(제주시 이도2동), 탐라
촌(서귀포시 서홍동), 탐라해돈이(제주시 삼도1동), 탐라향(제주시 연
동), 탐모라식품(제주시 일도1동) : 22개

④에서 '탐라'는 제주도의 옛 명칭이며 제주 사람들은 누구나 알
고 있다. 다만 다른 지방에서 온 사람들은 잘 모를 수 있어도 설명을
들으면 이런 음식점을 더 찾을 것이라고 생각한다. 제주의 옛지명을
사용한 음식점은 제주의 맛이 묻어있을 것이라고 상상할 수 있다.
상호의 조어법을 보면 '탐라'가 어두에 오고 그 다음에는 재료나 음
식명 등이 놓여 있다.

⑤ 한라고을숯불갈비(제주시 노형동), 한라백록원(제주시 삼도2동), 한라산도야지고기(구좌읍 세화리) : 3개

⑤에 쓰인 한라는 한라산이 있는 제주를 상징한다. 이를 음식점 상호로 이용하고 있다.

제주도 상징 음식점 상호를 보면 제주도 전역에 분포되어 있으며, 음식점의 소재지를 제주도로 국한할 수 있다. 또한 음식재료의 원산지로 판단할 수도 있다. 이런 음식점에서는 제주도산 음식재료를 이용해서 음식을 만든다고 생각할 수 있다. 이런 점이 소비자에게 선택권을 부여하는데 장점으로 작용할 수 있을 것이다.

여기서 음식점 상호의 조어법은 '지명+음식명'으로 특정 지명이 어두에 오고 그 다음에 음식명이나 식당의 성격을 알 수 있는 이름(횟집, 가든 등)이 온다. 이는 소비자가 음식점의 위치를 먼저 파악하고 그 다음에 어떤 종류의 음식이 있는지를 순차적으로 선택할 수 있는 이점이 있다. 물론 지명이 사용되지 않은 상호도 '특정명+음식명'으로 짜여 있다.

2.3.2 해녀(7개)

다음에 논의할 음식점 소재지는 어촌이며 해녀들이 직접 운영하거나 그 이미지 효과를 거두려는 의도에서 작명되었다.[4]

---

4) 다음은 전화번호부 미기재 음식점 상호다.
송악전복(사계, 송악산 근처에 있는 식당이어서 이 상호를 사용함) 졸락코지(제주시 서부두, 건입동)
우도동굴(제주시 일도지구, 식당 주인의 고향임) 성산포횟집(제주시 도남, 식당 주인

해녀의집(성산읍 성산리), 해녀촌(애월읍 고내리), 해녀촌(구좌읍 동복리), 해녀촌식당(안덕면 사계리), 해녀횟집(한경면 고산리), 해녀 횟집(애월읍 구엄리), 해녀횟집(제주시 삼도2동)

정확하지는 않지만 대게 1990년대부터 어촌계 해녀들이 중심이 되어 '해녀촌식당'을 직영하기 시작했다. 같은 마을 해녀들이 직접 해산물을 채취하고 신선한 재료를 사용하면서 일명 '해녀의집'이 부 각되었다. 이러한 음식점은 어촌에 있으며 '국내산, 자연산'이라는 원산지가 분명히 노출되었고, 즉석 재료라는 신선도 측면에서 효과 를 거두었다고 본다.

〈표 3〉 제주도 상징 음식점 상호 분포

지역	제주시	서귀포시	북제주군	남제주군	제주도명	해녀명
분포수(139)	39	10	12	5	66	7

〈표 3〉을 보면 현재지명인 '제주'와 옛지명인 '탐라' 상호가 많은 편이다. 이는 제주 사람이나 다른 지방 사람들에게 널리 알려진 상 호라는 이점이 있다.

2.4 다른 지방 상호

음식의 종류에 따라서 지명, 방언, 외래어(외국어 포함) 등이 사용 된다. 식당 이름만 보거나 듣고는 어떤 음식을 파는 곳인지 소비자가

의 출신지와 같음)

쉽게 이해할 수 있다. 이는 이미지화의 경제효과와도 관계가 있다고
본다. 여기서 음식점 상호를 분석하면 특정지역 특산물도 알 수 있
다. 즉 '아구찜'은 부산, 마산 등이고, '생선/회' 종류는 어촌마을 이름
이 주종을 이룬다. 따라서 다른 지방 상호는 주로 '지명+음식명'이나
'지명+음식재료'로 구성되어 있으며, 음식재료의 원산지 파악이 가
능하다. 이런 작명법은 소비자의 선택에 영향을 미친다고 본다.

여기서는 제주도에 있는 다른 지방 음식점 상호를 행정구역 단위
로 나누어서 논의하고자 한다.

2.4.1 서울특별시권(34개)

경성갈비(애월읍 고성리), 남서울식당(대정읍 하모리), 무교동낙지
(제주시 연동), 서울깍두기(제주시 이도2동), 서울뚝배기(제주시 연
동), 서울뚝배기2호점(제주시 연동), 서울식당(조천읍 함덕리), 서울식
당(제주시 연동), 서울식당(구좌읍 평대리), 서울족탕(서귀포시 중앙
동), 서울풍미식당(제주시 삼도2동), 신촌감자탕(제주시 삼양2동), 신
촌설렁탕제주본점(제주시 연동), 신촌수제비(제주시 정방동)

장충동보쌈족발(제주시 연동), 장충동왕족발보쌈(서귀포시 천지
동), 장충동왕족발보쌈구제주점(제주시 삼도1동), 장충동왕족발신제
주점(서귀포시 노형), 장충동왕족발중앙점(제주시 삼도1동), 장충동왕
족발중앙점(제주시 삼도2동), 장충동유가네족발(제주시 이도2동), 장
충동이가네족발(제주시 삼도1동), 충장로왕족발(제주시 이도2동), 동
대문왕족발보쌈(제주시 연동)

명동교자칼국수광양본점(제주시 이도1동), 명동손칼국수(제주시
이도1동), 명동왕만두(제주시 화북1동), 서울명동칼국수(조천읍 신촌
리), 서울왕만두(서귀포시 중앙동), 종로김밥(제주시 일도1동), 종로

손칼국수(제주시 연동), 노량진횟집(제주시 삼도2동), 종로3가감자탕 (제주시 삼도2동)

음식점 상호의 조어법을 보면 '지명+음식명'이 대부분이다. '무교 동낙지'는 이 음식이 유명하던 때의 상호라 본다. '장충동+음식명'은 전국 체인점이어서 제주도의 여러 지역에 분포한다. '명동, 종로'상 호는 분식점이 주를 이룬다.

2.4.2 인천광역시권(1개)

실미도횟집(제주시 연동)

'실미도'는 동일 제목의 영화가 흥행하면서 전국에 알려졌고, 그 광고 효과를 음식점 상호에 이용했다고 본다.

2.4.3 대전광역시권(1개)

한밭추어탕(제주시 연동)

2.4.4 대구광역시권 (6개)

대구막창(서귀포시 중문동), 구식당(대정읍 상모리), 대구식당(구 좌읍 세화리), 대구식당(서귀포시 송산동), 대구원조찜닭전문(제주시 연동), 대구반점(제주시 용담1동)

2.4.5 부산광역시권(23개)

부산가든식당(성산읍 성산리), 부산서면양곱창(제주시 연동), 부산 숯불갈비(서귀포시 동홍동), 부산식당(제주시 연동), 부산식당(대정읍

하모리), 부산식당(한림읍 한림리)

부산왕순대국밥(제주시 연동), 부산자갈치식당(제주시 노형동), 부산진오뎅(제주시 노형동), 오륙도갈비(제주시 일도1동), 해운대가든(서귀포시 호근리)

광안리횟집(제주시 건입동), 뉴부산횟집(제주시 건입동), 부산조방낙지(제주시 삼도2동), 부산초밥(제주시 연동), 부산횟집(제주시 건입동), 해운대갈비(서귀포시 호근리)

부산식당(원조아구찜, 제주시 연동), 부산아구찜(서귀포시 중앙동), 부산아귀찜(대정읍 하모리), 부산영도아구찜(제주시 이도1동), 부산할매아구찜(제주시 연동), 새부산아구찜(제주시 일도2동)

2.4.6 광주광역시권(8개)

광주무등골식당(제주시 삼도2동), 광주복국(제주시 삼도2동), 빛고을광주(제주시 연동), 광주아구찜(제주시 일도2동)

무등골광주식당(제주시 삼도2동), 무등골광주식당(제주시 연동), 무등산불고기(제주시 화북1동), 무등식당(제주시 삼도2동)

상호를 보면 '광주, 무등산' 등 광주 지역 음식점임을 알 수 있다.

2.4.7 울산광역시권

없음

2.4.8 강원도권(12개)

경포식당(성산읍 성산리), 백암토종순대전문점(제주시 용담1동), 설악냉면(제주시 연동), 소양강닭갈비(제주시 연동), 속초식당(제주시

건입동), 속초식당(구좌읍 세화리), 원주식당(남원읍 남원리), 원주식
당(서귀포시 중앙동)

　대관령아구찜(제주시 연동), 춘천막국수(서귀포시 정방동), 춘천숯
불갈비(제주시 삼도1동), 한계령아구찜(제주시 연동)

'춘천닭갈비, 춘천막국수'는 지역 음식이 전국에 분포된 경우이다.
따라서 제주도에 있는 이런 음식점 상호는 유명세를 이용한 특정지
역의 음식이라 할 수 있다.

2.4.9 경기지역권(9개)

　의정부부대고기(제주시 연동), 임진각식당(민물장어, 서귀포시 중
앙동), 제부도식당(제주시 삼도2동), 평촌양곱창구이(제주시 노형동)
　남한산성(제주시 연동), 동수원식당(제주시 오라1동), 성남순대(제
주시 이도2동), 송탄부대찌개집(제주시 연동), 안양순대식당(제주시
일도1동)

경기도 의정부와 송탄은 군부대 주둔지여서 부대찌개가 유명하
다. 이런 특성을 이용하여 제주도에서도 음식점 상호로 쓰였다. 또
한 임진강에 서식하는 장어는 품질이 좋기도 유명하고, 임진각 주변
에는 민물장어 음식점이 유명하다. 이 유명세를 이용하여 제주도에
서도 음식점 상호로 쓰였다. 물론 이러한 사실을 알고 있는 소비자
에게는 친밀한 이미지를 줄 수 있는 장점이 있다.

2.4.10 충청북도권

　없음

2.4.11 충청남도권(6개)

공주식당(제주시 삼도1동), 논산식당(성산읍 신산리), 백마강식당 (제주시 이도2동), 병천순대(제주시 노형동), 충남식당(성산읍 성산), 충남식당(서귀포시 송산동)

'병천순대'는 전국에 유명한 음식브랜드이다.

2.4.12 경상북도권(8개)

경주식당(서귀포시 중앙동), 구미식당(표선면 표선리), 밀양추어탕 (한림읍 한림리), 안동찜닭(조천읍 함덕리), 풍산토종닭(조천읍 함덕리) 영덕대게마을(제주시 연동), 영덕할매아구찜(제주시 노형동), 영일 만일식(제주시 삼도1동)

영덕은 어촌이고, 대게의 원산지여서 이를 상호로 연결시키고 있으며, '풍산'은 안동에 있는 지명이다. '영일만+일식'은 음식의 주재료인 해산물과 공급처를 알려주는 효과가 있다.

2.4.13 경상남도권(14개)

경남식당(서귀포시 중앙동), 경남식당(표선면 표선리), 김해횟집(제주시 용담3동), 남해굴밥(서귀포시 동홍동), 남해오리식당(서귀포시 법환리)

마산식당(제주시 봉개동), 마산식당(서귀포시 토평리), 충무낙지(제주시 연동), 충무김밥(제주시 연동)

마산아구찜(대정읍 하모리), 마산아구찜(조천읍 함덕리), 마산아구찜(제주시 이도1동), 마산초원아구찜(제주시 연동)

위 사례들을 보면 '아구찜, 굴밥' 등 지역 특산물이 상호로 쓰이고 있다. '충무김밥'은 음식브랜드로 굳어졌다.

2.4.14 전라북도권(8개)

군산(제주시 화북1동), 남원골(제주시 이도2동), 춘향골추어탕(제주시 노형동)

전주민물매움탕(제주시 이도2동), 전주식당(서귀포시 중앙동), 전주식당(제주시 용담1동), 전주아줌마식당(제주시 연동), 전주집보쌈(제주시 도두1동)

전주음식 자체가 맛과 가짓수에서 전국적으로 이미지화가 되었다. 한국 사람에게는 이미 '전주식당' 자체가 음식점 브랜드로 고정화되었다.

2.4.15 전라남도권(28개)

나주곰탕삼대째원조(제주시 노형동), 나주집(제주시 아라1동), 남도감자탕(제주시 일도1동)

목포세발낙지(제주시 연동), 목포식당(성산읍 성산리), 목포정식(서귀포시 중문리), 목포초가집(한림읍 한림리), 호남식당(한림읍 한림리)

순창갈비(제주시 연동), 순천식당(제주시 연동), 순천식당(서귀포시 중앙동), 신여수식당(한림읍 한림리), 우리목포식당(제주시 건입동), 울돌목(제주시 일도2동), 유달산식당(제주시 건입동)

전남식당(제주시 정방동), 전라도바지락(제주시 노형동), 전라도반찬(제주시 연동), 전라도식당(성산읍 성산리), 전라도식당일도지구(제주시 일도2동)

남도횟집(안덕면 사계리), 해남숯불갈비(서귀포시 동홍동), 호남식

당(성산읍 성산리), 호남식당(한림읍 한림리)
　고흥아구찜(제주시 용담2동), 남도아구찜(제주시 이도1동), 전남반
점(제주시 건입동), 청도할매아구찜(제주시 삼도1동)

　우리나라에서 '전라도'라고 하면 풍부한 음식을 연상할 정도로 '전
라도음식'이 알려졌다. 상호의 구성을 보면 전라남도 지명인 '나주,
목포, 순창, 해남, 순천, 고흥, 청도+음식명/식당'이거나 전라남도의
이칭인 '남도, 호남'과 관광명소인 '유달산, 울돌목'이 상호로 쓰이고
있다. 또한 '아구찜, 횟집, 바지락, 낙지' 등 해산물을 이용한 음식이
상호에 쓰였다. 이는 지명과 음식재료의 관련성을 직접적으로 드러
내 주는 것이다.

2.4.16 이북 지역권(8개)

　개마고원(표선면 표선리), 개성갈비(서귀포시 중앙동), 개성밀냉면
(제주시 노형동), 개성평통보쌈(제주시 연동)
　평안도순대국밥(제주시 삼도1동), 함흥면옥(제주시 일도1동), 함흥
집(중문 색달리), 황해도(제주시 연동)

　북한지역 음식은 순대와 냉면이 맛있다고 알려져 있어서 이런 음
식점 상호가 눈에 띈다.

　이상으로 제주도 이외의 다른 지방 지명을 사용한 음식점 상호를
보면 음식의 재료와 음식명을 쉽게 파악할 수 있는 이점이 있다. 이
런 음식점 주인이 어느 지역 출신인지, 동일 출신자들이 자주 찾는
지는 확인하지 못했지만, 이런 조건과 관계없이 특정지역 음식을 먹

고 싶은 소비자가 찾는다고 볼 수 있다. 이는 특정지역 음식명의 브랜드가 한국인들에게 널리 인식되었다고 본다. 브랜드화된 음식점을 개점할 경우 광고의 효과를 극대화할 수 있다.

그런데 제주에 거주하고 있는 다른 지방 사람들이 각자 동향 지명음식점에 대한 인지도의 높고 낮음 정도를 정확하게 파악하기는 어렵다. 따라서 제주 소재 다른 지방명이 쓰인 음식점 상호와 고향 사람들의 상관관계는 밀접할 것이라고 추측할 뿐이다. 대개 고향사람이 음식점 주인이면 자연스럽게 동향 출신 소비자는 그 음식점을 이용하게 된다. 그러나 동향의 상호가 있다고 해서 무조건 찾아가지는 않는다. 예를 들어 '수원갈비'라는 음식점 상호를 보면 수원 출신은 이 상호에 관심을 갖는 정도라 할 수 있다.

〈표 3〉 다른 지방 음식점 상호의 분포 현황

지방명 (16개)	서울	인천	대전	대구	부산	광주	울산	강원	경기	충북	충남	경북	경남	전북	전남	이북
식당 수 (165)	34	1	1	6	23	8	0	12	9	0	6	8	13	8	28	8

2.5 국외 지역 상호명

앞에서 지명과 음식점 상호가 긴밀하게 관련되어 있음을 보았다. 여기서는 국명이나 국가의 특성 지명이 음식점 명으로 쓰인 것 중에 우리의 식생활과 밀접한 중식 상호와 일식 상호를 분석해 보았다.

2.5.1 중국 지명 상호

중국 음식점명을 보면 중국의 각 도시명을 쓰고 있다. 중국 지명은 곧 중국 음식점의 이미지를 나타낸다.

① 중국 지명이 상호인 경우

길림성(제주시 삼도1동), 길림성(표선면 성읍리), 길림성(제주시 용담1동)

만리장성(구좌읍 세화리), 만리장성(제주시 연동), 베이징(제주시 노형동), 북경반점(애월읍 애월리), 북경반점(제주시 이도1동), 북경반점(대정읍 하모리)

상하이반점(구좌읍 세화리), 상해반점(제주시 도남동), 양자강(서귀포시 서홍동), 양자강(한림읍 한림리)

연길진달래반점(제주시 연동), 장강(서귀포시 중앙동), 장백산(성산읍 성산리)

자금성(제주시 도남동), 자금성(서귀포시 중앙동), 자금성식당(대정읍 상모리)

중원반점(제주시 연동), 천안문(제주시 이도2동)

② 중국과 관련이 있는 어휘가 상호인 경우

삼국지반점(제주시 도남동), 황비홍(제주시 아라1동), 황비홍(애월읍 하귀1리)

③ 중국 국호가 상호인 경우

중국관(제주시 연동), 중국성(서귀포시 동홍동), 중국성(제주시 삼도1동), 중국성중화요리(대정읍 하모리)

차이나(제주시 삼도1동), 차이나(제주시 이도1동), 차이나(제주시 일도2동), 차이나(제주시 정방동), 차이나반점(애월읍 애월리), 차이나타운(제주시 이도2동)

대만중화요리(한경면 신창리)

홍콩반점(서귀포시 천지동), 홍콩미각(제주시 이도2동)

①에서는 중국에 있는 도시이름이 음식점 상호임을 알 수 있다. 즉 길림성, 베이징, 북경, 상해(상하이) 등은 도시이다. 반면 만리장성, 자금성, 천안문은 베이징에 있는 유명한 관광지이다. 양자강, 장강, 장백산 등도 우리에게 잘 알려진 지명이다.

②를 보면 중국의 유명한 영화제목인 '황비홍'이 음식점명으로 쓰이고 있다. 또한 나관중의 『삼국지연의』(삼국지)가 널리 알려진 문학작품이어서 이를 상호로 사용한 것 같다. 이는 사람들에게 인지도가 확보된 이름을 상호에 이용함으로써 자연스럽게 홍보가 된다.

③을 보면 나라이름이 음식점명으로 쓰인 경우이다. 대만(타이완), 홍콩(이는 중국의 도시이지만 중국에 반환되기 전에는 독립국가의 이미지가 강했음)과 중국, 차이나 등이 상호로 선택되었다.

중국 지명 상호를 보면 '지명/국명+반점'이거나 '지명/국명'으로 되어 있다. 한국인들은 대부분 이 이름이 중국과 관계가 있으며 이런 식당에서는 중국 음식을 판다고 생각할 것이다. 한국에서 '반점'이 쓰이면 중국 음식이라는 것은 이미 굳어졌다. 이런 음식점 주인은 화교이거나 한국인이다. 그래도 조리법과 음식 맛의 측면에서 화교가 경영하는 중국 음식점을 더 선호할 것이다. 이는 '음식재료, 조리법, 맛'의 향토성과 전통성을 높게 평가하기 때문이라 본다. 이 결과 세계적, 지역적으로 퓨전음식, 프랜차이즈음식이 각광을 받는다고 본다.

2.5.2 일본 지명 상호(3개)

동경초밥(서귀포시 서홍동), 북해도일식(제주시 이도2동), 홋카이도(제주시 연동)

일식 상호명은 소수이지만 일본 지명은 주로 일본 음식의 이미지를 나타낸다. 여기서 '동경, 북해도, 홋카이도'는 일본에 있는 도시이름이다. 이것을 그대로 음식점 상호로 이용해서 일식집임을 암시하고 있다.

2.5.3 주류 상호

음식과 술은 밀접한 관계가 있다고 보는데, 제주도의 대표소주 브랜드인 '한라산'이 있다. '한라산'의 처음 상표명은 '한일'(1955년)이며, 1993년에 '한라산'으로 바뀌었다. 제주 사람들은 대부분 소주를 마실 때는 '한라산'을 마시며, 다른 지방 사람들이 제주에 오면 제주의 특산물로 추천하기도 한다.

소주는 물이 생명이다. '한라산소주'라는 브랜드는 제주의 청정한 공기와 깨끗한 물을 원료로 했음을 암시하므로 이미 고급브랜드가 되었다고 본다. 이는 '한라산=제주도'의 이미지화 덕택이라 생각한다. 제주도에서 소비되는 다른 지방 주류에 대해서는 다음 기회로 미룬다.

3. 맺음말

머리말에서 제시했듯이 이 글은 다음과 같이 646개의 지명 상호를 대상으로 논의했다.

전체 음식점 수	제주지역 지명 상호	다른 지방 상호	국외 지역 상호
646	441	165	40

제주도 소재 지명 음식점 상호의 분포를 보면 해당 지역 소재 지명 음식점 상호의 비율이 아주 높다. 이는 음식점 이용객이 주로 지역 사람임을 의미한다. 다른 지방 상호는 인지도에 따라서 분포에 차이가 나타난다. 즉 특정지역의 대표음식을 판매할 때 이미 알려진 상호를 차용하는 것이 맛 등 여러 면에서 홍보의 효과가 있다.

제주도 상징 음식점 상호를 보면 제주도 전역에 분포되어 있으며, 음식재료의 원산지로 판단할 수도 있다. 이런 음식점에서는 제주도산 음식재료를 이용해서 음식을 만든다고 생각할 수 있으며, 이런 점이 소비자에게 선택권을 부여하는데 장점으로 작용할 수 있다. 제주도 이외의 다른 지방 지명을 사용한 음식점 상호를 보면 음식의 재료와 음식명을 쉽게 파악할 수 있는 이점이 있다. 음식점 상호에 지명을 사용하는 것은 별다른 노력을 하지 않아도 소비자에게 위치를 알리는 효과가 있다. 그래서 음식점의 위치와 상호는 아주 밀접한 관계가 있음을 보았다.

이러한 논의 결과 사람들의 고향과 지명애 대한 애착 정도, 동향 출신에 대한 호감정도, 작명의 의미 관계를 알 수 있을 것이나 여기서는 논외로 하였다. 우선 음식점 상호를 대상으로 했지만 기회가 되면 다른 상호로 논의의 폭을 넓히고자 한다.

II

제주방언의
담화 · 화용론적 의미

Ⅱ장에는 담화·화용론적 관점으로 접근한 글 4편이 들어 있다.

"제주방언 높임말 첨사의 담화 기능: '마씀, 양, 예'를 중심으로"를 보면 대체적으로 반말체에 높임말 첨사 '마씀, 양, 예'가 통합되어서 두루 높임의 기능이 있다. 물론 '마씀, 양, 예'가 청자높임이라는 공통점을 갖고 있지만 변별력을 지니면서 자유롭게 발화됨을 알 수 있다. '마씀, 양, 예'는 종결어미에 바로 붙기 때문에 종결어미, 종결보조사라 보기도 하지만 담화상에서 첨사의 기능이 강하기 때문에 첨사로 다루고 있다.

"제주방언 담화표지 '계메' 연구"를 보면 '계메'는 주로 화자의 부탁, 명령, 제안 등 응답자의 의사를 요청하는 발화에서 쓰임을 알 수 있다. 또한 화자의 어떠한 발화에 대해서도 응답자의 의지-정보부재, 불확실, 회피, 감정 숨김, 동의, 동의거부 등-를 우회적으로 표현할 때 가능한 담화표지이다. '계메'는 문두에서 단독으로 발화되며 제주방언 반말체 첨사 '이, 게'나 높임말 첨사로는 '양/예, 마씀'과 결합하여 그 의미를 강조한다.

"제주방언의 간투 표현"은 화자가 발화 상황에 따라 자신의 의사를 표현하는 긍정 응답형 '응, 기여'와 제주방언 첨사 '양/예, 이, 기, 게'에 의해서 수행되는 간투적인 표현(부름말, 입말, 되물음, 확인)을 다루고 있다.

"제주방언 '처레'와 '셍'의 담화의미"에서는 '처레'에 '순서, 차례'를 뜻하는 명사의 주 기능이 있다고 보았다. 또한 표준어 '줄, 것'에 대응되는 의존명사로도 쓰이고, 접미사 '뻴'의 문법 기능도 있어서 명사와 의존명사 외에 접사로 문법화됨을 통해 표준어 '차례'보다 문법 기능이 확대됨을 보여 준다.

제주방언 높임말 첨사의 담화 기능

- '마씀, 양, 예'를 중심으로 -

1. 머리말

대우법(존대법, 경어법, 존비법, 겸양법)이란 화자나 청자의 사회적 요인(나이, 성별, 직업, 종교, 친소관계, 대화 장면 등)에 어울리게 달라지는 말씨를 가리킨다. 대우법에는 주체대우, 청자대우, 객체대우법이 있으며, 어휘적 차원의 대우법과 문법적 차원의 대우법이 있다. 청자대우를 화계(話階)로 나타내면 격식체와 비격식체로 나뉜다. 격식체에는 아주높임(합쇼체), 예사높임(하오체), 예사낮춤(하게체), 아주낮춤(해라체)이 있으며, 비격식체에는 두루높임(해요체), 두루낮춤(해체, 반말체)이 있다. 두루높임 형태는 주로 반말 형태에 '요'가 첨가되어서(서정수, 1995 : 921) 형성되는데 이는 반말 형태의 존대형이다.

제주방언 청자대우의 표현 방식에는 선어말어미나 종결어미로 표시하는 것과 첨사로 표시하는 것이 있는데 첨사에 의한 청자대우를 높임말 첨사라 하겠다.

제주방언 청자높임법에는 문법형태소 '-우-/-수-'와 '-ㅂ서'가 있으며, 첨사 '마씀, 양, 예'가 있는데 이 글에서는 문장 종결형에 첨가되어서 청자를 높여주는 첨사를 논의 대상으로 삼았다. 이 첨사들은 표준어 격식체인 '-습니다'나 비격식체인 '요/말입니다'에 해당하지만 정확한 대응은 안 된다.

제주방언 높임말 첨사에는 '마씀, 양, 예'가 있고 반말체 첨사에는 '게, 이, 기'가 있으며 한 문장 내에서 종결어미 자리에 놓이기 때문에 종결어미의 통사 기능이 있는 것처럼 여겨지나 화자가 담화 상황에 따라서 선택하기 때문에 첨사로 분류했다.

제주방언 높임말 첨사 '마씀'이 논의된 것은 현평효(1974/1985)와 성낙수(1984/1992), 박용후(1989) 정도이다.[1] 현평효(1985 : 68)에서는 정동사의 어말어미에 '마씀'이 첨부되어서 대자존대(對者尊待)의 첨사 기능이 있으며 표준어 '말입니다'의 의미에 대응된다고 보았다. 성낙수(1985 : 53/75)에서는 '마씀'이 풀이씨의 마침법에 통합되는 종결어미로 다루고 표준어 '말입니다'의 기능과 의미를 지닌 정도로 보았다. 박용후(1989 : 66~68)에서는 높임말 첨사 '마씀, 예'의 분포를 제시하였다.

제주방언은 반말체에 높임말 첨사 '마씀, 양, 예'가 통합되면 두루높임의 기능이 있다. '마씀, 양, 예'가 청자높임이라는 공통점을 갖고 있지만 변별력을 지니면서 자유롭게 발화되므로, 세 첨사가 쓰인다는 것은 담화상의 차이점이 있다고 보고 논의를 전개하고자 한다.

---

1) 이 외에도 강근보(1977), 김창집(「제주도 방언의 첨사연구」, 『연구논총』 1집, 제주대 교육대학원학우회, 1980) 등에서 '마씀'이 다루어졌다.

2. 제주방언의 높임말 첨사

현평효(1985 : 69)에서는 청자대우를 화계(話階)로 나타내면 표준어가 4체계임에 비해 제주방언을 3체계로 보았다. 따라서 청자대우법의 등급을 'ᄒᆞ라체(하대, 해라체), ᄒᆞ여체(평대, 하게체), ᄒᆞᆸ서체'(존대, 합쇼체)로 3등분하였고 '하오체'는 없다고 보았다. 그런데 종결어미에 의한 높임이 아니라 '마씀, 양, 예'가 첨가된 문장은 'ᄒᆞᆸ서체'와 해요체의 등급에 해당한다. 표준어와 달리 제주방언은 종결어미로 '해라체, 하게체'의 화계를 나타내고, 선어말어미로 합쇼체를 나타낸다. 표준어 '요'에 대한 논의를 참고하면서(이정민·박성현, 1991 ; 서정수, 1994 ; 성기철, 1985) 제주방언 높임말의 담화 기능을 논의하고자 한다.

'마씀, 양, 예'는 ① 종결어미의 기능을 갖고 있는 것처럼 보인다(나+마씀/양/예). ② 연결어미 다음에 놓인다(보멍+마씀/양/예). ③ 종결어미 다음에 놓인다(놉주+마씀/양/예). 따라서 세 첨사는 보통 종결어미 다음에 놓여서 담화 기능을 드러내는데 연결어미나 명사, 부사에 직접 통합해서 문장이 완결되므로 종결어미의 문법 기능으로 여겨지기도 한다. 그러나 주 기능은 종결어미 다음에 통합되므로 첨사로 보겠다.

2.1 '마씀'의 담화 기능

제주방언 '마씀'은 표준어에서 비격식체 '-요'나 '말입니다', 격식체 '-습니다'에 해당하고, '마슴/마시/마심/마씨/마씸' 등의 이형태[2]

가 있으며 제주 전 지역에서 쓰인다.

다음은 여러 응답형에서 '마씀'의 기능을 살펴보겠다.

  (1) 가. 방 청소ᄒ라.(방 청소하라.)

    나1. 밥 먹엉마씀.(밥 먹고요.)

    나2. 밥 먹엉.(밥 먹고.)

 (1 나1)은 연결어미 '-엉(-고)'과 첨사 '마씀'이 통합한 문장이다. (1 나2)처럼 '밥 먹엉'으로도 문장이 완결되는데 '마씀'이 첨가되어서 청자를 높여준다. 그런데 '먹엉'이라고 하면 미완결문의 성격이 강하고, '먹엉마씀'이라고 하면 완결문의 성격이 강한 것으로 봐서 '마씀'은 문장 종결의 자리에 놓임을 알 수 있다. 완결문이건 비완결문이건 간에 '마씀'이 첨가되면 통사적으로나 의미적으로 문장이 종결된다. (1 나1)에서 '마씀'을 강하게 발음하면 단순히 응답자의 의견 제시일 수도 있지만, 응답자가 속으로는 청소를 하지 않으려고 했는데, 할 수 없이 하겠다는 의사를 표현하는 발화일 수도 있다. 또한 화자에 대한 반항의 의사를 표현할 때는 '마씀'을 강하고 짧게 발음하기도 한다.

---

2) 제주방언에는 '마씀'의 이형태가 다양하게 쓰이지만 지역에 따라서 이형태들이 사용되기 때문에 어느 하나를 기본형으로 설정하기는 어렵다. 다만 이 글에서는 설명의 편의를 위해서 '마씀' 형을 선택해서 논의를 전개하고자 한다,
  여기에 쓰인 제주방언 문장은 노년층에서 자유롭게 구사되지만 젊은층으로 내려올수록 덜 사용되기도 한다.

(2) 가. 아이덜이 운동장에서 놀암선게.

　　　　(아이들이 운동장에서 놀고 있더라.)

　　나1. 아이덜이 이제도 이신가?(아이들이 이제도 있나?)

　　나2. 아이덜이 이제도 이신가마씀?(아이들이 이제도 있나요?)

　　나3. 아이덜이 이제도 잇수광?(아이들이 이제도 있습니까?)

　(2 가)에서 화자는 '아이들이 놀고 있는' 사실을 청자에게 알려주
거나, 확인해주고 있다. (2 나2)는 반말체 종결형 '이신가?'에 '마씀'
이 쓰여서 높임말이 되었으며, 종결어미 다음에 놓였다. (2 나3)은
청자높임 선어말어미 '-수-'에 의한 높임 문장이다. 청자를 대우하
는 방법에 (2 나3)이 있는데도 (2 나2)처럼 '마씀'을 선택한 것은
화자와 청자 간의 친밀감 정도로 볼 수 있다. 화자와 청자 사이에
격식을 갖추지 않아도 되는 친밀한 관계일 때 자연스러운 발화이다.
즉 '이신가마씀?'은 청자가 알고 있는 사실을 확인하면서 화자가 원
하는 답을 바랄 수도 있다. 그런데 '잇수광?'을 발화하면 단순히 청
자의 정보를 확인하는 정도로 들린다.

　'마씀의 기능을 좀더 알아보겠다.

　　(3) 가. 베꼇듸 이신 거 누게?(밖에 있는 거 누구?)

　　　　나1. 나.

　　　　나2. 나마씀.(나예요.)

　　　　나3. 나우다.(나예요.)

　(3 가)에서 화자는 청자와 비슷하거나 청자보다 나이가 많아서
반말로 문장이 종결되었으며, 그에 대한 응답으로 (3 나1-나3)이

가능하다. (3 나1)은 대명사 단독으로 문장이 종결되며 반말체이다. (3 나2)에는 첨사 '마씀'이 첨가되고, (3 나3)에는 청자높임 선어말 어미 '-우-'가 쓰였다. (3 나1)처럼 '나'라고 했을 때는 응답자 역시 화자와 비슷한 연배이다. 그런데 (3 나1)에 '마씀'이 첨가된 (3 나2) 는 화자보다 응답자가 손아래임을 뜻한다. 단순히 밖에 있는 대상이 '나'라는 사실을 확인하거나 자신의 존재를 강하게 인식시키고 있다. 여기서 수평어조이면 단순히 밖에 있는 대상이 '나'라는 사실을 확 인해 주지만, '마씀'에 초점이 놓이면 강조의 의미가 있다. 즉 '밖에 있는 것은 나'라는 당연한 사실을 왜 묻느냐는 의미일 수도 있다. (3 나1)처럼 '나'를 기본형으로 본다면 '마씀'이 선택될 때는 화자보 다 청자(응답자)가 연령이나 사회적 지위 등 여러 면에서 손아래임 을 뜻한다. 그래서 '마씀'은 '나이다'로 끝날 수 있는 문장에 높임의 의미가 첨가될 때 쓰인다.

　(2 나3), (3 나3)처럼 청자높임 선어말어미에 의한 청자높임법도 활발하지만 (3 나2)처럼 청자높임 첨사를 선택할 때는 발화 상황에 맞게 화자가 청자를 대우할 수 있는 선택의 폭이 넓어질 수 있다. 즉 화자가 '마씀'을 선택할 때는 다분히 의도적인 감정이 드러나는 데 청자를 높이기는 싫지만 존대해야 할 때, 무심코 반말을 내뱉다 가 높여 줘야 할 상황임을 인식할 때에도 가능하다.

　'마씀'이 항상 모든 문장 종결형에서 발화되는 것은 아니다.

　　　(4) 가.　이디서 더 놉주마씀(여기서 더 노시지요.)
　　　　　나1. 흔저 집에 갑서.(어서 빨리 집에 가십시오.)

　　나2. *흔저 집에 갑서마씀.
　　나3. 흔저 집에 갑서-마씀.

　(4 가)는 아주높임 청유형어미 '-ㅂ주'에 '마씀'이 첨가되어서 화자가 더 놓고 싶은 마음을 완곡하게 전달하면서 청자의 동의를 구하고 있다. (4 나1)은 어미 '-ㅂ서'에 의한 높임법인데 여기에 첨사가 덧붙은 (4 나2)는 비문법적인 문장이다. 즉 (4 나2)에서 아주높임 명령형어미 '-ㅂ서'와 '마씀'은 통합할 수 없어서 문장이 성립하지 않는다.

　그런데 (4 가)처럼 청유문일 때는 청자에 대한 극진한 예우 차원에서 '마씀'의 선택이 자연스럽지만, (4 나2)처럼 명령문일 때는 청자 높임의 겹침을 허용하지 않는다. 이는 화자가 자신의 입장을 청자에게 권유, 요청할 때는 높여주고 싶은 의도가 강하지만, 명령을 할 때는 보편적인 언어예절만 지키려는 것 같다.

　(4 나3)은 일상적이고 정상적인 발화는 아니고 화자의 감정이 짙게 개입될 때만 쓰인다. 즉 청자의 언행이 아주 못마땅할 때 그것을 나무라는 상황을 전달하기 위해서 의도적으로 발화된다. '마씀'을 선택해서 표면적으로는 상대를 높여주지만 실제로는 비아냥거리거나 비난하고 싶은 마음이 강할 때이기도 하다.

　　(5) 가.　는 학교 안 갈 거?(넌 학교 안 갈 거니?)
　　　나1. 갈 거.(갈 거야.)
　　　나2. 갈 거마씀.(갈 겁니다.)
　　　나3. 갈 거우다.(갈 겁니다.)
　　　나4. *갈 거우다마씀.(갈 겁니다요.)

(5 나2)는 (5 나1)의 반말체 문장에 '마씀'이 첨가되어서 청자를 높여준다. (5 나2)는 단순히 사실여부를 묻는 진술일 수도 있는데, 응답자는 그 사실을 시인하면서 확인해 준다. 화자가 보기에 청자는 학교에 갈 시간이 되었는데도 머뭇거리면서 가지 않으니까, 학교에 안 가도 되는지를 반문하고 있다. 이에 대해서 청자는 당연히 학교에 가야 할 상황임을 감지하고 가겠다는 반응을 보였다. (5 나3)은 청자높임 선어말어미 '-우-'가 쓰여도 의미는 같다. 여기서는 높임 선어말어미와 첨사가 자유롭게 발화되고 있다. 그런데 (5 나4)는 이미 청자높임 문장에(5 나3) 높임말 첨사 '마씀'이 첨가되어서 문장이 성립하지 않는다. 다만 이 문장은 화자가 청자에게 저항하거나 반감이 있을 때는 가능한 발화이다.

'마씀'이 첨사이기는 하지만 모든 문장이 종결된 후에 조건 없이 덧붙는 것이 아니라 통사적 제약이 따름을 알 수 있다. 즉 평서문일 때 청자높임 선어말어미 '-우-/-수-'와 '마씀'이 통합할 수 없음을 보여준다.

'마씀'의 쓰임을 좀더 알아보겠다.

> (6) 가. 가인 어떵 경 잘 알암신고?(그 아인 어떻게 그리 잘 아는가?)
> 나1. 그런 일을 헤낫덴.(그런 일을 했었다고.)
> 나2. 그런 일을 헤낫덴마씀.(그런 일을 했었다고요.)
> 나3. 그런 일을 헤낫수덴마씀.(그런 일을 했었습니다고요.)
> 나4. 그런 일을 헤낫수게.(그런 일을 했었습니다.)

(6 나2)는 인용어미 다음에도 '마씀'이 첨가되어서 청자를 높여준

다. 즉 청자는 화자의 물음에 대해서 확신을 갖고 있다. '그 아이가 잘 아는' 사실을 화자에게 확인해 주고, 단정하고 있다. '마씀'을 제거한 (6 나1)은 화자의 물음에 대한 청자의 단순 응답으로 본다. '그 아이가 과거에 그런 일을 했다는 사실'을 알려주는 차원이다. (6 나2)는 '반말체+마씀' 형인데 (6 나3)은 청자높임 선어말어미 '-수-'와 '마씀'의 동시 발화가 가능하며, 사실을 전달하는 차원이다. 그런데 '마씀'에 초점이 놓이고, 길게 발음되면 응답자의 의사가 강하게 표현되는 것 같다. 즉 화자의 질문에 대한 응답자의 빈정거림 정도로 들린다. 이를 (5 나4)와 비교해 보면 청자높임 선어말어미 '-우-/-수-'와 '마씀'이 무조건 통합할 수 없는 것이 아니고, 문장 종결법에 따라서 다르게 실현됨을 알 수 있다. (6 나4)는 단순히 그런 사실을 확인해 주는 발화이다.

(1)~(6)에서 보듯이 제주방언 높임말은 주로 반말에 '마씀'이 첨가되어서 청자를 높여주며, 간혹 '마씀'에 초점이 놓일 때에는 화자의 감정이 개입되기도 한다. 성기철(1991 : 17)에서는 반말로 끝나는 문장에 '요'가 첨가되어서 청자를 대우하는 형태를 반말높임이라 하였다. 반말높임이란 아주높임과 예사높임을 구분하지 않고 일반적으로 통용되는 두루높임과 같다.

첨사 '마씀'의 특성을 정리하면 다음과 같으며, '마씀'이 반말체 문장 종결법에 첨가되는 것이 보통이지만 예외적인 경우도 있다.

첫째, '마씀'이 반말체에 첨가될 때는 어떤 문장 종결형에서도 성립하지만 아주높임 등급에 첨가될 때는 청유형어미나 인용어미에만 첨가될 수 있다. 이는 청자에 대한 화자의 심리 상태가 반영되기 때문이라 본다.

둘째, 청자높임 선어말어미 '-우-/-수-'가 있는데도 '마씀'이 쓰이는 것은 반말체에 이 첨사만 덧붙이면 두루높임 등급이 된다는 편리성과 경제성이 있기 때문이라 본다. 즉 청자높임 선어말어미와 '마씀'이 자유롭게 쓰이는 상황에서 화자가 '마씀'을 선택한 이유는 발화 상황에 따라서 자유자제로 상대방을 대우해 줄 수 있기 때문이기도 하다. 선어말어미에 의한 높임법보다는 '마씀'에 의한 높임법이 화자와 청자 간에 원활한 의사소통 방법이 될 수 있다고 보며, 친밀성도 드러난다. 제주방언 청자높임법에서 비격식체인 두루높임법은 주로 첨사 '마씀'에 의해 나타남을 알 수 있다.

셋째, '마씀'은 청자높임 선어말어미 '-우-/-수-'나 높임 명령형어미 '-ㅂ서'에 첨가될 수 없다(*갓수다마씀, *갑서마씀). 즉 한 문장 내에서 청자높임의 문법 기능이 겹쳐 쓰일 수 없다는 말이다. 이는 한번 높인 발화에서 이중의 높임을 허용하지 않는 것이므로, 청자높임 선어말어미 '-우-/-수-'와 첨사 '마씀'은 의미상 상보적 분포 관계여서 서술어자리에서 동시에 발화될 수 없는 것이다. 이상복(1984 : 25)에서도 "*어디 가시오요?"를 비문법적인 문장으로 봤는데 '-요'가 주체높임 선어말어미 '-시-'와 통합할 수 없는 것은 제주방언에서 청자높임 선어말어미와 '마씀'이 통합할 수 없는 이치와 같다고 본다.

넷째, 표준어에서는 주체높임 선어말어미와 청자높임 종결어미가 동시에 발화되지만 제주방언에서는 이 형태가 실현되지 않는다. 즉 '가시었습니다'는 가능하나 "*갓수다마씀'은 불가능하다.

2.2 '양/예'의 담화 기능

제주방언 '양/예'는 표준어 '요'에 해당하며, 첨사 '마씀'과 마찬가지로 문장 종결에 위치하며 청자를 높여준다. 여기서는 첨사 '양/예'가 실현되는 담화 기능을 알아보겠다. 한길(1986 : 556)에서는 표준어 '-요'가 반말에 통합해서 해요체가 된다고 하며, 이상복(1984 : 27)에서는 '반말+요'의 통합형을 두루높임의 기능도 있지만 청자를 높이지도 낮추지도 않을 때 쓰이기도 한다고 보았다.

다음은 문장 종결법에 따른 응답형에서 '양'의 쓰임을 살펴보고자 한다.

> (7) 가. 가원 어디 이시냐?(그 아인 이디 있느냐?)
> 　　 나1. 집에 잇수다.(집에 있습니다.)
> 　　 나2. 집에 잇수다양.(집에 있습니다요.)
> 　　 나3. 집에 이서.(집에 있어.)
> 　　 나4. 집에 이서양.(집에 있어요.)

(7 나2)는 '잇수다'로도 청자높임에 손색이 없는데 '양'이 첨가되어서 청자높임의 의미가 가중되었다. 그런데 '마씀'이 청자높임 선어말어미(5 나4)나 높임 명령형어미(4 나2)와 통합할 수 없는데 비해 '양'은 이 형태들과 통합하는데 제약이 없다. 이는 '마씀'과 '양'이 청자높임 자질면에서는 같지만 발화 상황에 따라 다르게 쓰인다는 사실을 말해준다고 본다. (7 나1)처럼 '양'을 제거해도 문장은 완결되며 동작주의 행위 완료를 알려준다. 이에 비해서 '양'이 첨가되면(7 나2) 동작주가 집에 머문 상태를 강조하고 단정하는 화자의 의도가

반영되어 있다. '잇수다'로도 이미 청자를 높여주는데 '양'이 첨가된 것은 화자의 의도적인 선택이며 청자와 주변 담화자 사이에 친밀감이 강하게 느껴진다. 즉 청자높임 선어말어미 '-우-/-수-'를 사용하면서 동시에 높임 첨사를 이중으로 선택한 것은 화자중심에서 청자를 높여줘야 한다는 생각을 강하게 하는 것 같다. 또한 주변의 다른 사람에게 동의를 구하는 상황일 수도 있다. (7 나4)는 반말체 종결형 '이서'에 '양'이 첨가되어서 자연스럽게 높임 문장이 되었다. 여기서도 '양'은 화자의 확신을 드러내거나 다른 담화자의 동의를 구하는 의미로 쓰인다.

다음은 첨사 '양'이 동작주의 인칭에 따라서 선택됨을 보여준다.

> (8) 가. 삼춘, 어디 감수광?(삼촌, 어디 가십니까?)
> 　　 나1. 난 서울에 감저.(난 서울에 간다.)
> 　　 나2. *난 서울에 감저양.(*난 서울에 간다요.)
> 　　 나3. 난 서울에 감수다양.(난 서울에 갑니다요.)

> (9) 자인 혼자 감저양.(저 아이는 혼자 가네요.)

(8가)에서 '삼촌'이라는 호칭으로 봐서 화자와 청자 사이에 이미 연령차가 드러난다. (8 나2)에서 주어가 1인칭일 때 화자의 의지를 나타내는 종결어미 '-저'와 '양'이 통합할 수 없는 것으로 봐서 '양'은 청자높임의 기능이 확연히 드러남을 알 수 있다. (8 나3)에서 '감수다양'을 수평어조로 발화하면 단순히 '내가 가는 사실'을 알려주는데, '양'에 초점이 놓이면 '내가 가는 사실'을 강조하고 확인시키려는 의

미가 강하게 느껴진다. 즉 청자높임 선어말어미 '-수-'가 있어서 이미 청자를 높여주었는데 여기에 '양'이 첨가된 것은 화자의 의도적인 선택으로 볼 수 있다.

반면 (9)는 3인칭 주어가 화자일 때 '저'와 '양'이 통합하고 있다. 화자는 그 아이가 혼자 가는 사실을 안다는 단순 발화이기도 하고, 다른 담화자에게 확인해주고, 동의를 요구하려는 의미도 있다. 화자의 생각에 동작주는 다른 사람과 같이 갈 줄 알았는데 혼자만 간다는 사실을 청자에게 반문하고 확인하는 뜻도 있다. 다음은 명령문의 응답형에서 '양'의 쓰임을 알아보고자 한다.

    (10) 가. 시장에 강 빨리 오라.(시장에 가서 빨리 오라.)
          나1. 보멍양.(보면서요.)
          나2. 보멍.(보면서.)

(10 나1)에서 첨사 '양'은 연결어미와 통합하고 있다. (10 나2)는 미완결문이지만 (10 나1)이 완결문의 성격이 강한 것은 '양'이 쓰였기 때문이다. (10 나1)에서 화자는 시장에 가 보아서 행동하겠다는 뜻을 전달하고 있다. 즉 화자는 청자의 요구를 수용하거나 거절할 수 있음을 알 수 있다. 화자가 '양'을 선택해서 청자를 높여주기도 하지만 단정적인 감정 표현보다는 자신의 생각을 완곡하게 전달하려는 의도가 드러난다.

다음은 '양'의 발화 환경에 제약이 있음도 보여준다.

    (11) 가. 뭐 먹을 거 이서?(뭐 먹을 거 있어?)

나1. 이거 먹읍서.(이거 먹으십시오.)
나2. 이거 먹읍서양.(이거 먹으십시오양.)
나3. *이거 먹으라양.(*이거 먹어라요.)

(11 나1)처럼 높임 명령문으로 완결되는데 (11 나2)처럼 '양'이 쓰여서 명령 정도가 강하게 전달된다. '먹읍서양'에는 보통 명령의 의미가 있는데, '양'을 강하게 발음하면 반어법이 된다. 어린아이가 말을 잘 듣지 않을 때 어머니가 꾸중하는 방법이기도 하다. '네가 정말 먹지 않을래? 꼭 먹어!'를 전제한다. 이때 아이를 높일 수는 없으니까 높임문의 형태를 빌면서 화자의 의지를 강조할 수 있는 첨사 '양'까지 덧붙인다. 또한 단순히 화자가 청자를 높여줄 때 이 문장은 자연스럽게 발화된다. (4 나2)를 보면 '-ㅂ서'와 '마씀'이 동시에 발화될 수 없지만 (11 나2)에서는 '-ㅂ서'와 '양'이 동시에 발화되고 있다. 아주높임 형태인 '-수-'나 '-ㅂ서'만 쓰여도 높임말로 손색이 없는데 화자의 심리 상태에 따라서 '양'이 첨가되었다. '양'을 제거한 문장보다 '양'이 첨가된 문장이 청자에 대한 화자의 부드러움 정도가 잘 드러나므로 '양'은 화가가 담화 상황에 따라 자의적으로 선택하는 것 같다.

(11 나3)은 반말체 명령문에 첨사 '양'이 첨가되어서 문장이 성립하지 않는다. 첨사 '양'은 높임 명령형어미와 통합하지만 반말체 명령형어미와 통합하지 않음을 보여주는 것은 '양'이 청자높임의 담화 기능을 갖고 있기 때문이다.

'양'에 반어법의 기능이 있음을 알 수 있는 발화 상황을 좀더 알아보겠다.

> (12) 가. 야원 공부 안 ᄒ곡, 이제꼬지 뭐 헴시니?
>
> (이 아인 공부 안 하고 이제까지 뭐 하고 있니?)
>
> 나. 놀지 말앙 흔저 공부헙서양.
>
> (놀지 말고 빨리 공부하십시오양.)

(12 나)는 화자가 어른이고 청자가 자식일 때 주로 발화된다. 여기서 '-ㅂ서'나 '양'은 높임말로 쓰인 것이 아니고 반어법으로 쓰였으며 빈정거림, 꾸지람의 의미가 강하게 내포되어 있다. '양'에 초점이 놓여서 화자가 의도적인 감정을 전달하고자 할 때만 쓰이는 발화이다. (4 나3)에서도 높임 명령법어미 '-ㅂ서'에 '마씀'이 첨가될 때는 단순히 청자높임이 아니라 언제나 반어법으로 쓰임을 보았다. 그런데 '-ㅂ서+마씀'은 청자가 화자보다 손아래일 때만 빈정거림이나 반어법으로 쓰임을 알 수 있다.

다음은 높임말 첨사인 '예'의 담화 기능을 중심으로 해서 '양'과 어느 정도 변별력이 있는지 살펴보고자 한다.

> (13) 가. 가원 집에 엇인가?(그 아인 집에 없는가?)
>
> 나1. 가원 집에 이서.
>
> 나2. 가원 집에 이서예.(그 아인 집에 있어요.)
>
> 나3. 가원 집에 잇수다.
>
> 나4. 가원 집에 잇수다예.(그 아인 집에 있습니다요.)

(13 나1)은 반말체 완결문인데 '예'가 통합한 (13 나2)는 두루높

임 등급으로 변했다. '예'가 쓰여서 응답자의 사실 확인의 의미 외에 강조의 의미도 들어있다. (13 나3)에서 '잇수다'로도 이미 청자를 높여주는데 (13 나4)처럼 '예'가 다시 덧붙어서 아주높임 형태가 되어서 화자와 청자 간에 나이 말고도 친소 정도가 반영되었다. '예'가 통합되어서 동작주가 집에 있는 사실을 단순히 전달할 때도 쓰이지만, 집에 있는 것이 당연한데 '왜 묻지' 하면서 의심할 때도 가능한 발화이다.

다음에는 '예/양'의 분포 환경을 알아보고자 한다.

(14) 가.　이거예/양 족아도 집에 앗앙 갑서.
　　　　　(이거예 작아도 집에 가져 가십시오.)
　　　나1. *이거예/*양 족아도 집에 앗앙 가라.
　　　나2. 이거 족아도 집에 앗앙 갑서예/양.

(14)에서 첨사 '예'와 '양'은 실현되는 환경이 같고 청자높임 일치 조건도 같다. (14 가)에서 '예'를 제거한 '이거'로도 문장은 성립하는데 '예'를 첨가하면 화자의 의지가 강하게 반영된다. '이거예'에 초점이 있어서 청자가 꼭 갖고 가길 바라는 심정이 잘 드러난다. 청자가 가져 갈 것은 '이것이다'라는 사실을 강조하고 확인해 준다. 그런데 (14 나1)은 반말체 종결형이어서 높임말 첨사와 호응하지 못하는 것이다. 여기서 첨사 '예'와 '양'은 청자를 높이는 기능이 있음을 확연히 알 수 있다. 즉 문두에 '예'가 쓰이면 높임의 종결어미가 쓰여야 한다. (14 나2)처럼 '예'가 종결어미와 통합하는 것이 먼저이고, (14 가)처럼 문중에도 자유롭게 쓰일 수 있으며, 화자의 입장에서 청자를

높여 줘야 하겠다는 생각이 강할 때 여러 문장성분에 덧붙을 수 있다.

(7)~(14)에서 '양/예'는 '마씀'과 마찬가지로 담화 기능이 강하지만 실현되는 통사 환경에 제약이 있음도 살펴보았다.

첫째, '양/예'는 아주높임이나 두루낮춤에 두루 첨가되어서 청자를 높여주는데 비해, '마씀'은 주로 반말체 종결형에 첨가되어서 청자를 높여준다. 이 첨사들은 청자높임의 의미자질을 갖고 있지만 실현되는 통사 환경이 조금 다른 것은 화자가 청자에 대한 주·객관적 감정노출 정도에 차이가 있기 때문이다. 따라서 제주방언에서 첨사 '양/예'와 '마씀'이 담화 상황에 따라서 선택되어 쓰임을 알 수 있다.

둘째, '양/예'는 청자높임 선어말어미와 통합할 수 있는데 '마씀'은 불가능하다. 일상적인 대화에서 '마씀'을 선택할 때는 좀더 공식적인 장면이며, '양, 예'는 덜 공식적이고 자유로운 발화 상황에서 실현된다. '마씀'과 '양'은 높임말 첨사이지만 화자의 감정 개입 정도에 따라서 선택되어 쓰이기도 한다.

셋째, 제주방언 화자들은 높임말 첨사인 '마씀, 양/예'를 발화 상황에 따라서 자유롭게 사용하고 있으며 선어말어미에 의한 청자높임은 대우 정도가 단조로울 텐데 첨사를 활용할 수 있어서 청자높임법이 더욱 다양해질 수 있다고 본다. 즉 높임 선어말어미가 발화될 때보다 첨사로 발화할 때가 친밀성이 높게 느껴진다.

2.3 각 첨사의 기능 비교

표준어 '-요'의 쓰임(이정민·박성현, 1991 : 362)를 참고해서 제주방언 높임말 첨사 '마씀, 양, 예'의 기능을 비교해 보고자 한다.

우선 의문문에서 첨사의 기능을 알아보자.

> (15) 가. 우리가 봐난 사름 아니라양/예?
>   (우리가 보았던 사람 아니에요?)
>
>   나. 우리가 봐난 사름 아니라마씀?
>   (우리가 보았던 사람 아니에요?)

(15가)는 확인의문문인데 '반말+양/예'가 통합되어서 청자를 높여준다. (15나)에서 '마씀'이 쓰이면 확인의문문의 기능보다는 판정의문문의 기능이 강하게 느껴진다. 화자가 어떤 사실을 청자에게 확인하고자 할 때는 '마씀'보다 '양, 예'의 쓰임이 더욱 자연스럽다. 따라서 제주방언의 세 첨사는 화자의 감정 전달 정도(확인, 동의, 요청 등)에 따라서 선택된다고 본다.

다음은 응답형에 쓰인 첨사의 기능을 알아보겠다.

> (16) 가. 가인 무사 욕들어시냐?(그 아인 왜 꾸중 들었느냐?)
>   나1. 할망안티양/예 막 대들엇수게.
>   (할머니한테예 매우 대들었습니다.)
>   나2. *할망안티마씀 막 대들엇수게.

(16)에서 '양, 예, 마씀'은 청자를 높여주는 기능은 같은데 실현되는 통사 환경이 다르다. (16 나1)에서 '양, 예'는 여격조사와 통합하는데 (16 나2)에서 '마씀'은 여격조사와 통합하지 못한다. (16 나1)에서 첨사 '양, 예'를 제거해도 문장이 성립하는데('할망안티') '양/예'

가 첨가되면 청자를 높여주면서 강조된다. 이는 화자가 보기에 그 아이가 유독 할머니한테 심하다고 여겨서 '양/예'를 선택해서 자신의 입장을 확인시키고 있다. 첨사 '예'는 잉여적인 것 같지만 청자를 공손하게 대하려는 화자의 의지가 드러나 있다.

(16)에서 보듯이 '양, 예'는 문중에서 자유롭게 쓰이나 (16 나2)처럼 '마씀'은 그렇지 못하다. 한 문장 내에서 자유롭게 발화되는 '양, 예'는 표준어 '-요'의 기능과 같으며, '마씀'은 언제나 문말에 놓여야 한다는 통사적 제약이 있다.

다음은 발화 상황에 따라서 세 첨사가 선택적으로 쓰임을 보여준다.

> (17) 가. 이 일은 어멍이 헤신가?(이 일은 어머니가 했는가?)
>   나1. 아맹헤도양/예 어멍이양/예 최고우다양/예.
>   (아무래도예 어머니가예 최고입니다예.)
>   나2. 아맹헤도 어멍이 최고우다양/예.
>   나3. 아맹헤도양/예 어멍이 최고우다.
>   나4. 아맹헤도 어멍이양/예 최고우다.
>   나5. *아맹헤도양/예 어멍이 최고주.
>
> (18) 가. 이 일은 어멍이 헤신가?(이 일은 어머니가 했는가?)
>   나1. *아맹헤도마씀 어멍이마씀 최고우다마씀.
>   나2. *아맹헤도 어멍이 최고우다마씀.
>   나3. *아맹헤도마씀 어멍이 최고우다.
>   나4. *아맹헤도 어멍이마씀 최고우다.
>   나5. 아맹헤도 어멍이 최고마씀.

(17)에서 첨사 '양, 예'가 문중이나 문말에 쓰인 것은 화자의 선택

사항이다. 화자는 '양/예'를 사용해서 어머니가 가장 좋다는 사실을 강조하고 확인해 준다. (17 가)는 화자의 혼잣말이거나 단순한 물음이다. 그에 대한 응답으로 세 첨사의 쓰임을 알아보았다. (17 나1)에서 '양, 예'는 한 문장 내에서 여러 문장성분에 덧붙는데 (18)처럼 '마씀'은 여러 문장성분과 통합하는데 자유롭지 못하다. (18 나5)처럼 '마씀'은 반말체 종결형에만 덧붙는다. 또한 (17 나1)에서 보듯이 청자높임 선어말어미 '-우-'와 '양/예'가 공기하는데 (18 나2)처럼 '마씀'과 공기할 수 없는 통사 특성이 확연히 드러난다. 다만 '마씀'은 한 문장 내에서 항상 문장 끝에 놓인다는 점이다.

　(17)에서 '양, 예'는 문중이나 문말에 두루 분포하고 있는데, 이는 표준어 '-요'의 분포와 같다(이정민·박성현, 1991 : 362~363). 그런데 (18 나5)에서 보듯이 '마씀'은 언제나 문말에만 쓰인다. 이것은 '마씀, 양, 예'에 높임말 첨사의 기능이 있는 것은 공통적이지만 제주방언에서 세 형태가 변별력을 갖는 이유이기도 하다. '양, 예'는 문말에 위치하는 것이 원칙이나 화자의 심리 상태에 따라서 문중에도 쓰여서 청자에 대한 높임의 강도를 더해주는 것 같다.

　다음은 첨사와 통합하는 선행 조건을 알아보겠다.

> (19) 가.　이거 누게가 가져 와서?(이거 누가 가져 왔니?)
> 　　　나1. 사위가양/예/마씀.(사위가요.)
> 　　　나2. 사위양/예/마씀.(사위예요.)
> 　　　나3. ?사위우다.(사윕니다.)

　(19 가)에서 '누게'에 초점이 있어서 응답형은 (19 나1-나3)이 된

다. 이때 높임말 첨사가 명사에 바로 통합하기도 하고 격조사에 통합하기도 한다. 그런데 명사와 높임 선어말어미 '-우-'가 결합할 때는 (19 나3)에서 보듯이 말하거나 듣기에 조금 어색하다. (19)를 보면 청자를 높여줄 때 선어말어미보다 첨사의 선택이 의사 표현에 효과적임을 알 수 있다.

(19 나1)은 격조사 '-가'와 첨사 '양/예/마씀'이 통합해서 문장이 완결되었다. 여기서 첨사를 제거해도 문장은 성립한다('사위가'). 그러나 '사위가'로 끝날 때는 미완결문이지만 첨사가 첨가되었기 때문에 완결문의 기능이 강하게 여겨진다. (19 나2)는 명사와 첨사 '양/예/마씀'이 바로 통합되었는데 '사위' 단독으로도 문장은 종결된다. 이 첨사들은 한 문장이 완결된 다음에 첨가됨을 보여준다.

(19)에서 첨사 '양, 예'가 발화될 때는 '사위'라는 사실을 부드럽게 전달해 주는데, '마씀'이 발화되면 단순한 사실 전달이 기본이지만 응답자의 단정적인 어조가 나타난다. 따라서 세 첨사는 화자의 주관적 판단에 따라서 청자를 대우해 주는 첨사로 발화됨을 알 수 있다.

(19)에서 보듯이 제주방언 '양/예/마씀'은 표준어 '요'의 통사 기능과 같으며, 주로 반말체 종결형에 첨가되어서 청자를 높여주면서 문장을 완결시키고 있다.

다음은 '마씀'만 실현되는 환경을 보여준다.

(20) 가. 이거 흔저 치우라.(이거 어서 빨리 치워라.)
　　　나1. 무사마씀?(왜요?)
　　　나2. *무사양/예?
　　　나3. 무사?(왜?)

(20 나1)에서 '무사'는 부사이며 '마씀'이 첨가되었는데 첨사가 제거되어도 (20 나3)처럼 문장이 완결된다. '무사'는 '마씀'과만 통합하며, (20 나2)처럼 '양/예'와 통합할 수 없는 것으로 봐서 높임말 첨사들은 변별력을 유지하면서 공존함을 알 수 있다. 이렇게 화자의 요구에 강하게 반발하거나, 뜻밖의 요청에 대해서 반문할 때는 '마씀'만 발화된다.

다음은 첨사를 분리했을 때 어떤 의미가 있는지 알아보았다.

(21) 가. 어디 감서?(어디 가니?)
　　　나1. 집에 감서양/예/마씀.(집에 갑니다.)
　　　나2. 집에 감서 양/예/마씀.

(21 나1)에서 첨사는 의존형태소여서 붙여 써야 하는데 화자의 심리 상태에 따라서 (21 나2)처럼 '감서'와 '양/예/마씀'의 분리 발화도 가능하게 여겨진다. '양/예/마씀'에는 청자를 높여주는 주 기능이 있기 때문에 '서술어+'양/예/마씀'이 한 단위로 발화되는데 청자에 대한 반감이나 화자의 의사를 강하게 전달하고 싶을 때는 (21 나2)처럼 첨사가 한 어절로 발화될 수도 있다.

이 글에서 보듯이 제주방언의 두루높임 통사구조는 '반말체+양/예/마씀', '아주높임+양/예'이며, 의미상 청자를 높여주고 있다. 첨사 '양/예/마씀'은 명사, 부사, 조사, 연결어미, 어말어미와 통합해서 화자의 의사소통을 원활하게 해 주고 있다. 제주방언을 보면 높임 선어말어미도 있지만 '양/예/마씀'에 의한 청자높임법의 사용 빈도가 높은 편임을 알 수 있다.

제주방언에 청자높임 선어말어미가 있지만 높임 첨사가 쓰이는 것은 첨사의 담화 기능이 있기 때문이라고 본다.

첫째, '마씀/양'은 제주방언에서만 쓰이고 '예'는 다른 방언3)에도 나타난다. 화자가 청자높임법으로 '마씀'이나 '양'을 선택한 이유는 발화 상황에 따라서 자유자제로 상대방을 대우해 줄 수 있기 때문이라 본다. 선어말어미에 의한 청자높임법보다는 첨사에 의한 청자높임법이 화자와 청자 간에 원활한 의사소통 방법이 될 수 있다고 본다. 첨사 '마씀'은 주로 반말체 종결형에 첨가되어서 청자를 높여주는데 비해 첨사 '양'은 아주높임이나 두루낮춤에 두루 첨가되어서 청자를 높여준다. 두 첨사는 청자높임의 의미자질을 갖고 있지만 담화 상황에 따라서 선택되어 쓰인다고 본다. '마씀'이 쓰이면 단정적인 의미가 강하고, '양/예'가 쓰일 때는 단정, 확인, 동의 요구, 친밀감의 의미가 드러나기도 한다.

둘째, 일상적인 대화에서 '마씀'을 선택할 때는 좀더 공식적인 장면이며, '양, 예'는 덜 공식적이고 자유로운 발화 상황에서 실현되므로 세 첨사는 담화 환경이나 화자의 감정 개입 정도에 따라서 선택되어 쓰이기도 한다. 세 첨사는 주로 종결어미 다음에 쓰이지만 '마씀'은 언제나 문장 종결에 위치하며, '양/예'는 한 문장내에서 자유롭게 이동한다.

셋째, '마씀'과 '양/예'는 높임 선어말어미와 통합할 때는 선택적으로 제약을 받기도 하지만 주로 종결어미 다음에 놓여서 첨사의 기능

---

3) 경상방언 "있지예?, 가지예/"에서 '예'는 청자높임 첨사이다.

을 잘 드러내준다. 제주방언에서 세 형태의 높임말 첨사가 쓰이는 것은 의미 차이도 있지만 통사 환경도 조금씩 다르기 때문이다.

넷째, 제주방언에서 세 첨사의 사용 빈도는 대개 나이, 성별에 따라서 구분이 가능하다. 실제로 성별, 연령에 따라서 세 첨사의 쓰임을 확인해 본 결과 정확하게 의식적으로 구분하면서 쓰지는 않는다고 하지만, 제주방언 화자들의 발화 장면을 유심히 살펴보면 몇 가지 차이점이 드러난다.[4]

① '마씀'은 성별에 관계없이 두루 사용된다. '양'과 '예'를 보면 '양'은 남성의 발화 빈도가 높은 편이며, '예'는 주로 여성들이 사용한다. 그런데 남성 화자가 연장자인 여성 청자에게는 빈번하게 '예'를 발화하기도 한다. 남성 화자는 친밀한 연장에게는 '양'을 쓰고, 덜 친하고 사회적 거리감이 있을 때는 '예'를 사용하기도 한다. 따라서 "남성 : 마씀, 양>예 ; 여성 : 마씀, 양/예"로 볼 수 있다. 여성 화자인 경우 '양'과 '예'가 친밀성 정도에서는 비슷하게 발화되지만 청자가 연장자일수록 '양'의 발화 빈도가 높은 편이다.

② '마씀'은 나이가 들수록 사용 빈도가 높은 편이다. '양'과 '예'를 비교해 보면 변별력이 거의 없지만 '양'은 화자보다 청자의 나이가 많을 때나, 화자와 청자의 나이가 많을 때에도 주로 발화된다. 이에 비해서 '예'는 조금 젊은층에서 많이 사용된다. 남성 화자인 경우 주로 '양'을 사용하는데 젊을수록 '예'를 사용하는 경향이 있다. 다만

---

4) 주로 36명(남성 11명, 여성 25명. 30대~70대)을 중심으로 하고, 20대 대학생들의 첨사 사용 정도 등 대화 중에 세 첨사의 사용 정도를 비교해 보았다. 이 외에도 수시로 대화 중에 각 첨사의 쓰임을 확인해 보았다. 20대 대학생들도 후반으로 갈수록 세 첨사의 사용 빈도가 높은 편이며, 세 첨사를 상황에 따라서 선택함을 알 수 있었다.

'양'과 '예'의 발화 조건을 구분하자면 개인차는 있지만 '예'는 '양'에 비해서 친밀하고, 애교적이고, 격식의 경계가 무너질 때 쓰인다. 그래서 제주방언 화자들은 '예'보다 '양'을 방언형으로 인식하고 있어서 방언형을 써야 할 상황으로 판단되면 '양'의 선택이 높은 편이다.

3. 맺음말

제주방언은 거의 반말체에 높임말 첨사 '마씀, 양, 예'가 통합되어서 두루높임의 기능이 있다. '마씀, 양, 예'가 청자높임이라는 공통점을 갖고 있지만 변별력을 지니면서 자유롭게 발화됨을 논의해 보았다. 일상적인 대화에서 편리함에 중점을 둔다면 '반말체+청자높임 첨사'의 통사구조가 화자의 말하기에 편리하다고 본다. '마씀, 양, 예'는 종결어미에 바로 붙기 때문에 종결어미, 종결보조사라 보기도 하지만 담화상에서 첨사의 기능이 강하기 때문에 첨사로 다루었다.

화자가 높임말 첨사를 선택할 때는 다분히 의도적인 감정이 드러난다. 이때 청자를 높이기는 싫지만 존대해야 할 때, 무심코 반말을 내뱉다가 높여줘야 할 상황임을 인식할 때에도 가능하다. '마씀'은 주로 반말체 종결형에 첨가되어서 청자를 높여주는데 비해 첨사 '양/예'는 아주높임이나 두루낮춤에 두루 첨가되어서 청자를 높여준다. 세 첨사는 청자높임의 의미자질을 갖고 있지만 실현되는 통사 환경이 조금 다른 것은 화자가 청자에 대한 주·객관적 감정노출 정도에 차이가 있기 때문이라 본다.

첨사 '예'와 '양'은 통사 환경이나 담화의미가 동일해서 변별력이 거의 없지만 두 첨사가 발화되는 것으로 봐서 성(性)이나 연령층에 따라서 구별해서 사용된다고 본다. 제주방언에서 청자높임 첨사로는 '양'이 주로 쓰였는데 표준어의 영향으로 '예'와 혼용되면서 지금까지 두 형태가 변별력을 상실한 채 쓰인다. '양'은 나이가 들수록 발화 빈도가 높고, '예'는 젊을수록 사용 빈도가 높다. 성(性) 차이를 보자면 '예'는 주로 여성들이 사용하는 빈도가 높은 편이지만 확률로 정확하게 구분할 수는 없다. '양'과 '예'의 발화 장면을 보면 '예'는 주로 여성이 사용하는데 이는 제주방언과 표준어의 중간 단계로 인식하는 것 같다. 굳이 차이점을 구분한다면 남성은 주로 '마씸, 양'을 사용하고, 여성은 '마씸, 양, 예'를 사용한다. 또한 나이가 들수록 '마씸, 양'을 젊을수록 '예'를 사용한다.

'마씸'을 사용하면 격식을 갖추고 거리감이 있다고 판단될 때이며, '예'는 화자와 청자 간에 좀더 친밀한 사이일 때나 친밀한 관계로 인식할 때 쓰인다. '양'은 '예'의 발화조건과 같은데 화자의 나이가 많을수록 사용 빈도가 높은 편이다. '마씸'은 화자와 청자가 객관적 거리를 유지하면서 높여줄 때 발화빈도가 높은 편이다.

보통 높임말 첨사의 사용 빈도가 높은 것은 어휘에 의한 높임이나 청자높임 선어말어미를 선택하는 것보다 두루낮춤에 청자높임 첨사를 첨가하는 것이 경제적일 수 있으며, 반말체에 높임말 첨사만 덧붙이면 청자의 체면을 적극적으로 살려주는 언어예절에도 부합되기 때문이라고 본다.

제주방언 담화표지 '계메' 연구

1. 머리말

제주방언 '계메'는 감탄사의 문법 기능이 있는데, 사람의 감정을 표현하는 것을 감탄사라 하고 그 외에 감탄 기능이 있는 것을 간투사로 구분하거나 감탄사 안에 간투사를 포함하기도 한다. 최현배(1971 : 607~609)에서는 감탄사를 '감정적 느낌씨'와 '의지적 느낌씨'로 구분하였다. '의지적 느낌씨'란 "꾀임, 부름 같은 의지의 앞머리를 들어내는 것"이라 했다. 남기심·고영근(1993 : 181~182)에서는 감탄사를 감정 감탄사와 의지 감탄사로 나누고 있다. 전자는 "상대방을 의식하지 않고 감정을 표출하는 것"이라 하고, 후자는 "발화 현장에서 상대방을 의식하며 자기의 생각을 표시하는 것"이라 정의하였다.

의지적 간투사란 신지연(1988 : 26)에 따르면 "특정한 청자를 상정한 대화 장면에서 쓰인다."고 했듯이 발화 장면에서 화자는 자신의 입장을 정확하게 청자에게 전달하고자 할 때 쓰인다.

서정수(2006 : 1363)에 의하면 감탄사는 사람의 감성을 직접 드러내는 상징어가 많다고 했으며, 이러한 일반적인 감탄사 외에 간투사를 설정했다. 즉 "간투적 표현이란 간투사를 써서 드러내는 비정규 문장이다. 이는 감탄적 표현과 비슷하나 의미적인 면에서 느낌을 드러내지 않는다는 점이 다르다. 간투표현에는 부름말 "예, 아니오" 따위와 응답 표시어 "글쎄, 에" 따위와 그 밖의 삽입어 같은 것이 있다."고 보았다.

여러 정의를 종합해 보면 간투사를 써서 나타내는 비정규 문장을 '간투적 표현'이라고 할 수가 있겠다. 그러므로 화자의 의지가 어느 정도 반영되는 제주방언 '계메'[1]는 응답의 간투 표현[2]에 해당된다.

이해영(1994 : 137)에 의하면 담화표지란 "통사적으로 전혀 예측되지 않으며 잠재적으로 하나의 독립된 발화로서 화제를 제시하고, 선행발화에 대한 반응이나 태도를 보임으로써 담화의 연관성을 유지시켜 자연스러운 대화를 유도하는 역할을 한다."고 정의하였다.

이한규(2011 : 171~172)에 의하면 담화표지란 "대화를 통해 관찰하고자 하는 화자의 의도(또는 목적)를 더욱 효과적으로 나타내기 위하여 사용되며, 이를 통해 청자가 화자의 의도를 효과적으로 이해할 수 있도록 도와주는 역할을 한다."고 보았다. 한상미(2011 : 508)

---

1) 제주방언 화자들은 '계메'와 '게메' 형을 사용하며 전 지역에서 두 형태가 발화되는데, 이 글에서는 '계메' 형으로 논의를 전개하고자 한다. 또한 제주방언 예문들은 제주방언 화자들이 자유롭게 표현하는 발화문이며, 기존에 조사된 구술자료를 참조하고, 필자가 직접 채록한 자료로 구성하였다. 이 담화표지는 주로 노년층에서 쉽게 들을 수 있고, 젊은층으로 내려올수록 발화 빈도가 낮은 편이다.

2) 제주방언 부름말에는 '양/예'와 응답형 '응, 기여' 등이 있고, 첨사 '양/예, 마씀, 이, 기, 게' 등에 의해서 수행되는 간투적인 표현을 다룬 글이 있으므로 '계메'와 비교 가능하다(문순덕, 2005b : 162~164).

에서는 담화란 "대화 참여자들이 상호작용하며 생산하는 언어, 즉 사용 중인 언어"로 정의하였다.

공통어 '글쎄'는 감탄사(간투사)와 부사(문장부사, 양태부사)의 문법 기능이 있는데, 주로 담화표지로 연구되어 담화 상에서 발화자의 다양한 심리상태가 표현되는 의미로 쓰인다. '글쎄'를 담화표지로 다룬 글로는 이해영(1994)이 대표적이다. 공통어 '글쎄'는 문법적, 담화적 용법으로 연구되었으나 제주방언 '계메'에 대한 연구는 찾아보기 어려우며, 감탄사와 부사의 문법적 기능(박용후, 1988 ; 제주어사전, 2009)이 제시된 정도이다.

제주방언 '계메'는 담화상황에서는 화자의 불확실한 판단, 미온적인 태도 등의 담화의미가 있다. 따라서 제주방언 '계메'는 간투사의 문법 기능에서 담화표지로 범주 이동이 확대됨을 논의하고자 한다.

2. 담화표지 '계메'의 통사 기능

여기서는 제주방언 '계메'의 통사적 기능을 살펴보고, 공통어 '글쎄'의 통사 기능과 비교해 보고자 한다.

차현실(1986 : 139)에 의하면 '글쎄'를 양상부사로 분류해서 '아마, 혹시'와 의미 차이가 있음을 다루었으며, 차현실(1986 : 165)에서는 "'글쎄'는 전화자의 발화내용에 대한 소극적 부정의 응답이며 [단정회피]의 의미가 있는 화자의 인식태도에 의한 양상부사"로 보았다. 그런데 담화상에서 '글쎄'는 화맥에 따라 '아마, 혹시'의 의미로도 쓰인다.

임규홍(1995 : 54)에 의하면 국어의 담화표지를 어휘적 담화표지와 비어휘적 담화표지로 구분하였다. 어휘적 담화표지 중 어휘 삽입 담화 표지에 해당하는 부사어류로 '글쎄'를 들고 있다.

공통어 '글쎄'가 감탄사로 쓰일 때 사전적 의미는 다음과 같다.

(1) 『우리말큰사전』(한글학회)
① 남의 물음이나 요구 등에 분명하지 아니한 태도를 나타낼 때 쓰는 말
② 자기의 의견을 다시 고집하거나 강조할 때에 쓰는 말

(2) 『표준어대사전』(국립국어원)
① 남의 물음이나 요구에 대하여 분명하지 않은 태도를 나타낼 때 쓰는 말. 해할 자리에 쓴다.
② 자신의 뜻을 다시 강조하거나 고집할 때에 쓰는 말

제주방언 '계메'에 대한 사전적 의미는 다음과 같으며, 부사와 감탄사의 문법 기능으로 다루었다.

(3) 제주방언사전
① 부사: 그러기에, 그러므로(박용후, 1988 : 145)
② 감탄사: 그러기에, 과연 그렇다는 뜻을 나타냄.(박용후, 1988 : 172)
③ 감탄사: 그러니까, 글쎄(제주어사전, 2009 : 61)

(1)~(3)을 참고하면 제주방언 '계메'는 화자의 의지를 표현하는

감탄사 즉 의지적 간투사의 문법 기능이 있으며, '그러니까, 글쎄'의
의미가 강하고, 간혹 '아마, 혹시'의 뜻으로도 쓰인다.

다음은 공통어 '글쎄'의 통사 기능을 살펴보고, 제주방언 '계메'의
통사 기능도 논의하고자 한다.

> (4) 가1. 지금 떠납시다.
>   나1. 글쎄, 아직 결정을 못 했어.
>   가2. 특별한 이유라도 있나요?
>   나2. 글쎄, 이유는 잘 모르겠다.
>   가3. 빨리 결정해 주세요.
>   나3. 글쎄, 알았다. 좀 기다려라.

(4)를 보면 '글쎄'는 문두에 위치하고, 후행 보충 표현에 따라 담화
의미가 조금씩 다르다. (4 나1, 나2)에서 '글쎄'는 화자의 불확실한
생각을 나타내며, (4 나3)에서는 화자의 의지가 확고함을 표현하고
있다. '글쎄'가 부정문과 호응할 때는 '불확실한 상황'을 나타내고 긍
정문과 호응할 때는 '자신의 확고한 입장'을 나타냄을 알 수 있다. 따
라서 '글쎄'는 긍정문과 부정문에 모두 공기하는 극어로 쓰이며, 그
에 따라 담화의미도 달라짐을 보았다.

(4)에서 응답형 '글쎄'가 쓰인 것은 화자보다 응답자가 연장자여
서 가능하고, '글쎄'에 후행하는 보충 표현으로 해라체가 쓰이고 있
다. (4)에서 전제문이 청유문, 의문문, 명령문 등으로 실현되었고, 이
에 대한 응답으로 '글쎄'가 쓰였다.

공통어 '글쎄'와 유사한 통사 기능을 갖고 있는 제주방언 '계메'의

통사 기능을 살펴보기 위하여 (4)를 제주방언으로 교체하면 (5)와 같다.

>   (5) 가1. 이제 떠납주.
>   나1. 계메, 아직 결정 못헷저.
>   가2. 특별한 이유라도 잇수가?
>   나2. 계메, 이유는 잘 몰르켜.
>   가3. 흔저 결정해 줍서.
>   나3. 계메, 알앗저. ㅎ끔 지드리라.

제주방언 '계메'의 통사적 기능을 살펴보자. 우선 (5)에서 전제문은 청유문, 의문문, 명령문으로 실현되고 있으며 이에 대한 응답으로 '계메'가 문두에 위치한다. 이때 '계메' 단독으로 문장이 성립하는데 후행 보충 표현에 따라 '계메'의 담화의미가 달라진다. (5 나1, 나2)를 보면 '계메'는 부정문과 호응하고, (5 나3)은 긍정문과 호응하고 있다.

따라서 (4)~(5)에서 보듯이 공통어 '글쎄'와 제주방언 '계메'는 부정문이나 긍정문과 공기가 가능한 극어임을 알 수 있다. 전제문의 주어가 1인칭이건 3인칭이건 응답형으로 '계메'가 성립하는 것은 화자는 언제나 응답자의 생각이나 결정, 주장을 원할 때 쓰이기 때문이다.

제주방언 '계메'의 통사 조건을 좀더 살펴보겠다.

(6) 가. 이 사진들 원본은 엇어마씀?(이 사진들 원본은 없습니까?)

　　나. 원본이 <u>계메</u>, 요전이 거기서도 빌려가서.

　　　(원본이 글쎄, 요전에 거기서도 빌려갔어.)

(6가)는 판정의문문으로 부정어휘 '엇다'의 쓰임으로 봐서 부정문이라 할 수 있다. 이때 응답형으로 '있다, 없다' 등 상황에 맞게 긍정과 부정의 어휘를 사용해도 되지만 '계메'를 응답함으로써 응답자의 정답 회피로 볼 수 있다.

또한 (6나)에서 '계메'는 삽입어처럼 쓰였으나 문두에 위치해도 ("계메 원본이") 자연스러운 문장이 된다. '계메'의 후행 문장을 보면 응답자는 화자의 질문에 대해 확신이 없음을 표현하고 있다. 응답자는 최근까지도 사진 원본을 갖고 있었는데 지금은 갖고 있지 않음을 간접적으로 표현하고 있다. 즉 "사진 원본을 갖고 있지 않다."고 직접적인 표현이 가능하지만 화자의 요청이나 기대를 염려하여 우회적인 방법으로 '계메'를 선택하고 있다.

(7) 가. 그때 우린 쉐 몰앙 가낫수다.

　　　(그때 우린 소를 몰고 갔었습니다.)

　　나. 계메, 물 엇어낫어. 우리 동네엔 도야지도 엇어낫어.

　　　(글쎄, 말이 없었다. 우리 동네에는 돼지도 없었다.)

(5)~(7)에서 보듯이 제주방언 '계메'의 전제문으로는 평서문, 의문문, 청유문, 명령문 등 모든 문형이 성립한다. 이는 문장 종류에 따라 '의지, 회피, 불확실, 의심, 동의, 사실 확인' 등 응답자의 입장이

전달 가능하기 때문이다. 즉 제주방언 '계메'에는 화자가 어떤 상황을 말할 때 그에 대한 응답으로 발화자의 주장을 강하게 표현하거나 동의할 수 없는 경우, 동의하기 어려운 경우, 동의하기 싫은 경우 등의 담화의미가 내포되어 있다.

다음에는 제주방언 '계메'와 결합하는 첨사의 쓰임을 알아보겠다. 화자와 응답자의 사회적 요인(나이, 직위, 신분, 성별, 종교 등)에 따라 '계메'에 첨사(반말체, 높임말체)가 결합 가능하다.

제주방언 반말체 첨사로는 '기, 이, 게'3)가 있고, 높임말 첨사로는 '양/ 마씀'4) 등이 있다. '계메'는 문두에 단독으로 쓰이며, 첨사들과 결합하여 그 의미를 강조한다.

> (8) 가. 그 사름 이름 머꽈?(그 사람 이름이 뭐예요?)
> 나. 계메양, 이름은 몰르쿠다.
>   (예/마씀), (글쎄요, 이름은 모르겠어.)
> 나'. 계메양(예/마씀).
> 다. 계메이(게), 이름은 몰르켜.(글쎄이, 이름은 모르겠다.)

---

3) 제주방언 반말체 첨사 '기, 이, 게'는 종결어미 다음에 위치하며 이들의 담화의미는 주로 '화자의 확신, 의지, 단정, 강조' 등 발화자의 주장이 정확하게 반영된다. 이 첨사들은 담화 상황에 따라 수의적으로 선택되지만 담화 조건이 조금씩 다르다고 보았다(문순덕, 「제주방언 반말체 첨사의 담화 기능」, 『영주어문』 5, 2003 : 85~86).

4) 문순덕(2005a : 86)에 의하면 높임말 첨사 '마씀, 양/예'는 종결어미 다음에 위치하며 각 형태의 통사 환경이 다르다고 보았다. '마씀'은 주로 반말체 종결형에 첨가되어서 청자를 높여주는데 비해 첨사 '양/예'는 아주 높임이나 두루낮춤에 두루 첨가되어서 청자를 높여준다. 세 첨사는 청자높임의 의미자질을 갖고 있으나 실현되는 통사 한경이 조금 다른 것은 화자가 청자에 대한 주·객관적 감정노출 정도에 차이가 있기 때문이다.

다'. 계메이.

라. *계메게.

(8나)에서 '계메'에 높임말 첨사가 결합되어 응답할 때는 화자보 응답자가 나이나 직책이 위일 때 쓰인다. 또는 화자와 응답자의 친 밀도나 권세가 개입될 때 높임말이 쓰인다. '계메' 단독으로 문장이 성립하는데, 여기에 높임말 첨사가 결합되어 역시 문장이 종결되고 있다. 즉 대우법에 따라 높임말 첨사가 결합되었으며, 이 첨사의 유 무에 따라 화자와 응답자의 높임 정도를 알 수 있다.

그런데 화자보다 응답자가 손위일 때는 '계메'로 발화되어도 무방 하다. (8다)에서 반말체 첨사 '이, 게'가 첨가되어서 '계메'의 의미를 강화해 주는데, 이때 응답자의 의지나 입장이 더욱 분명해진다. (8다') 처럼 '계메이' 단독으로도 문장이 성립한다. 이때는 화자의 정보 요 구에 대하여 응답자에게는 신정보임을 알 수 있다.

반면 (8라)가 성립하지 않는 것은 반말체 첨사 '게'의 담화의미 때 문이다. 첨사 '게'는 주로 '화자의 의지, 단정' 등의 담화의미가 있다. 물론 (8다)와 같이 후행하는 보충 표현이 있을 때는 성립하는데 단 독으로 발화될 때 문법적으로 성립하지 않는 것은 '계메'와 '게'의 결합관계가 항상 열려있음을 뜻하지 않는다. 즉 화자의 질문 내용에 따라 응답자가 잘 모를 때는 '계메게' 형이 성립하지 않는다. 담화표 지 '계메'에는 '불확실한 믿음, 의심, 반문, 확인' 등의 담화의미가 있 어서 '단정, 확신'의 의미가 있는 '게'와 결합이 어려운 것이다.

그러나 항상 '계메게' 형이 어색한 것이 아니라 후행하는 보충 표현에 따라, 또는 화자의 질문에 대한 응답자의 '앎 정도'에 따라 문장 성립조건이 있다. 이로써 제주방언 담화표지 '계메'는 담화 상황에 따라 특정 첨사와 결합 유무가 결정됨을 알 수 있다.

3. 담화표지 '계메'의 담화 기능

담화표지는 담화상황에 따라 담화 기능을 지닌다고 보는데 이들은 부름말, 응답어, 입말, 군말 등 간투사로 인식되어 왔다. '계메'는 문두에 나타나며 발화자의 의지와 감정 상태에 따라 문맥의 의미가 달라지므로 통사적 의미 기능보다는 담화적 의미 기능이 강하다고 본다.

제주방언 '계메'가 주로 문두에서 화자의 확고한 의지를 숨기려는 의도로도 쓰인다. 또한 발화자는 상대방의 질문이나 확인을 요청하는 사실에 대해 확신이 없을 때, 전적으로 동의를 하고 싶지 않을 때, 전적으로 동의를 할 수 없는 등 반신반의의 감정상태가 포함되어 있다. 제주방언 '계메'는 감탄사와 문장부사라는 문법적 영역을 벗어나서 화맥에 따라 의미를 달리하는 담화표지로 쓰인다. 담화의미로는 '불확실, 동의거부, 감정 숨김' 등 부정적인 감정표출도 가능하다.

> (9) 가. 삼춘, 나가 일허게 도와줍서.(삼춘, 내가 일하게 도와주세요.)
> 나. 계메.(글쎄.)
> 나'. 계메(↓). 계-메(→). 계메(↗)

　　다.　계메. 경 말앙 나 <ruby>근</ruby>는 냥 들어 볼탸?

　　　　(글쎄. 그러지 말고 내가 말하는 대로 들어보겠니?)

　(9가)에서 화자는 응답자에게 자신을 도와달라는 부탁을 하고 있는데, 이에 대한 반응이 (9나)로 발화되었다. (9나)에서 응답자는 화자의 부탁을 들어주거나 거절한다는 정확한 의사 표현을 하고 있지 않다. 이는 응답자의 개인적 감정에 의한 판단유보이거나, 응답의 의지와 상관없이 외부적 요인에 의한 판단유보일 수 있다. 즉 응답자가 화자의 부탁을 들어주고 싶으나 그 요청이 경제적 도움을 청하는 것이라면 자신의 처지에서 들어 줄 수 없는 부탁이다. 이럴 경우 '응, 아니'와 같은 수락과 거절의 확실한 표현을 사용하면 화자와 친밀도가 떨어질 수 있다고 판단하여 담화표지 '계메'를 표현함으로써 자신의 입장을 간접적으로 전달하려는 의도로 보인다.

　(9나')에서 '계메'가 단독으로 쓰일 때는 짧고 강하게 발음되면 '단정'의 의미가 강하고, 길게 발음되면 '불확실'의 의미가 들어 있다. 끝을 올려서 발음하면 화자의 요청을 쉽게 들어줄 수 없는 이유가 있음을 짐작할 수 있다.

　그런데 (9다)에서 '계메'의 후행 보충 표현을 보면 응답자의 입장이 좀더 분명해진다. 즉 화자의 부탁을 들어 줄 수 있지만 조건이 있거나, 아니면 자신이 처한 입장 때문에 화자의 청을 받아들일 수 없다는 간접적인 거절로도 볼 수 있다. 이때 '계메'를 강하게 발음하고 강세를 두면 응답자의 의지가 확고하고 강하게 전달된다. 이 점이 (9나')와 다르며, 이는 후행 보충 표현에 따라 응답자의 의지 정도를 파악할 수 있다. 여기서 제주방언 '계메'는 주로 공통어 '글쎄'에 대응되지만 부사 '혹시'의 의미로도 해석된다. "그렇다면 내가 어떤 제안을 하더라도 수용하겠느냐, 내가 요청하는 대로 따르겠느냐?" 정도의 의미가 내포되어 있다.

따라서 (9나)와 같이 '계메'가 단독으로 실현될 때는 '혹시'의 뜻이 없으나, (9다)처럼 후행하는 보충 표현이 연결되면 '혹시'의 의미가 드러난다. 그래서 화자의 부탁이나 요청을 직접 수용하기 어려울 때, 또는 그 제안을 수용하기 곤란할 때 '계메'를 발화함으로써 이어지는 제안을 수용할 수 있는지 오히려 화자에게 역제안하고 있다. 결국 '계메'가 '혹시'의 의미로 쓰일 때는 응답자의 제안이 수용되기를 바라는 심정이 내포되어 있다. 이때 '계메'는 '그러니까' 정도의 의미로도 쓰인다.

따라서 제주방언 '계메'는 감탄사의 문법 기능보다는 담화표지로 쓰임을 알 수 있다. 이는 화자의 부탁, 명령, 제안 등 응답자의 의사를 요청하는 발화에서 쓰이며, 화자의 어떠한 발화에 대해서도 응답자의 의지를 우회적으로 표현할 때 쓰인다. 응답자는 화자와 친밀도, 권세 등 사회적 요인에 의해 '수용, 거절' 등의 직접적인 표현을 숨기고 싶을 때 이 담화표지를 사용함으로써 나름대로 위기를 모면하게 되고, 자신의 입장을 유지할 수 있다.

> (10) 가. 삼춘 덕분에 이젠 송애기를 멧 개 폴안, 집도 마련ᄒ고 이제 밧도 마련ᄒ고, 잘 뒛수다.
> (삼촌 덕분에 이젠 송아지 몇 마리를 팔아서 집도 마련하고, 밭도 마련하고. 잘 되었습니다.)

　나. 계메. 이제 흔두 해만 시민 열맷 개 뒐로구나.
　　(글쎄. 이제 한두 해만 있으면 열맷 개가 되겠구나.)
　가1. 예. 그때랑 옵서. 삼춘신디 ᄒ나 안네쿠다.
　　(예. 그때는 오십시오. 삼촌께 하나 드리겠습니다.)

　(10가)에서 화자는 삼촌 덕분에 송아지 몇 마리를 팔아서 집과 밭을 장만하였다는 사실을 알려주고 있다. 이에 대한 응답자의 반응이 (10나)처럼 '계메'로 발화되고 있다. 이는 송아지 몇 마리를 판 재원이 많다고 한 화자의 신정보에 대해서 적극적 동의는 어렵다는 뜻으로 해석된다. 그래서 응답자는 '계메'에 이어지는 보충 표현을 통해 한두 해 지나면 열다섯 마리 정도가 되겠다는 과장된 표현을 하고 있다. 이때 '계메'는 '불확실한 상태, 의심쩍음' 등의 의미가 내포되어 있다.

　반면 화자는 (10 가1)처럼 응답자의 불확실한 동의를 사실인 것처럼 받아들여서 긍정의 응답형 '예'를 발화하고 있다. (10나)의 '계메'는 '그러니까'의 의미가 강하다. 만약 문두에 위치한 '계메'를 삭제하면 화자의 단정적인 생각을 그대로 전달하는 문장에 불과하다. 따라서 '계메'는 화자의 감정이나 의지가 반영될 때 발화됨을 알 수 있다. 이 발화문을 보면 발화자는 단순히 현상을 인정하는 것 외에도 의심과 불안의 감정을 표현하기도 한다.

　제주방언 '계메'는 '긍정과 인정'의 담화의미로 쓰일 때는 '그러니까' 정도로 해석할 수 있고, '의혹, 의심, 반어, 부정' 등의 담화의미로 쓰일 때는 '글쎄'의 담화의미와 유사하다고 본다.

제주방언 '계메'의 담화의미를 좀더 알아보기 위하여 앞에 제시했던 예문[(8)]을 활용하겠다.

> (11) 가. 그 사름 이름 머꽈?(그 사람 이름이 뭐예요?)
> 나. 계메.
> 다. 계메, 이름은 몰라.(글쎄, 이름은 모르겠어.)
> 라. 이름은 몰라.(이름은 모르겠어.)

(11가)에서 화자는 응답자에게 특정인의 이름을 질문하고 있다. 즉 화자는 그 사람의 이름을 모르는 신정보일 때, 또는 구정보이지만 불확실해서 확실하게 알고 싶을 때 이런 발화가 가능하다. 이에 대해서 응답자가 (11나)처럼 응답할 때는 역시 신정보이거나 그 이름을 알고 있으나 말하고 싶지 않을 때, 알려주기 싫을 때 등 응답자의 의지와 관계가 있다.

그런데 (11다)와 같이 '계메'의 담화의미를 좀더 분명하게 보여줄 때는 후행 보충 표현이 수반된다. 여기서 발화자가의 화자의 질문에 자신 없다는 의미로 '계메'를 사용하고 있다. 이 발화문을 보면 화자는 응답자가 '그 사람의 이름'을 알고 있을 것이라는 기대를 갖고 질문하고 있다. 반면 응답자는 화자의 질문이 신정보에 해당되어 잘 알지 못한다는 사실을 강조하기 위하여 '계메'를 선택함으로써 완곡한 표현을 취한다. (11라)와 같이 '계메'를 생략하면 화자의 질문에 대해서 모른다는 사실을 단정적으로 응답하게 된다. 또한 이름은 모르지만 그 사람과 관련이 있는 다른 정보(나이, 고향, 직업 등)는 알 수 있음도 짐작된다.

따라서 (11다)와 (11라)를 비교해 보면 '계메'의 사용 유무에 따라 담화상의 의미가 달라짐을 알 수 있다. 그런데 응답자의 입장에서 (11가)의 내용이 신정보일 수도 있으나 구정보일지라도 정확하게 알지 못하거나, 자세히 응대하기 싫을 때의 발화도 가능하다. 그래서 '계메'를 발화한다고 해서 전제문이 무조건 신정보가 아님을 알 수 있다.

(12) 가. 그디 알아지쿠가?(거기 알 수 있겠습니까?)
　　　나. 계메, 대충은 알주마는 촛질 못헐 거라. 이거 몇 년이꽈게?
　　　　　(글쎄, 대충은 알겠지만 찾지를 못할 거야. 이게 몇 년입니까?)
　　　다. 계메.
　　　라. 응/아니.

(12가)에서 화자는 응답자에게 특정 장소를 알고 있는지 묻고 있다. '그 장소'는 화자와 응답자 모두에게 신정보일 수도 있다. 그래서 화자는 응답자가 새로운 사실을 알고 있는지 여부를 질의하고 있다. 이때 화자는 응답자를 통해서 새로운 사실을 확인하거나 알고 싶은 의도로 질문할 수 있다. 이에 대한 응답으로 (12나)가 실현된다.

(12나)에서 응답자는 구정보에 대한 불확실한 기억을 표현하고 있다. '계메'의 후행 발화문으로 보면 그 장소는 구정보이거나 오래되어서 정확하게 기억하지 못함을 알 수 있다. 이렇게 화자의 요구에 대해 정확한 사실을 말할 수 없거나 알 수 없을 때 응답자는 '계메'를 사용함으로써 자신의 생각을 완곡하게 전달한다.

그런데 (12다)와 같이 화자의 질문에 대하여 '계메'만 응답할 경우 전제문이 신정보인지 구정보인지 짐작하기 어렵고 응답자의 정확한 생각을 읽어내기 어렵다. 따라서 화자의 발화에 대한 응답으로 '계메'가 단독으로 실현될 때는 응답자의 의지가 좀더 강하게 표현될 때이며, 후행 보충 표현이 이어질 경우에는 응답자의 불확실한 기억이나 정보를 설명해 주는 역할을 한다.

참고로 (12라)와 같이 전제문에 대하여 응답자는 긍정 응답이면 '응'이고, 부정 응답이면 '아니'가 가능한데 '계메'를 발화한다는 것은 긍정과 부정이라는 단정적이고 직접적인 표현보다는 담화 상황적 요인이 있을 때이다.

> (13) 가. 먹는 건 어떵 조달헨마씸?
> (먹는 것은 어떻게 조달했습니까?)
> 나. 계메, 그건 몰라. 우린 뭐 벌벌 떨멍 살아신디.
> (글쎄, 그런 몰라. 우린 뭐 벌벌 떨면서 살았는데.)
> 다. 계메.
> 라. 계메, 어떵어떵 얻어먹으멍 살앗주.
> (글쎄, 이럭저럭 얻어먹으면서 살았지.)

(13가)에서 화자는 청자에게 그동안 어떻게 살았는지 궁금한 사항을 묻고 있다. 즉 화자는 자신의 이야기가 청자에게는 구정보임을 전제로 하여 새로운 사실을 알고 싶은 욕구를 표현하고 있다. 이에 대한 응답으로 (13나-라)가 가능하다.

(13나)에서 응답자는 화자의 질문에 대해 정확하게 답변할 수 없음을 알려준다. 이는 '계메'에 후행하는 보충 표현으로 짐작 가능하다. 이때 '계메'는 화자의 질문이 신정보이며, 응답자는 어떤 정보도

줄 수 없음을 나타낸다. '계메'는 응답자든 제3의 인물이든 어떻게 살았는지 전혀 모른다는 사실을 강조하고 있다. 응답자는 화자의 정보 요구에 대해서 모른다는 사실을 직접적으로 표현하려면 '모르겠다'라는 직접적인 응답이 있는 데도 굳이 '계메'형을 선택함으로써 응답자는 화자의 '정보 알기'를 정확하게 알려 줄 수 없다는 우회적인 방법을 쓰고 있다. 응답자의 생각에 어떻게 연명하면서 살았는지 정확하게 알 수는 없지만 굶지는 않고 살았음을 알리기 위하여 '계메' 형으로 응답했다고 본다. 이는 '계메'를 발화하는 화자의 감정과 심리상태에 따라 선택된다고 본다.

반면 (13다)와 같이 '계메'로 단독 발화되고 문장이 끝날 때는 화자의 요청 사항에 대해서 답을 줄 수 없을 때, 또는 부연 설명하기 싫을 때, 부연 설명할 수 없을 때 등 응답자의 심리상태가 내포되어 있다. 아직 아무것도 결정하지 않았음(못했음)을 단적으로 표현하고 있다. 이렇게 '계메'만 발화되고 문장이 종결되면 더 이상의 대화가 어려워진다.

(13라)는 '계메'에 이어지는 보충 표현에 따라 화자의 질문에 대해 일부 긍정적인 반응을 보이고 있다. (13나)의 모른다는 사실보다도 (13라)는 화자의 '정보 알기'에 근접한 표현이다.

> (14) 사름이 살당 보민 실수 아니헐 사름이 어디 이서? 잘 못살민 어떵, 잘 살민어떵. <u>계메</u>, 이제 어디 좋은 하르방 봉강 강 살아저?
> (사람이 살다가 보면 실수하지 않을 사람이 어디 있겠느냐?

잘 살지 못하면 어떻고, 잘 살면 어때. <u>글쎄</u>, 이제 어디 좋은
할아버지라도 만나서 살 수 있을까?)

(14)는 화자가 독백처럼 발화하는 장면이다. '계메'는 자신의 생각
을 정리하면서 '그러니까' 정도의 의미로 쓰이는데, 화자의 현실을
감안하여 이루어질 수 없는 사실을 우회적으로 표현하고 있다. 즉
'재혼할 의사도 없고, 재혼할 형편도 아님'을 간접적으로 강조하기
위하여 '계메'를 발화하고 있다. 여기서 '계메'는 화자의 주장을 전달
하는 의미가 있으므로 앞에서 살펴본 '계메'의 담화의미와 다르게
쓰였다.

(15) 가. 이제 나라의서 알민 몬 잡아가둘 거. 그 늘갤 그차 불어사
홀 거 아니가?
(이제 나라에서 알면 모두 잡아가둘 것이다. 그 날개를 잘
라 버려야 할 것이 아니냐?)
나. 아이고, <u>계메</u>. 그거 어떻ㅎ코?
(아이고, 글쎄. 그것을 어떻게 할까?)

(15가)는 화자에게는 신정보이며 응답자의 응답을 통해 사실을
알고 싶어 한다. 화자는 날개달린 장수의 이야기를 전제하면서 만약
날개 달린 장수가 발각되면 큰일난다는 사실을 전달하고 있다. 그러
면서 그 날개를 잘라 버려야 함을 제기하고 있다. 이에 대한 응답으
로 (15나)에서 '계메'가 발화된다. 이때 '계메'는 화자의 발화에 동의
하고 있다. 즉 '그러기에, 그러니까' 정도로 해석된다. 응답자는 날개

를 잘라버려야 한다는 사실을 직접적으로 표현하기보다는 그래야
된다는 사실을 인정하고 있다. 그런데 날개 자르는 일에 누가 동참
할 것인지 안 드러난다. 즉 응답자는 '계메'로 화자의 생각에 동의하
면서 자신의 입장을 교묘히 반영하고 있다. 찬성과 반대라는 이분법
적 표현보다는 '그래야 되는데 어떻게 할 것인가?' 정도로 자신의
생각을 드러내고 있다. 이는 옛 이야기를 들을 때 만약 그런 일이
발생하면 큰일이라며 화자의 발화에 동조하고 있다.

담화표지 '계메'는 '불확실, 불인정, 반어, 의문, 동의' 등 담화의미
를 내포하고 있으나, 이 역시 후행 보충 표현에 따라 이 의미들이
더욱 분명해진다. '계메'를 발화함으로써 발화자는 자신의 감정을 숨
기거나 드러내는데 제약이 덜하며, 상대방의 감정을 유도하는 데도
유익하다고 본다.

4. 맺음말

공통어 '글쎄'의 담화의미와 유사한 제주방언 '계메'의 통사 기능
과 담화 기능을 살펴보았다. 담화표지는 담화상황에 따라 담화 기능
을 지닌다고 보는데 이들은 부름말, 응답어, 입말, 군말 등 간투사로
인식되어 왔다. '계메'는 문두에 나타나며 발화자의 의지와 감정 상
태에 따라 문맥의 의미가 달라지므로 통사적 의미 기능보다는 담화
적 의미 기능이 강하다고 본다.

제주방언 '계메'는 응답의 간투사라는 문법 기능이 있으나 주로

담화상황에 따라 여러 담화의미가 있음을 보았다. 담화표지로 화자의 발화 내용에 자신이 없을 때, 정확히 알 수 없을 때, 화자의 발화문이 신정보일 때, 응답자가 자신의 주장을 확실하게 제기할 때, 자신의 의지를 표출할 때 등의 담화의미가 있다. 따라서 '계메'를 간투사라는 문법 기능으로 다룰 때보다 담화표지로 다룰 때 화맥이 다양해진다.

제주방언 '계메'의 전제문으로는 평서문, 의문문, 청유문, 명령문 등 모든 문형이 성립한다. 이는 문장 종류에 따라 '의지, 회피, 불확실, 의심, 동의, 사실 확인' 등 응답자의 입장이 전달 가능하기 때문이다. 즉 '계메'에는 화자가 어떤 상황을 말할 때 그에 대한 응답으로 발화자의 주장을 강하게 표현하거나 동의할 수 없는 경우, 동의하기 어려운 경우, 동의하기 싫은 경우 등의 담화의미가 내포되어 있다. 또한 '계메'는 반말체 첨사 '이, 게'와 높임말 첨사 '양/예, 마씀'과 결합하여 대우 정도를 나타내는데, 이는 공통어 '글쎄다, 글쎄요'의 통사 기능과 유사하다.

'계메'가 긍정문과 부정문에 모두 쓰이고, 전제문에 대한 긍정과 부정의 확실성이 없이 긍정의 부정의 경계적 의미가 있음을 보았다. 이런 점에서 '계메'에는 부정극어와 긍정극어의 기능이 있다고 본다. 여기서 극어라고 하면 주로 부사로 볼 수 있는데 '계메'는 간투사로서 담화 기능이 강하며 후행 보충 표현의 성격에 따라 부정극어와 긍정극어로 쓰인다. '계메'는 단독으로도 문장이 성립하며, 응답자 자신의 감정을 숨기거나 우회적으로 표현하고 싶을 때 선택되는 담화표지라 할 수 있다.

'계메'는 주로 문두에서 화자의 확고한 의지를 숨기려는 의도로도 쓰인다. 또한 발화자는 상대방의 질문이나 확인을 요청하는 사실에 대해 확신이 없을 때, 전적으로 동의를 하고 싶지 않을 때, 전적으로 동의를 할 수 없는 등 반신반의의 감정상태가 포함되어 있다. '계메'는 감탄사와 문장부사라는 문법적 영역을 벗어나서 화맥에 따라 의미를 달리하는 담화표지로 쓰인다.

화자의 '질문, 명령, 부탁, 제안, 진술' 등에 대해서 응답자는 '계메'를 사용함으로써 '정보부재, 불확실, 회피, 동의거부, 감정 숨김' 등 담화의미로 쓰인다. 또한 '계메'는 '응답자의 강한 의지, 강조, 단정' 등의 담화의미도 들어 있다.

따라서 제주방언 담화표지 '계메'는 화자의 발화 목적이나 상황에 따라 담화의미가 다양하게 나타남을 보았다.

제주방언의 간투 표현

1. 머리말

사람의 감정을 표현하는 것을 감탄사라 하고 그 외에 감탄 기능이 있는 것을 간투사로 구분하기도 하고, 감탄사 안에 간투사를 포함하기도 한다. 최현배(1971 : 607~609)에서는 감탄사를 '감정적 느낌씨'와 '의지적 느낌씨'로 구분하였다. '의지적 느낌씨'란 "꾀임, 부름 같은 의지의 앞머리를 들어내는 것"이라 했다. 그래서 '여보, 이애'는 부름을, '예, 그래, 응, 아니'는 대답의 간투사로 분류하고 있다. 남기심·고영근(1993 : 181~182)에서는 감탄사를 감정 감탄사와 의지 감탄사로 나누고 있다. 전자는 "상대방을 의식하지 않고 감정을 표출하는 것"이라 하고, 후자는 "발화 현장에서 상대방을 의식하며 <u>자기의 생각을 표시하는 것</u>(필자 밑줄)"이라 정의하였다. 서정수(1994 : 114/1283)에서는 문장 성분에서 독립어를 감탄사와 간투사로 분류하였다. 여기서 감탄사는 주로 "놀람, 기쁨 등 감정을 표현하는 것"이고, 간투사는 "정감 표현과 관계없이 <u>부름, 응답의 기능</u>(필자

밑줄)이 있으며" 단독으로 쓰인다고 보았다. 신지연(1988)은 감탄사란 용어보다는 간투사를 상위 개념으로 설정해서 '의지적 간투사, 감정적 간투사'로 분류하였다. 의지적 간투사란 '응답, 부름말, 입버릇'을 가리키며, 감정적 간투사는 '기쁨, 놀람' 등 느낌을 표현하는 것을 가리킨다.

이들의 이론을 종합해 보면 간투사를 써서 나타내는 비정규 문장을 '간투적 표현'이라고 할 수가 있겠다. 그러므로 화자의 의지가 어느 정도 반영되는 간투 표현에는 부름말과 '예, 아니요' 등 응답 표시어가 해당된다고 본다. 따라서 이 논의에서는 화자가 발화 상황에 따라 자신의 의사를 표현하는 응답형 '응, 기여'와 첨사 '양/예, 이, 기, 게' 등에 의해서 수행되는 간투적인 표현[1]에 초점을 맞추기로 한다. 제주방언의 '간투적인 표현'은 현평효(1991 : 90~91)에서 제주방언 '양, 예, 야'에 간투 표현 기능이(응답, 반문) 있다고 언급한 정도이며, 그 외 지금까지 이 분야에 대한 논의는 없었다.

제주방언 첨사 '양/예'는 부름말 간투 표현으로, 또는 '이'와 같이 입버릇, 되물음의 간투 표현으로 쓰이기도 한다. 응답에 쓰이는 간투 표현에는 '예, 응, ᄋ, 게, 기여'[2] 등이 있으며, 첨사 '기'에는 확인

---

1) 의지감탄사라고 하면 독립적인 품사로 오해할 수 있기 때문에 서정수(1994)와 신지연(1988)의 용어를 빌려서 '간투 표현'이라 하겠다.
2) 송상조(1994 : 42)에 따르면 중앙어 '이다-아니다'에 대해서 제주방언은 '기다-아니다' 설정이 가능하며, '이다'에 비해서 '기다'의 사용 폭이 넓다고 보고 있다. 긍정 응답형 '이다'와 '기다'를 같은 의미·통사구조로 설명하고, '기다'에서 '기'의 원형을 '그+이다'로 추정하고 있다.
　제주방언 '기다'를 좀더 분석하면 '그+이->기'에 다시 '이다'가 결합되었다(그+이-+이다). 서정목(1989 : 17)에 의하면 경남방언 '기-'는 '그(대명사)+-이-(계사)'의 융합으로 추정하고 있으며, '그+이다'>'기다'로 보았다.

의 간투 표현 기능도 있다. 여러 간투 표현들은 제주방언 화자들이 보편적으로 발화하는 것이며, 청자높임 정도에 따라서 형태가 달라진다. 즉 화자와 청자의 사회적 요인(나이, 지위, 서열 등)에 따라서 '응, ㅇ, 게, 이, 기' 형은 낮춤말로, '양, 예' 형은 높임말로 쓰인다. 따라서 청자대우법과 제주방언 간투 표현의 호응관계를 살펴보고, 담화상의 의미도 찾아보고자 한다.

그런데 간투 표현으로 발화되는 첨사 '양/예', 게, 이, 기'는 담화 기능에 있어서 어느 정도의 시차성을 보인다. 예를 들면 제주방언 '게, 이, 기'는 반말체 첨사이며3) 화자의 의도적인 선택에 의해서 문장 종결어미와 결합한다. 첨사 '게, 이'는 문장 내에서 실현되는 통사 환경이 자유로우며, 첨사의 겹침이 허용되는데(집에 갓주<u>게이</u>) 첨사 '기'는 항상 문말에 위치하며, 특정한 종결어미하고만 결합하는 통사적인 제약이 있다(집에 갓주<u>기</u>). 그리고 '양/예, 마씀'은 높임말 첨사이며(문순덕, 2005a : 71~87), 대개 나이와 성별에 따라서 조금씩 다르게 발화된다. '양'은 문장내에서 이동이 자유로우며, 중앙어 '요'의 기능과 같은데, '마씀'은 항상 문말에 놓여야 한다는 통사적인 제약이 있다. 첨사 '양/예, 게, 이, 기'가 문말에서 실현될 때는 첨사의

이기갑 외(1998)에 의하면 '기 : 다'는 형용사이며 '기다, 그것이다'의 전남방언으로 소개하고 있다(<u>긴지</u> 아닌지 알 수가 있어야제.). 이상규(2000)에서는 '기^다'는 형용사이며, '맞다, 옳다'에 해당하는 경북방언이라 했다(저기 오는 사람이 <u>기다</u>.). 중앙어 '기다'는 '그것이다'의 준말로 쓰인다.

제주방언 '기다'도 '그래, 맞다' 정도의 의미로 쓰인다. 중앙어 '이다, 그렇다'에 대한 방언형 '기다'가 가끔 쓰이기는 하지만 제주방언에서는 주로 '기다'의 활용형 '기여, 기라, 기냐, 기고'와 첨사 '기' 형의 쓰임이 자유로운 편이다.

3) 문순덕(2003), 「제주방언 반말체 첨사의 담화 기능」, 『영주어문』 5, 71~86 참조.

문법 기능이 있지만 문두에서 단독으로 발화될 때는 담화 기능이 있다. 그러므로 여기서는 이 첨사들이 '부름말, 입버릇, 되물음, 응답, 확인'의 간투 표현으로 쓰임을 논의고자 한다.

2. 첨사의 간투 표현

의지적 간투사란 신지연(1988 : 26)에 따르면 "특정한 청자를 상정한 대화 장면에서 쓰인다."고 했듯이 발화 장면에서 화자는 자신의 입장을 정확하게 청자에게 전달하고자 할 때 쓰인다. 여기서 논의할 '양/예, 이'는 첨사이지만 부름말, 입버릇, 되물음의 간투 표현으로 쓰이고 있어서 여러 의지적 간투 표현에 관여한다. 구체적인 예를 들면 다음과 같다.

2.1 부름말 간투 표현 '양/예'

간투 표현은 대개 한 낱말 형태로 홀로 쓰여서 문장이 성립하므로 독립어라고 하지만, 응답자가 화자의 물음에 대해서 보충적인 표현이 생략되어 있는 문장이며, 의미를 보충하면 표현이 좀더 분명해진다. 제주방언에서도 부름말 간투 표현이 단독으로 발화되더라도 담화상에서 담화자들끼리 충분한 의사소통이 이루어진다.

일반적으로 사람은 상대방을 부르고 싶을 때는 적절한 부름말을 사용하는데, 화자가 적당한 부름말(이름, 직책 등) 사용이 어렵거나, 불편하다고 여길 때 예문과 같이 부름말을 사용한다. 이는 길을 지나가다가 우연히 아는 사람을 만났을 때 가볍게 인사를 나누는 친교적 기능으로 쓰이기도 한다. 또한 화자가 잘 모르는 사실을 청자에게 물어볼 때도 상대방에 대한 정보의 부재 상황이므로 이름을 직접 부를 수가 없어서 부름말 간투 표현이 가능하다.

> (1) 가. 양/예[4], 어디 감수광?(예, 어디 가고 있습니까?)
>   나. 양/예, 잇수광?(예, 계십니까?)
>   다. 양/예, 삼춘 잇수광?(예, 삼촌 계십니까?)

(1가)에서 부름말 간투 표현 '양/예'는 화자와 청자가 서로 잘 아는 사이일 때 자연스럽게 발화된다. 두 사람이 정면으로 만날 때는 발화되지 않지만 어느 한쪽만 상대방을 봤을 때는 이 부름말이 쓰인다. '양/예'가 발화되면 상대방은 자신을 부르는 소리로 인지하게 되고, 얼굴을 돌려서 마주보게 된다. 여기서 '양/예'는 청자에게 주의를 환기시키면서 담화 상황으로 끌어들이는 역할을 한다. 즉 화자는 자신의 존재에 대해서 알지 못하는 청자를 불러 놓고 확인시키고 있다.

(1나)에서 '양/예'는 남의 집을 방문하거나 상점에 가서 주인을 부를 때의 발화이며, 이는 중앙어 '계십니까?'나 '실례합니다' 정도에 해당한다. '양/예'는 특정한 장소를 방문해서 모르는 사람을 부를 때나, 아는 집이지만 특정한 사람을 부르려는 것이 아니고 누구

---

4) 제주방언 첨사 '양/예'는 나이와 성별에 따라서 선택적으로 발화되기도 한다. 즉 첨사 '양'은 나이가 들어갈수록 발화 빈도가 높으며, '예'는 젊을수록 발화 빈도가 높은 편이다. 성(性) 차이가 뚜렷하지는 않지만 '예'는 주로 여성들이 사용하는 빈도가 높은 편이며, 남성 화자가 연장자인 여성 청자에게는 '예'를 발화하기도 한다.

라도 사람만 있으면 된다는 생각일 때 자주 발화되는 부름말의 간
투 표현이다.

그런데 (1다)는 화자가 잘 알고 있는 집을 방문했을 때 가능한
발화이다. 즉 누군가 왔다는 인기척의 표시로, 또는 대화 상대자를
찾는다는 신호로 쓰인다. 이때 부름말 '양/예'는 화자와 청자의 거리
를 좁혀주는 교량적 구실을 하며, 장면 전환의 효과도 있다고 본다.
여기서 '양/예'를 발화하지 않고, 뒤따르는 부름말(삼춘)로 직접 부를
수도 있지만, '양/예'를 발화함으로써 청자에게 시간적인 여유를 주
려는 휴지의 기능이 있다고 본다.

> (2) 가. 양/예, 말 좀 물으쿠다.(예, 말 좀 묻겠습니다.)
>   나. 야, 말 좀 물으켜.(얘, 말 좀 묻겠다.)

(2)는 화자와 청자가 낯선 관계일 때이며, 화자가 특정한 목적을
달성하기 위해서 청자를 통해서 신정보를 얻어야 할 때 가능한 발화
이다. 이때 화자는 청자에 대한 정보가 없기 때문에 적합한 부름말
을 사용할 수가 없다. 또한 부름말을 사용하지 않고 무조건 화자의
목적을 밝힐 수도 없다. 이렇게 화자와 청자가 모르는 사이일 때 부
름말 '양/예'는 체면 살리기의 효과도 있다. 낯선 사람이 청자를 불러
세우면 청자는 상대방이 '왜 불렀는가, 어떤 질문을 할 것인가?'를
짐작하고, 나름대로 답변할 수 있는 시간을 벌 수도 있다. 여기서도
'양/예'를 생략하고 바로 질문으로 이어지면 청자가 거부감을 가질
수도 있다. 따라서 부름말 '양/예'는 화자와 청자의 친소 관계를 떠나

서 대화를 이어주는 매개체의 구실을 한다고 본다. (2나)처럼 반말체 '야'도 간혹 발화된다. 부름말 '야'가 발화될 때는 화자와 청자의 친밀도가 높거나, 화자가 청자보다 아주 나이가 많고 사회적 지위가 높을 때는 자연스럽지만, 그렇지 않을 때는 상대방이 무시당한다고 여겨서 불쾌감을 줄 수도 있다. '야'가 부름말 간투 표현이긴 하지만 낯선 사람에게는 거의 사용하지 않으며, 다만 노년층에서 어린이를 부를 때는 가끔 발화되기는 한다.

> (3) 가. 양/예, 이디 밥 줍서.(예, 여기 밥 주세요.)
> 나. 양/예, 여기 얼마꽈?(예, 여기 얼마에요?)

(3)은 음식점에서 주인을 부르는 발화 상황이며, 중앙어 '저(요), 저기(요)'의 담화 기능과 같다. 부름말 '양/예'는 화자가 누군가를 원한다는 사실을 환기시켜 주기도 하고, 화자가 원하는 사람을 불러 세운 후에 목적을 말하려는 의지가 드러난다. 즉 음식점이나 가게에서 주인과 하고 싶은 말이 있다는 뜻이며, 이때 부름말 간투 표현은 화자와 청자를 연결해주는 고리 역할을 하게 된다.

(1)~(3)에서 보듯이 부름말 간투 표현은 화자와 청자가 서로 모르는 사이일 때도 가능하지만, 안면이 있더라도 얼른 마땅한 부름말이 떠오르지 않을 때, 또는 상대방의 이름을 부르기가 어색할 때 주로 발화된다. 이런 부름말은 가족끼리는 잘 사용하지 않고 친척이나, 이웃에서 아는 사이일 때 가능하다. 부름말 '양/예'와 '야'의 선택에

는 나이와 서열이 변별력이 된다.

2.2 입버릇 간투 표현 '양/예, 이'

앞에서 첨사 '양/예'가 부름말로 쓰임을 보았으며, 여기서는 '저양/저예, 저이'가 입버릇의 간투 표현으로 쓰임을 보고자 한다. 첨사 '양/예, 이'가 단독 형태로는 입버릇의 간투 표현 기능이 없지만 간투 표현 '저'와 결합한 '저양/저예, 저이'에는 이러한 기능이 있다. 즉 제주방언에서 '저, 거세기/있잖아.' 등 '저'가 단독으로 입버릇 간투 표현이 된다.

'입말/입버릇/말버릇/삽입어/형식간투사' 등 여러 명칭이 있지만 여기서는 '입버릇 간투 표현'이라 하고자 한다. 이는 화자가 말을 할 때 '머뭇거리거나 입버릇'처럼 발화한다는 의미이다. 본말이 얼른 생각나지 않거나, 이야기를 자연스럽게 진행하고자 할 때도 이런 표현이 쓰인다. 즉 담화 상황에서 화자가 본론을 말하기 위한 예비 단계이며 단순히 입버릇처럼 쓰이는 것이다. 또한 청자의 입장에서는 화자가 '무슨 말을 하려는가?' 하고 집중하기도 한다. 안주호(1992 : 30)에서는 이러한 표현을 '시발표지'라 해서 이야기를 시작하고자 할 때나 어떤 말을 선뜻 꺼내기가 어려울 때도 발화되는 표지라 했다.

> (4) 가. 저양/저예(↗) 밥 먹읍서.(저기요(↗) 밥 먹으세요.)
>   나. 저이(↗) 이디 잇게.(저기(↗) 여기 있자.)

제주방언 입버릇 간투 표현인 '저양/저예, 저이'는 나이가 들수록 발화 빈도가 높은 편이다. (4가)에서 화자는 상대방의 이름을 불러야 하는데 이를 생략하고 '밥 먹읍서'만 발화하면 어색하게 여길 수도 있으므로 자신의 난처함을 모면하기 위해서 이러한 입버릇 간투 표현을 습관적으로 사용할 수도 있다고 본다. (4나)에서 '이'에는 청자낮춤의 문법 기능이 있으며, 동년배끼리나 화자가 청자보다 연장자일 때 쓰인다. 단순히 '여기 있자.'라고 해도 의사 전달에는 별 문제가 없지만 화자의 입장에서 요점만 말하면 사무적인 느낌이 들 때는 사적인 친밀감을 유도하기 위해서 이런 입버릇 간투 표현을 사용한다고 본다.

(4)에서 보듯이 이러한 입버릇 간투 표현은 화자와 청자 사이의 실제 거리 간격 즉 서로 조금 멀리 떨어져 있어서 주의 환기의 기능으로 쓰이며, 화자가 선뜻 청자를 부르거나, 말하기가 어려울 때 '머뭇거리거나 입말'로 쓰인다. 입버릇 간투 표현은 화자의 입장에서 상대방에게 할 말이 있음을 미리 알려 주면서 가능하면 '내 말을 들어 달라.'는 부탁의 심리상태가 반영되기도 하지만, 주로 무의식중에 습관적으로 발화하기도 한다.

> (5) 가. 저양/저예(↗) 이장댁이 어디우꽈?
> (저기요. 이장댁이 어디입니까?)
> 나. 저이(↗) 마을회관이 어디라?

(5)에서 '저양/저예, 저이'는 화자와 청자가 면대면의 상황에서 입말의 간투 표현이 된다. 화자는 청자에게 예의를 갖추고, 아주 조심

스러워 하면서 원하는 답을 얻으려고 할 때 가능한 발화라 본다.

입버릇 간투 표현 '저양/저예, 저이'는 화자의 물음에 대해서 청자가 정확한 답변을 하지 못하거나, 잘 알지 못하는 사실이어도 괜찮다는 여유가 있어 보인다. 이 점이 부름말과 입버릇 간투 표현의 차이점일 수도 있다. 다만 이러한 입버릇 간투 표현을 발화하는 것은 화자가 자신의 의사를 표현하기 위해서 청자와 거리를 좁히려는 의도일 수도 있고, 지금 이런 말을 해도 좋은지를 타진한다는 의미일 수도 있다. 그러므로 처음 말을 시작할 때 화자가 의식적이건 무의식적이건 입버릇 간투 표현을 발화하는 것은 사적이고, 친밀감이 있다는 심리가 반영된다고 본다.

예문 (3)의 발화처럼 주로 손님이 주인에게 요청이 있을 때는 '양/예'를 발화한다. 이렇게 부르고 나서 주인이 다가오면 손님은 "양/예. 저양/저예, 반찬 더 줍서."(예. 저기요, 반찬 더 주세요.)를 자연스럽게 발화하기도 한다. 여기서 '양/예'는 부름말의 간투 표현 기능이 확실하게 드러나며, '저양/저예'는 입버릇의 간투 표현임을 알 수 있다. 즉 부름말 '양/예'와 입버릇 '저'의 결합형인 '저양/저예'가 입버릇 간투 표현이 되었다. 그런데 '이'에는 부름말의 간투 표현 기능이 없는데 '저'와 결합한 '저이'에는 입버릇의 간투 표현 기능이 있다. '저양/저예, 저이'에는 '상대방의 주의 끌기' 담화 기능도 있지만, 입버릇 간투 표현이 주 기능이라 본다.

제주방언 첨사 '양/예, 이'는 문장내에서 이동이 자유로운 편이므로(이거양/예/이 족아도양/예/이 먹어양/예/이), 이 첨사에 입버릇 간투 표현 '저'가 결합되어서 첨사의 문법 기능은 없어지고, 담화 기능이 생겼다고 본다. 즉 입버릇 간투 표현 '저'+첨사 '양/예, 이'=입버릇 '저양/저예, 저이'가 된 것이다.

2.3 되물음 간투 표현 '양/예, 이'

첨사 '양/예, 이'가 부름말로, '저양, 저이'가 입버릇의 간투 표현으로 쓰임을 보았다. 여기서는 이 첨사가 억양에 의해서 되물음의 담화 기능이 있음을 논의하고자 한다. 긍정 응답형 '예, 응'에 억양이 있으면 되물음의 간투 표현이 되는데, 이는 중앙어와 동일하다. 다만 제주방언 첨사 '양/예, 이'에도 되물음 간투 표현 기능이 있음을 살펴보고자 한다.

> (6) 가. 가읜 어디 갑디가?(그 아인 어디 갔나요?)
> 　　나. 양/예? 뭐옌 굴암수과?(예? 뭐라고 말하고 있습니까?)
> 　　다. 이? 뭐옌 굴암디?(이? 뭐라 말하고 있니?)
> 　　라. 으/응? 뭐옌 굴암디?(응? 뭐라 말하고 있니?)

(6)에서 되물음 간투 표현은 화자의 물음에 대해서 응답자가 그 사실을 재차 묻고 확인할 때 쓰인다. 즉 화자의 말을 잘 알아듣지 못해서 응답자가 다시 묻는 발화이기도 하고, 당연한 사실을 말하니까 짜증이 나서 되물을 때의 상황일 수도 있다. 또한 화자의 발화가 맘에 들지 않을 때 일부러 "네가 지금 무슨 쓸데없는 말을 하느냐."는 뜻으로 대응하기도 한다. 응답자가 일부러 화자의 말을 알아듣지 못한 것처럼 표현할 때도 가능한 간투 표현이다. 또한 화자의 발화

사실이 전혀 뜻밖이라는 의미가 내포되어 있을 때 청자의 반응일 수도 있다. 화자는 아이의 행방을 묻고 있지만 청자는 "그 아이가 특정한 장소로 이동한 사실이 있는가?" 하는 의문을 품을 수도 있다.

되물음 간투 표현은 화자의 입장에서 보면, 자신이 원하는 해답을 얻지 못해서 당황할 수도 있다. 반면 청자의 입장에서 보면, 발화 내용에 대한 정보가 없을 때, 즉 질문하는 내용이 신정보일 때는 즉각적인 답을 해 줄 수 없으므로 화자에게 되묻고, 재차 확인할 수도 있다고 본다. 되물음 간투 표현 '양/예, 이'는 나이가 들수록 발화 빈도가 높은 편인데, '이'는 주로 부모나 어른들이 어린아이를 놀리거나, 애를 태우려는 장난기 섞인 발화에서도 볼 수 있다.

(6)에서 되물음 간투 표현 '양/예, 이, ㅇ/응'를 생략하면 후행 발화만으로는 청자의 궁금증이 해소되지 않는다. 청자의 의도가 다양하지만 먼저 화자의 발화 내용을 잘 이해하고, 답변해 주려는 의지가 있을 때 되물음 간투 표현이 가능하다고 본다.

3. 응답의 간투 표현

앞에서 첨사 '양/예, 이'가 여러 의지적 간투 표현에 관여함을 보았다. 즉 '양/예'는 부름말, 입버릇, 되물음의 간투 표현에, '이'는 입버릇, 되물음의 간투 표현으로 쓰였다. 여기서는 '응'과 '기여', '게'가 긍정의 응답 표현으로 쓰임을 보고, '기'가 확인의 간투 표현으로 쓰임도 보고자 한다. 긍정 응답의 간투 표현은 담화 상황에서 화자의

물음에 대해서 청자가 긍정적인 반응을 나타낼 때, 즉 응답자의 긍
정 의지가 반영될 때 발화된다. 물론 응답자의 입장에 따라서 '긍정,
되물음, 회의' 등의 의지가 반영되므로 여러 형태의 응답형이 문맥
의미에 따라서 쓰이기도 한다. 박영순(2001 : 87)에 의하면 "질문의문
문과 요청의문문은 청자에게 응답을 직접 요구하는 것이므로 경어
법"의 적용이 엄격하다고 보았으며, 제주방언 간투 표현도 청자대우
법에 따라서 형태가 구분되기도 한다.

3.1 긍정 응답의 간투 표현 '응, 기여'

동일한 화자가 대화 중에 응답형 '응, ᄋ, 으, 어5)를 발화하는데
이 형태의 선택 기준에 변별력이 잘 드러나지 않는다. 다만 노년층
으로 올라갈수록 'ᄋ(으, 어)' 형이 보편적으로 발화되며, 젊은층으로
내려올수록 '응, 어' 형이 쓰인다. 화자가 생각하기에 청자가 어리다
고 생각하면 주로 '응'6)을 발화하므로, 화자와 청자의 사회적 요인

---

5) 여기에 제시한 제주 방언형은 제주도에서 보편적으로 발화되는 문장이며, 구체적인
   지역을 구분하지 않았다. 응답형 'ᄋ'에서 '으'와 '어'형이 파생되었다고 보며, 가끔 '오'
   로 발음되기도 한다. 노년층에서는 'ᄋ'형을 잘 발음하며, 젊은층으로 내려올수록 '으,
   어' 형의 쓰임이 자연스러운 편이다. 특히 어린아이들이 부모나 손위 친척과 대화할
   때 반말의 '어' 형을 자주 발화하기도 한다. 동일한 화자라도 실제 담화상에서 세 형태
   'ᄋ, 으, 어'를 자유자재로 발화하는데, 그에 대한 변별력이 잘 드러나지 않는다.
     이 글에서는 필요에 따라 'ᄋ, 으, 어' 중에서 'ᄋ'를 대표형으로 선택해서 설명을 하고
   자 한다. 중앙어에서 느낌(감정)감탄사 '어'는 놀람의 의미로 쓰이기도 하는데 제주방
   언 응답의 간투 표현 '어'와는 의미가 다르다.
     제주방언과 중앙어 '응, 예'의 담화 기능은 같은데, 김하수(1989 : 66~68), 오승신
   (1995 : 87~90)에서도 '네'가 '긍정 응답, 되물음, 동의' 등 담화 상황에 따라서 다양한
   담화의미를 갖고 있는 담화표지로 다루고 있다.
6) 제주방언에서 낮춤말에는 '응'이, 높임말에는 '예'가 쓰이지만 'ᄋ, 게, 기여'가 낮춤말

(나이, 지위 등)과 응답자의 의지 정도에 따라서 '응, ᄋ, 기여'가 발화
된다고 본다.

    (7) 가. 자인 얼굴이 곱지?(저 아인 얼굴이 곱지?)
        나. 응/ᄋ.
        다. 기여.(그래.)

  (7가)는 화자가 알고 있는 사실을 의문문의 형식을 빌려서 확인
하고 있다. 즉 '저 아이의 얼굴은 곱다.'는 사실을 청자의 가부 판단
에 기대려는 것이다. 또는 화자의 생각에 진술 내용에 대해서 확신
이 없을 때도 이 발화는 가능하다. 여러 긍정 응답형은 짧지만 화자
가 질문하는 내용에 동의함을 알 수 있다. (7나)는 물음에 대한 긍
정의 응답으로 중앙어와 동일한 형태이다. 응답자는 화자의 물음에
대해서 그런 사실을 인정하고 있다. 즉 응답자가 보기에도 화자의
발화처럼 '그가 곱다'는 사실을 인정하고, 확인해 준다. '응' 응답형
은 노년층에서도 자유롭게 발화되며, 'ᄋ'는 '응'과 같은 의미이다.
'ᄋ:' 형도 있는데, 단음 'ᄋ'와 장음 'ᄋ:'는 응답자가 임의적으로 선
택한다.
  최현배(1971 : 609)에 의하면 명령문에 대한 청자낮춤 긍정 응답
으로 '오냐(오)'가 있고, 그 외 응답형에는 '그래, 응'이 있다고 보았
다. 최현배(1971)에서 제시한 '오'와 제주방언 'ᄋ'는 동일한 문법 기

능이라고 생각하며, 제주방언에서는 모든 문형에 대한 긍정 응답으로 '으' 형이 가능하다는 특징이 있다.

(7다)에서 '기여'에는 화자의 물음에 동의한다는 응답자의 긍정 반응이 사실적으로 드러난다. 그런데 응답자는 화자의 생각과 일치하지는 않지만 화자의 체면을 생각해서 동의할 때도 발화된다. 주로 부모와 자식 간에 자연스럽게 이루어지는 담화상황이며, 이때 부모가 어린 자녀의 관찰력에 마지못해 동조한다는 의미도 들어있다. 여기서 '기여'는 단순긍정 응답이라기보다는 화자의 발화 내용을 인정한다는 정도의 담화의미가 들어 있다고 본다. '기여'형은 나이가 들수록 발화 빈도가 높은 편이며, 응답자가 화자보다 연장자일 때 주로 사용된다. 정확한 연령층을 설정하기는 어렵지만 20~30대 때에는 잘 사용하지 않다가도 나이가 들수록 발화 빈도가 높아지기도 하며, 화자와 응답자가 노년층일 때 가족은 물론 사회적 친밀도가 높으면 이 응답형이 자연스럽게 발화되기도 한다.

단순 긍정 응답형 '으'의 쓰임을 좀더 살펴보겠다.

(8) 가. 밥 먹읍디가?(밥 먹었습니까?)
　　　 나. 으.(밥 먹엇저.)
　　　 다. 으오.
　　　 라. 으게.(먹엇저.)
　　　 마. 으오게.

(8)은 화자가 응답자보다 손아래이거나 사회적 거리가 있을 때는 물론 가족 간의 대화에서도 자주 발화된다. (8나~마)처럼 여러 응

답형이 발화될 때는 가족이 아니라면 마을에서 잘 아는 사이이며, 응답자는 노인이고 화자는 청년층이나 장년층에 해당한다. (8나)는 단순 긍정 응답이며, (8다)는 그렇다는 사실을 길게 발음하면서 '먹은 사실을' 조금은 강조하고 있다. (8라)는 화자의 질문에 대해서 '밥 먹은 사실을' 알려주고 인정하면서 첨사 '게'가 덧붙어서 응답자의 의지가 조금 강하게 반영되었다. (8마)는 '밥 먹은 것'은 당연한 사실이며, '밥을 먹었는데 왜 물어보느냐'는 의미가 들어있다. 긍정의 응답형이긴 하지만 화자의 질문이 조금 귀찮다는 의미도 들어있다. (8라, 마)의 응답형에는 반말체 첨사 '게'가 통합되어서 응답자의 의지가 강하게 드러난다고 생각한다.

3.2 단정의 간투 표현 '게'

첨사 '게'는 '응, 기여'와 더불어서 긍정 응답의 간투 표현으로 쓰인다. 그런데 단순히 화자의 물음에 대해 반응을 보이는 '응'과 달리 '게'는 화자의 의지가 적극적으로 반영되는 응답형으로 실현된다.

> (9) 가. 지금 점심시간 아니?
> 나. 게. (점심시간)
> 다. 기. (점심시간)
> 라. 응. (점심시간)

(9나)는 첨사 '게'가 응답의 간투 표현으로 쓰이고 있으며, 응답자의 확신과 단정의 의지가 들어있다. 이는 물론 판정의문문에 대한

응답이며, '게'에 강세가 있어서 강하고 짧게 발음한다. 화자의 물음에 대해서 '그렇다'는 사실을 인정하는 것이며, 상대방의 말에 긍정하고, 동의하며 응답자 역시 같은 생각임을 표현하고 있다. 이러한 응답은 화자와 응답자가 비슷한 위치이거나 동년배일 때 가능하다. 첨사 '기'가 담화상황에 따라서 '되물음, 확인, 놀람'의 간투 표현이 있는데 (9다)처럼 응답형으로 실현될 때는 '단정, 확신, 강조, 사실'의 담화의미도 있다. 이때 '기'에 강세가 있어서 강하고 짧게 발음한다. (9라)의 '응' 형은 단순히 화자의 질문에 동의하고 있다.

(9)의 응답형에서 '게'와 '응'은 담화상의 차이점이 큰 편은 아니지만 발화자의 의지 정도에 따라서 조금 다르다. 즉 '응' 응답형은 단순히 화자의 물음에 긍정하는 것이고, '게' 응답형은 화자의 물음이 '정말 사실이다'는 정도로 강조하는 의미가 들어있다. 이는 첨사 '게'의 의미가 있기 때문이라 본다. 굳이 발화 빈도의 차이점을 찾자면 나이가 들수록 '게' 형의 쓰임이 두드러지는 편이며, '응(ㅇ, 어, 으)' 형은 젊은층이 주 발화자이지만 노년층에서 발화되기도 한다. 중앙어 긍정 응답형에는 '응'만 쓰임에 비해서 제주방언에서는 '응(ㅇ), 게, 기' 형이 더 쓰여서 발화자들의 선택 폭이 넓음을 알 수 있다. 이는 첨사 '게, 기'가 긍정 응답의 간투 표현으로도 쓰일 수 있기 때문이라 본다.

긍정 응답의 간투 표현을 좀더 알아보고자 한다.

    (10) 가. 이디서 뭐 헴수과?(여기서 무엇을 하고 있습니까?)
        나. 응/ㅇ(→). 뭐 안헴저.(응. 뭐 않고 있다.)
        다. 예(→). 뭐 안헴수다.(예. 뭐 않고 있습니다.)

라. *게/*기. 뭐 안혬저.

(10가)의 설명의문문에 대한 응답형 (10나, 다)를 보면 '높임-낮춤'의 등급에 따라서 '응, ᄋ'와 '예'[7] 형이 발화된다. 질문의 초점이 '뭐'에 놓여 있어서 긍정 응답으로 대응한 다음에 부정의 의사를 표현하고 있다. 응답자는 화자의 질문을 잘 알아들었다는 뜻으로, 긍정 응답형을 발화한 다음에 자신의 행동을 설명하고 있다. 여기서 '응'은 응답이라기보다는 화자의 물음에 대한 청자의 적극적인 반응으로 보인다. 응답자가 '응' 발화 없이 바로 자신의 입장을 표현할 수도 있지만, 간투 표현 '응'이 쓰이면 화자와 응답자 사이에 부드러운 분위기가 형성된다고 본다. 반면 응답자가 예기치 못한 상황에서 화자의 질문을 받고 정말로 '어떤 행동을 한 것'을 감추려는 의도로 쓰이기도 한다. 응답자가 어떤 일을 하기는 했지만 드러내놓고 말할 정도가 아니거나, 화자의 상상력에 미치지 못하는 일을 했을 때이며, 자신의 행동을 알리고 싶지 않을 때도 가능한 표현이다.

(10라)가 비문법적인 것은 단정의 간투 표현 '게, 기'가 설명의문문의 응답으로 발화될 수 없으며, 판정의문문의 긍정 응답으로 발화됨을 보여준다. 즉 '게'는 화자의 의지가 강하게 반영될 때 발화되며, '기'에는 '되물음, 확인'의 담화의미가 있을 때 발화되기 때문이다.

(10)에서 '응, 예'는 화자의 물음에 대한 긍정 응답이 아니라 다음

---

7) 중앙어에서도 '예'가 긍정 응답형이며, 강원·경기·충북 괴산 방언에서도 쓰인다. '예:' 형은 전남·충남 지방에서 쓰이고, '양/양:'은 경남·경북·함북·함남 지방에서도 쓰인다. 자세한 것은 「남한방언검색시스템」참조(홍윤표 외, 문화관광부·국립국어연구원, 2001).

말을 잇기 위한 보조 수단으로 쓰이고 있다. 이렇게 자연스런 후행 발화를 유도하기 위해서 사용하는 '응, 예'와 달리 '게, 기'는 항상 화자의 의지(단정, 강조, 확신 등)가 반영될 때에 발화되므로 단순 반응의 자리에 쓸 수 없는 것이다. 여기서 응답자는 화자와 자연스런 담화를 하고 싶은 생각이 있기 때문에 긍정적인 반응을 드러내는 간투 표현을 사용한다고 본다. 이는 화자와 청자 모두 담화를 원만하게 유지하려는 의식이 반영될 때 가능하다고 본다.

> (11) 가. 이디서 놀암십서.(여기서 놀고 계십시오.)
> 나. 응/ᄋ.(응. 갔다 오라.)
> 다. 기여.
> 라. *게.
> 마. *기.

> (12) 가. 나영 ᄀ치 놀게.(나와 같이 놀자.)
> 나. 응/ᄋ.
> 다. 기여.(그래)
> 라. *게.
> 마. *기.

(11)~(12)에서 보듯이 명령문과 청유문에 대한 긍정 응답의 간투 표현으로 '게, 기'가 실현되지 않음을 알 수 있다. 이는 '응, ᄋ, 기여' 는 화자의 요구 조건에 따라서 단순 응답(화자의 요구에 대한 응답자의 동의)으로 발화되니까 문장이 성립하는데, '게, 기'는 좀 다르다. 화자의 의도대로 청자가 행동해 주길 명령하거나 요청할 때 청자

는 화자의 요구에 동의한다는 의사 표현 정도이므로 단정의 의미를 지닌 '게'가 발화될 수 없는 것이다. 즉 '게'는 화자의 의견이 적극적으로 개입될 때 발화되므로 화자가 응답자의 동의를 요청하는 청유문의 응답이 될 수 없는 것이다.

'기'가 명령문과 청유문의 긍정 응답으로 발화되지 못하는 것은 화자의 발화에 대한 청자의 행동 개시가 이루어져야 하기 때문에 '단정, 확인'의 간투 표현 '기'가 발화될 수 없다고 본다. '기' 역시 화자의 발화에 대해서 응답자가 되묻거나 수용하려는 의사가 있을 때 발화되는 응답형이어서 청유나 명령문에 대한 응답으로 쓰이지 못한다고 본다.

따라서 제주방언 '응, ᄋ, 기여' 형은 여러 문형의 응답으로 발화되지만 '게, 기'는 화자의 의지가 강하게 드러날 때 실현되므로 주로 단언문, 판정의문문의 응답으로 발화됨을 보았다.

3.3 확인의 간투 표현 '기'

단정의 응답으로 자연스럽게 발화되는 '기'가 확인의 간투 표현으로 쓰이기도 한다.

> (13) 가. 방 청손 야의가 다 헷수다.
>   (방 청소는 이 아이가 다 했습니다.)
>   나. 기(↗).(그래[↗].)
>   다. 기가/기냐/기라?(↗)
>   라. 기고(↓).

단언문 (13가)의 응답에는 '응, 게'가 쓰이지 않고 '기'가 쓰이고 있다. 이는 화자가 응답자에게 어떤 사실을 알려주며, 굳이 응답자의 동의를 구하지 않을 때 가능한 발화이다. '기'는 10대 소녀들은 물론 젊은 여성들이 주로 발화함에 비해서, '기냐'는 젊은 남성들이 주로 발화하지만 노년층으로 올라갈수록 남녀를 불문하고 거의 (13다)로 발화한다.

(13나, 다)는 주로 응답자가 화자의 발화 사실을 부정하거나 의심한 후에 긍정할 때 발화되기도 하므로, 화자의 발화가 사실이 아닌 것 같다는 의심이 반영되어 있다. 또한 화자의 발화 사실에 대해서 응답자는 '놀람, 확인, 되물음, 칭찬, 흐뭇함, 인정' 등 담화 상황에 따라서 다양한 의사를 표명할 때 발화되기도 한다. 응답자가 '이 아이가 청소한다.'는 전제를 믿었을 때는 '칭찬, 흐뭇함, 인정'의 반응을 보인다. '네 말 맞아. 나도 그렇게 생각해.' 등 화자의 발화에 응답자가 동의하거나 예의상 인정하는 발화이기도 하다.

그러나 '이 아이가 청소한다.'는 사실은 뜻밖이고 믿을 수 없다고 생각할 때는 '놀람, 확인, 되물음, 미심쩍음'의 의미로 발화하기도 한다(난 다른 사람이 청소한 줄 알았어). 화자의 발화 사실에 대해서 응답자가 '긍정'의 의사를 표현한 후에 의심이나 확인의 의도를 반영하기도 한다. 즉 발화자의 의심스러운 생각이 반영되어 있어서 '기'를 길게 발음하고(기:), 강세가 있으며 문말 억양이 올라간다. 또한 '기'에는 조금 부정적인 의미가 들어있다고 본다. 화자의 발화에 대해서 응답자는 정말 '그가 청소했다.'는 사실에 적극적으로 동의하지 않으며, 의심의 뜻이 내포되어 있다. 여기서 '기'는 화자의 질문에 동의하

제주방언의 간투 표현 **167**

는 것이 아니라 되묻는 것이다. 응답자는 '이 아이가 청소했다.'고 생각하지 않았는데 가치판단 여부의 질문을 받으니까 '정말 그런가, 그렇게 생각하지 않았다.'는 의미가 들어있다. 그래서 간투 표현 '기'는 화자의 의견에 대한 확인의 의미가 강할 때 쓰인다. 또한 '이 아이가 너무 어려서 청소하는 것'이 어려울 것이란 고정관념이 있을 때는 '놀람, 확인, 되물음, 칭찬'의 반응을 보인다고 생각한다. 이때 아이의 행동을 아주 기특하게 여기는 응답자의 심리 상태가 반영된다.

한편 '기'에는 화자의 발화를 되묻는 의미도 있어서 '정말 그렇게 생각하느냐.'며 확인할 때도 가능하다. 담화상황에 따라서 의미가 다르기는 하지만 화자가 응답자에게 자신의 의견에 동의하길 강하게 요구할 때 응답형 '기'에는 강세가 놓이기도 한다. 즉 발화자는 '기'를 강하게 발음하며, 자신의 의견을 간접적으로 드러낼 수도 있다.

(13라)에서 '기고'는 강하고 짧게 발음한다. '이 아이가 청소했다.'는 사실을 믿기 어려울 때, 화자의 명제가 사실이 아닌 것 같아서 화자의 발화 내용을 한번 더 확인하는 응답형이기도 하다. 즉 화자의 발화에 대해서 의심스럽다는 부정적인 의미가 있다. 응답자는 '이 아이가 청소를 하지 않았다. 청소할 리가 없다.'고 생각하는데 화자는 '청소했다'고 말한다는 의심을 하고 있다. 따라서 화자의 발화 내용을 '믿을 수 없다. 거짓말 하지 말라.'는 입장에서 이 간투 표현이 쓰이기도 한다.

(13다, 라)를 보면 의문형 종결어미에 따라서 담화의미가 달라짐을 알 수 있다. '기+가/냐/라'에서 '아'계 의문형어미가 결합될 때는 '놀람, 확인, 인정, 되물음' 등 긍정적인 반응이 드러나는데, '기+고'

처럼 '오'계 의문형어미와 통합하면 '의심, 약한 부정' 등이 드러난다.

제주방언 간투 표현 '기'는 '확인, 되물음, 놀람, 회의'의 담화의미가 있으며, 제주방언 화자들은 이를 자연스럽게 발화하는데 남녀노소를 가리지 않고 발화 빈도가 높은 편이다. 가끔 화자가 청자의 동의를 구할 때 '기지?, 기지이?' 형을 발화하면, 중앙어 '맞다, 이다, 그렇다'의 뜻으로 '기다'를 응답하기도 한다. 물론 '기다' 형보다 '기' 응답이 보편적으로 발화된다.8)

다음은 확인의문문에서 확인의 간투 표현 기능을 좀더 살펴보겠다.

(14) 가. 이 물맛 좋지 아녀?(이 물맛 좋지 않니?)

　　　나. 기(↗).(그래[↗].)

　　　다. 양/예(↗).(네[↗].)

(14가)에서 화자는 '물맛이 좋다'는 생각에 변함이 없으며, 다른 사람의 동의를 통해서 그 사실을 확인하고 있다. 그에 대한 응답으로 (14나, 다)가 성립한다. (14나)에서 응답자는 화자가 말한 사실을 믿을 수 없다는 반응이다. 또한 '물맛'에 대해서 아무런 생각이 없었는데 단지 화자의 말을 듣고 '그런가?' 정도의 반응을 보일 때도 가능한 발화이다. (14다)는 청자높임 발화이며, '기'와 담화의미가 같기도 하지만 차이점을 보면 '양/예'에는 응답자가 화자의 관점에 동

---

8) '기다'(그+이-+이다)는 긍정, 확인의 의미인 '그렇다'는 뜻으로 쓰이고, '기다'의 활용형 '기여'도 긍정의 의미로 쓰이는데, 의문형어미와 결합하면 반문의 의미가 드러난다. 첨사 '기'(그+이-)는 '단정, 강조, 확인'과 '회의, 미심쩍음' 등 약한 부정의 의미로 쓰여서 '기다'보다 의미영역이 확장되었다고 볼 수 있다.

의하지 않을 때도 가능한 발화이다. 응답자가 화자의 말을 들어보니까 '동의할 수 없음'이란 반응을 보이고 있다. 즉 '무슨 소리하고 있지?' 하면서 부정적인 반응을 보이면서 의심하는 형식을 취하고 있다. 따라서 응답의 간투 표현 '기'와 '양/예'에는 화자의 물음에 대한 응답자의 '미심쩍음, 놀라움'의 담화의미가 있다.

확인의 간투 표현 '기'의 담화의미를 좀더 살펴보고자 한다.

> (15) 가. 화자A: 이모 어디 있어?
> 나. 화자B: 왜?
> 다. 화자A: 같이 밥 먹으려고.
> 라. 화자B: 기(↗).

(15라)처럼 '기'를 발화함으로써 '그런 계획이 있었구나.' 하면서 아쉬움을 표현하고 있다. 이때 '기'는 수평어조로 길게 발음하다가 문말 억양이 올라간다.

여기서 간투 표현 '기'는 단순히 응답자가 어떤 반응을 나타낸다기보다는 후행 발화를 통해서 '아쉬움, 확인'의 의미가 드러난다. 즉 후행 발화 내용에 따라서 지금 바쁜 일이 있어서 동참할 수 없다는 사실을 알려 주기도 하며(기[↗. 지금은 바쁜데), 화자의 계획에 동의하겠다는 의도를 표현하기도 한다(기[↗. 어디서 만날까?).

간투 표현 '기'는 화자의 질문이 새로운 정보이고 응답자가 전혀 예상하지 못한 사실일 때 주로 발화된다. 이때 방언을 즐겨 사용하는 화자는 '기'를 발화하지만 그렇지 않은 화자는 '그래'로 응답한다. 방언형이든 표준어형이든 나이나 거주지(도시, 농촌 등)에 따라서 선

택적으로 발화되기도 하지만, 화자가 제주 방언권에서9) 생활하느냐
도 발화 빈도에 영향을 미친다고 본다.

4. 맺음말

제주방언 첨사 '양/예, 이, 게, 기'가 의지적 간투 표현으로 쓰임을
보았다. '양/예'는 부름말 간투 표현으로, '이'와 같이 입버릇의 간투
표현으로 쓰이기도 한다. 응답에 쓰이는 간투 표현에는 '예, 응, ㅇ,
이, 게, 기(기여)' 등이 있다. 이 형태들은 청자높임 등급에 따라서
'양/예'와 '응, 이, 기' 형이 대응하며, 낮춤말로 쓰이는 '응, ㅇ, 으,
어' 형에는 변별력이 잘 드러나지 않는다. 제주방언 반말체 첨사 '게,
이'와 높임말 첨사 '양/예'는 문장 내에서 자유롭게 실현되며, 여러
성분과 결합하는데 '기'와 '마씀'10)은 언제나 종결어미와 결합한다.

긍정 응답의 간투 표현 '기여'는 '응' 형 보다는 응답자가 화자의
질문에 찬성하려는 심리가 좀더 강하게 반영될 때 발화된다고 본다.
굳이 '응' 형과 '기여' 형의 발화 요인을 비교하면 화자와 응답자가
노년층일 때, 응답자가 노년층일 때이며, 발화자들이 서로 잘 아는
사이일 때는 '기여' 형의 발화 빈도가 높다고 생각한다. 간투 표현

---

9) 여기서 '제주 방언권'이란 제주방언을 사용하는 가정이나, 부모의 방언 사용 정도, 화
   자의 대인관계에서 방언 사용 빈도 등을 의미한다. 또 하나는 방언 화자가 방언 사용
   에 대한 인식(부정적인가, 긍정적인가)도 영향을 미친다. 즉 부모는 방언으로 말을 해
   도 자녀들은 표준어로 응대할 수도 있다.
10) 강근보(1975 : 48)과 현평효(1977 : 28)에서는 '마씀'의 어원을 '말씀'이라 하고 'ㄹ탈락'
    으로 설명하고 있지만 이는 좀더 고민해 볼 문제이다.

'기'는 제주 방언권 화자들은 자연스럽게 발화하지만 젊은층이나 표준어 사용자(제주 방언권에서 생활하지만 주로 표준어를 사용하는 화자들)들은 '그래' 형을 발화한다. 성별 조건을 보면 '기'는 젊은 여성들이, '기냐'는 남성들이 주로 발화하는 편이다.

제주방언 첨사를 중심으로 해서 간투 표현 기능이 있음을 보았으며, 그 내용을 정리하면 다음과 같다.

구분	간투 표현	형태	특징
첨사의 간투 표현	부름말	양, 예	화자와 청자가 아는 사이일 때, 모르는 사이일 때 가능함.
	입버릇	저양/ 저예, 저이	본말을 시작하기 전 단계에서 발화되며, '상대방의 주의 끌기' 효과도 있음.
	되물음	양/예, 이	화자의 질문에 대해서 재차 묻고, 확인함.
응답의 간투 표현	긍정 응답	웅, 기여	단순 긍정 응답으로 발화되는데, '기여'는 약한 긍정이나 동조의 의미로 쓰이기도 함.
	단정	게	화자의 의지가 강하게 드러남.
	확인	기	확인, 되물음, 미심쩍음, 놀람, 동조의 의미가 반영됨.

제주방언 '처레'와 '셍'의 담화의미

1. 머리말

　명사는 자립성을 띠므로 독립적으로 쓸 수 있고, 의존명사는 준자립성을 띠므로 관형어의 수식을 받는다. 명사와 의존명사의 부류에 속하는 단어는 대부분 정해져 있는데, 단어에 따라 두 개의 문법 기능을 갖는다. 표준어 '차례'는 명사(순서), 의존명사(번)의 문법 기능이 있고, 제주방언 '처레'[1]는 명사, 의존명사 이외에 접사로도 쓰인다. 제주방언 '처레'가 의존명사로 쓰일 때는 추측과 확인의 담화의미가 있다.

　표준어에서 의존명사는 주로 형태·통사적 관점에서 논의되었고, 담화적 측면으로 접근한 연구도 있다. 이에 비해 제주방언 의존명사가 담화의미로 논의된 연구는 드물고, 표준어 '차례'에 비해 여러 문

---

1) 제주방언 '츠레/처레/처리' 형태 중 이 글에서는 '처레'를 대표형으로 정해서 논의를 전개하고자 한다.

법 기능이 있는 제주방언 '처레'의 논의는 없다고 본다.

이 글에서 다루려고 하는 제주방언 '처레'는 '순서, 차례'를 뜻하는 명사의 주 기능이 있으며, 표준어 '줄, 것'에 대응되는 의존명사로도 쓰이고, 접미사 '뻘'의 문법 기능도 있다. 이처럼 제주방언 '처레'는 표준어에 비해 문법적 기능이 확장되는데 의존명사로 쓰일 때는 '추측, 확인, 단정, 인정' 등의 담화의미를 추출할 수 있을 것이다.

또한 '처레'가 표준어 '줄'에 대응지만 제주방언 의존명사로는 '중'이 빈번히 사용된다. 이는 '처레'와 '중'에 독자적인 문법 영역이 있음을 보여준다.

이 '처레' 외에도 화자의 '추측, 짐작'을 나타내는 의존명사 '셍'(상)이 있다. 이는 항상 관형사형 어미 '-ㄴ/는' 뒤에 위치하며 '이다'와 통합하여 보조형용사의 문법 기능이 있고, 표준어 '보다'나 '모양'의 의미에 대응된다.

양태란 일반적으로 '명제에 대한 화자의 의견이나 태도'를 가리키며, 주로 선어말어미와 종결어미를 논의 대상으로 삼아왔는데, 시정곤·김건희(2009)에서는 의존명사구문을 양태의 한 유형으로 다루면서 어휘적 양태로 구분하였다.

따라서 여기서는 제주방언 '처레'의 담화 기능을 중점적으로 살펴보고, 추측의 구문에 쓰이는 '셍, 모냥'과 '닮다'의 담화의미도 논의하겠다. 즉 제주방언 '처레, 셍, 모냥'에 대해 양태적으로 접근하여 담화의미를 살펴보고자 한다.

2. '처레'의 담화의미

현대국어 '차례'는 중세국어 'ᄎ례'(次例)에서 왔으며 이 형태가 제주방언에 남아 있다. 제주방언 '처레'는 명사와 의존명사의 문법 기능이 있는데 의존명사로 쓰일 때 의미는 표준어와 다르다.

제주방언 'ᄎ레/처레/처리'는 표준어 의존명사 '줄, 것'의 의미로 실현되고, 접미사 '뻘'의 문법 기능이 있어서 친족호칭에 결합된다.

> ① 『제주어사전』(제주문화예술재단 편, 2009)
> 처리2: 명사로 일의 횟수를 세는 '번'의 뜻이다.
> 처레/처리1: 명사로 어떤 방법, 셈수 따위를 나타내는 의존명사로
> 　　　　　표준어 '줄'에 해당된다.

> ② 『제주말큰사전』(송상조 편, 2007)
> 제주방언 ᄎ례1=ᄎ레1=ᄎ리2=차례1: 표준어 '순서, 차례'에 해당
> 　　　　　　　　　　　　　　　　　　된다.
> ᄎ례3=차례2: 차례에 해당된다.
> ᄎ리1=처리: 의존명사 '줄'에 해당되며 '-ㄴ'이 뒤에 쓰인다.

중세국어 'ᄎ례'는 현대국어 '차례'로 변하였는데, (1)에서 보듯이 제주방언에는 지금도 중세국어 형태인 'ᄎ례'가 쓰이고 있다.

> (1) 가. 느가 말홀 ᄎ례여.(네가 말할 순서이다.)
> 　　나. 나 ᄎ례여.(내 순서이다.)

(1가)는 주어가 말해야 하는 순서임을 알려준다. (1나)는 주어가

무엇인가를 할 순서라는 뜻이다. 즉 (1)에서 '츠레'는 주 기능인 명사로 쓰였다. 그런데 자립명사로 쓰이는 (1)과 달리 (2)에서는 의존명사로 쓰임을 알 수 있다. 제주방언 '처레'는 지금도 자유롭게 발화되며, 표준어 '줄'과 '-ㄴ지'로 해석된다.

> (2) 가. ᄉ방이 어두워 부난 누겐 <u>처레</u>도 몰르켜.
> 　　 (사방이 어두워서 누구인 줄도/누구인지도 모르겠다.)
> 　나. 그때 멋이옌 굴아진 <u>처레</u> 알아지크라?
> 　　 (그때 뭣이라고 말한 줄/말했는지 알 수 있겠어?)
> 　다. 그 시절엔 막 어려워 부난 어떵 산 <u>처레</u> 몰르켜.
> 　　 (그 시절에는 너무 힘들어서 어떻게 산 줄/살았는지 모르겠다.)

(2)에서 '처레'는 표준어 '줄'에 대응되지만 정확하지는 않다. 표준어로 풀이한 예문에서 선행 문장은 '줄'을 살려서 직역한 것이고, 후행 문장은 자연스러운 의미를 전달하기 위하여 '는지'로 의역해 보았다.

(2)에서 '처레'의 선행어인 관형어 '누겐, 굴아진, 산' 등은 후행하는 의존명사 '처레'를 수식하고 있어서 표준어 '줄'의 문법 기능과 같으나 '-ㄴ지'의 의미로 해석할 때 더 자연스럽다. 특히 (2)에서 서술어로 인지동사 '모르다, 알다'가 쓰여서 '처레'에 추측과 가정의 의미가 강하게 드러난다.

(2가)에서 '주변이 어둡다.'는 객관적 사실이고, 그 사실에 대한 화자의 의견이나 태도가 추측으로 발화되었다. 즉 주변이 어두운 상태에서 화자는 상대방이 누구인지 정확하게 알 수 없었다는 사실을

들려준다. 그래서 화자가 마음대로 상대방의 신원을 추측할 이유가 있는 것이다. 그러나 화자는 객관적 사실을 이용하여 상대가 누구인지 알고 있음에도 불구하고 일부러 추측의 표현을 사용할 수도 있다. 이때 화자는 자신이 알고 있는 사실을 들키지 않으려는 의도적인 발화로 볼 수 있다.

(2나)에서는 화자가 처한 상황이나 마음상태에 따라서 자신의 발화내용을 확실하게 알지 못하는 상태를 보여준다. 그래서 화자는 자신이 내뱉은 말에 대한 확신이 없다는 뜻으로 해석된다. 또한 인지 동사 '알다'는 화자가 무슨 말을 했는지 정말 알 수 없다고 확인해 주지만, 지금 생각해 보니 그 당시에 화자 자신이 무슨 말을 했는지 기억이 없다는 사실을 단정한다고 볼 수 있다. 또한 만약 어떤 말을 했다고 하더라도 화자의 의지와 상관없음을 단정적으로 보여준다.

이 발화문에는 화자의 주관적 판단에 따른 추측과 단정이 드러난다. 즉 확인의문문의 형식을 빌려서 자신은 그 당시 무슨 말을 했는지 정말 모른다는 사실을 단정하고 있다. 추측의 표현으로 자신이 한 말을 약하게 인정함으로써 "그 당시 네가 그 말을 했잖아."에 대한 사실회피의 발화문이라 볼 수 있다. 가령 화자가 어떤 말을 했더라도 지금은 기억이 나지 않는다는 뜻이다.

(2다)는 화자가 과거의 경험에 대하여 추측이나 가정을 하는 것이 아니라 정확하게 기억나지 않거나 고생한 사실을 기억하고 싶지 않은 마음을 표현하고 있다. 정말 힘들게 살았다는 단정적인 표현을 '처레'를 사용하여 추측으로 위장함으로써 경험한 사실을 우회적으로 드러낸다. 또한 지금 생각해 보면 힘든 과정을 어떻게 넘겼는지

되새겨 봐도 자신의 대견함을 암시하면서 청자의 동조를 유도하는 발화일 수도 있다.

(2)에서 '처레'는 인지동사 '모르다, 알다'와 공기하면서 '추측, 가정, 단정, 불확실'의 담화의미로 쓰임을 보았다. 즉 화자는 자신의 감정을 숨기거나 간접적으로 드러내기 위하여 '처레'를 선택하였다고 볼 수 있다. 화자는 명제의 사실 여부에 대하여 자신감이 없을 때, 불확실할 때에 '처레'를 선택하고 있는 것으로 본다. 이때 '처레'는 명제에 대한 가능성과 추측의 의미를 드러내는 인식양태라 할 수 있다.

'처레'가 표준어 '줄'로 해석되므로 (2)′와 같이 대체해 보았다. 그러나 제주방언 의존명사로는 '중'2)이 보편적으로 쓰이며, 표준어 '줄'이 '중'의 영역으로 확장되어 쓰이고 있다.

> (2)′ 가. 스방이 어두워 부난 누겐 줄도 몰르켜.
> 　　 나. 그때 멋이옌 골아진 줄 알아지크라?
> 　　 다. 그 시절엔 막 어려워 부난 어떵 산 줄 몰르켜.

제주방언 화자들은 (2)는 물론 (2)′로도 자유롭게 발화한다. 이는 원래 의존명사 '처레'의 쓰임이 보편적이었으나 표준어의 영향으로 '줄'에게 자리를 넘겨준 결과로 보이며 의미와 문법 기능이 동일할 경우 제주방언과 표준어가 혼용된다고 본다. 즉 제주방언에서는 '처

---

2) 예문(2)에서 '처레' 자리에 '중'을 대치해 보면 "누겐 중도, 골아진 중, 어떵 산 중" 등이 가능하다. 이러한 문장이 제주방언 화자들에게는 자연스럽다.

레'가 보편적으로 쓰였다고 보며, 표준어의 영향으로 '처레'의 자리
에 '줄'이 침투해서 그 영역을 확장했다고 본다. '처레' 형은 노년층
에서 발화되는 빈도가 높으며 표준어에 동화된 세대로 내려올수록
'줄'로 대치되는 비율이 높은 편이다.

시정곤·김건희(2011 : 97)에 의하면 '의존명사+이다'구문은 인식
양태와 증거양태로 나눠지며, 인식양태는 확실성 정도에 따라 [한
정], [단정], [이유], [정도], [의도], [추측]의 양태의미로 세분화하였
다. 이에 제주방언 '처레'도 이와 유사한 양태의미가 있음을 보고자
한다.

다음은 제주방언 '처레'가 표준어 '것'에 대응될 때의 담화의미를
살펴보겠다.

> (3) 가. 저 사름은 우리 시아주방이 될 <u>처레우께.</u>
>   (저 사람은 우리 시아주버니가 될 것입니다.)
> 나. 가인 결혼은 흔 <u>처레여.</u>(그 아인 결혼은 한 것이다.)
> 다. 장에 가민 사름이 한 <u>처레우다.</u>
>   (시장에 가면 사람이 많은 것입니다.)
> 라. 누게가 이디 올라온 <u>처레꽈</u>?(누가 여기 올라온 것입니까?)
> 마. 이거 누게가 흔 <u>철</u>?(이거 누가 한 거?)

(2)에서는 '처레'가 추측과 가정, 불확실의 담화의미로 쓰였으며,
(3)에서는 표준어 '것'의 문법 기능과 유사하고, '단정, 인정, 확인'의
담화의미가 강하다.

(3가-다)는 평서문으로 쓰여서 화자는 명제가 사실임을 인지하

고 새로운 정보를 청자에게 알려준다. 즉 화자는 주어진 명제가 사실임을 알고 있고, 구정보에 해당하는데 청자 입장에서는 전혀 새로운 정보이거나 아니면 구정보를 재확인해 주고자 할 때 가능한 발화이다.

(3가)에서 그가 시아주버니뻘이라는 의미로 쓰였다. 여기서 '처레'는 표준어와 의미 기능이 동일하다. '처레'는 의존명사 '것으로 대체되어도 의미가 자연스럽다. 화자는 그 사람이 자신과 친척 관계임을 알려주거나, 청자가 이미 알고 있는 사실을 재차 확인할 때 쓰인다. 화자는 그 사람을 칭찬하거나 잘못을 덮으려는 의도가 있을 때 청자에게 동의를 요구하는 의미도 있다.

(3나)에서 화자는 그 아이의 결혼 사실을 알려주고 있다. 즉 청자가 모르는 사실을 알려주는 신정보의 역할을 한다. 화자는 그 아이의 다른 정보는 몰라도 결혼 사실은 정확하게 알고 있으며 그것을 청자에게 알려주거나 또는 모르거나 틀린 정보를 수정해 주려는 의도로도 해석된다. (3다)에서는 화자가 청자에게 시장에는 사람이 많이 있다는 사실적인 정보를 전달하고 있다. 이는 화자에게는 구정보이고 청자에게는 신정보일 수 있다. 또한 화자와 청자에게는 명제가 구정보이나 화자는 그 사실을 한번더 확인해 주기 위하여 단정적인 의미로 쓰이는 '처레'를 선택했다고 본다.

(3라-마)는 의문문으로 쓰였으며, 화자는 청자에게 새로운 사실을 묻고 있다. (3라)에서는 화자가 청자에게 새로운 정보를 확인하고 있다. 즉 누가 여기로 오기는 왔는데 구체적인 대상을 모르고 질문하는 상황에서 '처레'를 사용하고 있다. (3마)에서는 '처레'의 축약

형 '철'의 쓰임을 보여준다. 이는 일상적인 대화에서 자주 들을 수 있는 발화 장면이다. 화자는 그 일의 주동자를 몰라서 사실 확인을 하는 경우, 알고 있으면서 확인해 보는 반어의 의미도 내포되어 있다. 따라서 의문문에 쓰인 '처레'는 추측과 확인의 담화의미가 있다.

(3)에서 '처레'는 문장 종결형에 따라 '단정, 확인'의 의미로 쓰였다. 여기서 '처레'를 생략하면 '된다, 하다, 올라오다, 하다' 등 단정적인 진술문이 되는데 화자의 의도적 표현이나 확인이 가능한 것은 '처레'가 쓰였기 때문이다.

그런데 (3)은 (3)′와 같은 해석이 가능하며, 표준어 '것'이 쓰인 문장도 이와 유사하다. 이는 의존명사 '처레'의 쓰임 유무에 따라 의미가 달라짐을 보여 준다. 즉 '처레+이다' 구문일 때 '처레'에는 양태적 기능이 있다.

> (3)′ 가. 우리 시아주버니가 되어요.
> 　　나. 그 아인 결혼은 했어요.
> 　　다. 시장에 가면 사람이 많아요.
> 　　라. 누가 올라왔나요?
> 　　마. 이것은 누가 했어?

표준어 "이 방을 누가 청소한 것인가요?→이 방을 누가 청소했나요?"에서 보듯이 의존명사 '것' 구문이 쓰일 때와 쓰이지 않을 때 의미차이가 있으며 이는 제주방언과 표준어에 동일하게 적용된다.

앞에서는 '처레'가 표준어 '줄, 것'으로 대응됨을 보았으며, (4)에서는 제주방언 의존명사로 '중, 것'의 쓰임을 보겠다.

(4) 가. 가읜 시국에 죽은 <u>중</u> 알앗저.

　　　　(그 아인 시국에 죽은 줄 알았다.)

　　나. 어멍이 그디 간 <u>중</u> 몰랏주.(어머니가 그곳에 간 줄 몰랐다.)

　　다. 느 먹은 <u>거</u> 나신디도 도라.(네가 먹은 것을 나에게도 달라.)

(4)에서 의존명사 '중'은 인지동사 '알다, 모르다'와 공기하면서 명제에 대한 화자의 입장이 분명하게 드러나는데, 이는 (2)에 쓰인 '처레'의 통사 기능과 같다. 즉 '처레'가 표준어 '줄'로 대체될 수는 있어도 두 형태가 공존하는 것은 통사와 의미 기능이 다르기 때문이다.

(4가)에서 화자는 명제를 사실로 알고 있고, 청자에게 확인해 주거나 인정하고 있으나 후행 문장에 따라 명제의 내용이 바뀔 수 있음이 짐작된다. (4나)를 보면 화자는 어머니의 행동을 알지 못했으며, 특정 장소에 간 사실을 모르고 있다. (4다)에 쓰인 '것'은 표준어와 통사·담화 기능이 같다.

(4)에서 '중, 것' 자리에 '처레'를 대입해 보면 (5)와 같이 비문법적인 문장이 된다.

[*](5) 가. 가읜 시국에 죽은 <u>처레</u> 알앗저.

　　나. 어멍이 그디 간 <u>처레</u> 몰랏주.

　　다. 느 먹은 <u>처레</u> 나신디도 도라.

(5)가 성립하지 않는 것은 '처레'와 '중, 것'의 의미 기능이 다름을 보여준다. (5)에서 '처레'가 서술어로 쓰이면 문장이 성립한다(예 : 처레이다). 따라서 '처레'가 언제나 '줄, 것'으로 대체되는 것이 아니라 후행 동사의 자질에 따라 선택적으로 쓰임을 알 수 있다. 이는 '처레'

와 '줄, 것'이 의미와 통사적인 면에서 유사하지만 동일하지 않음도 보여준다.

제주방언 '처레'가 표준어 '줄'의 의미로 쓰일 때와 '것'의 의미로 쓰일 때에 통사제약이 분명하다. 또한 후행 동사의 의미에 따라 제주방언 '처레'는 선택적으로 쓰임에 비해 표준어 '줄'은 이러한 제약이 없다. 제주방언 '처레'는 표준어 '줄, 것, -ㄴ지' 등으로 대응되지만 고유한 의미와 문법 기능이 있다. '처레'는 제주방언 구사력이 있는 화자들은 보편적으로 사용하나, 젊은 층으로 내려올수록 표준어에 그 자리를 내주고 있다. 즉 제주방언과 표준어가 혼용되다가 표준어에 귀속되는 비율이 높아지면 어미로 문법화될 가능성이 높다고 본다.

앞에서 '처레'의 담화의미를 살펴보았으며 다음은 이 '처레'가 접사의 문법 기능이 있음을 보고자 한다.

> (6) 가1. 저 어른은 누게꽝?(저 어른은 누구인가요?)
> 나1. 나광 성제처레여.(나와 형제뻘이다.)
> 가2. 경허민 나영은 어떵 뒈코양?
> (그렇다면 나와는 어떻게 되나요?)
> 나2. 느영은 삼춘처레 아니가.(너와는 삼촌뻘 아니냐.)

(6 가1)에서 화자는 청자에게 그 사람과 어떤 관계인지 묻고 있다. 이때 화자는 단순히 모르는 사실을 질문할 수도 있고, 자신이 알고 있는 구정보에 대해서 청자의 신정보를 확인하는 경우도 가능하다. (6 나1)에서 화자는 상대방이 자신과 형제적 관계임을 새롭게 알려

준다. (6 가2)에서는 화자는 신정보를 받아들이고 다시 자신과 친척 관계 정도를 묻고 있다. (6 나2)에서는 화자가 친족 관계를 수정해 주고 '삼촌뻘'임을 확인시켜 준다. (6 나1-2)에 쓰인 '처레'는 친척 관계임을 알려주는 접사 '뻘'로 쓰였다.

이상으로 제주방언 '처레'는 표준어 '차례'와 같이 명사로 쓰일 때는 '순서, 차례'의 의미가 있는데, 의존명사로 쓰일 때는 추측, 가정, 확신, 확인, 단정, 인정의 담화의미가 있음을 보았다. 이때 표준어 '줄, 것'과 교체되는 경우와 그렇지 못한 경우의 통사적 제약도 살펴보았다.

제주방언 '처레'는 표준어 '뻘'에 해당되는 접사의 문법 기능도 있어서 명사와 의존명사 외에 접사로 문법화됨을 보았다. 이는 표준어 '차례'에 비해 제주방언 '처레'의 문법 기능이 확대됨을 알 수 있다.

3. '셍'의 담화의미

앞에서 논의한 제주방언 '처레'는 자립명사와 의존명사, 접사로 쓰임을 보았다. 여기서는 보조형용사의 기능이 있는 '셍이다'를 통해서 의존명사 '셍'의 담화의미를 살펴보고자 한다.[3]

『제주말큰사전』(송상조 편, 2007)에서는 "'상/셍'을 '-ㄴ/-은, -ㄹ/

---

3) 문순덕(「보조용언의 통사·의미」,『제주방언 문법 연구』, 2003 : 49~51)을 참조하여 예문을 이용하였다. 제주방언 '상'과 '셍'의 양 형태가 있는데 여기서는 '셍'으로 설명하겠다.

-을'의 뒤에 결합되어 상태, 모양의 뜻"이 있다고 보았다.

제주방언 '-ㄴ/는/ㄹ 셍이다'는 추측의 보조형용사 기능이 있으며, 표준어 '-ㄴ/는가 보다'에 대응된다. 의존명사 '셍'은 '상태나 모양'의 뜻으로 쓰인다.

> (7) 가. 야읜 밥 먹고픈 셍이여.(이 아이는 밥 먹고 싶은가 보다.)
> 나. 아방이 경 굴은 셍이여.(아버지가 그렇게 말했는가 보다.)
> 다. 지네 말 굳는 줄 모르는 셍이여.
> (자기네 말 하는 줄 모르는가 보다.)

(7)에서 보듯이 '셍'은 추측 보조형용사인 '보다'의 의미로 쓰이고 있으며, 어미 '-ㄴ/는'과 공기한다. 표준어에서 의존명사 '듯, 양'이 동사 '하다'와 통합되듯이, 제주방언 '셍'은 '이다'와 통합하는 의존명사이다. '셍'의 주 기능은 의존명사인데 '이다'와 통합하여 '추측, 짐작'의 의미, 어떠한 상태의 의미도 있다.

(7)은 화자가 주어진 정보에 내포된 사실을 인지하고 있으며, 표면화된 사실을 알려주려는 의도가 있다. (7가)에서 화자는 자신의 경험에 비추어 명제의 내용을 판단하여 추측하고 있다. 즉 그 아이의 어떤 행동을 보고 먹고 싶은 상태를 추정하는 일차적인 의미가 있으나 '그 아이는 밥을 먹고 싶어 한다.'는 사실을 단정하는 의미가 내재되어 있다. (7나)에서는 일의 결과를 놓고 볼 때 아버지의 행동 결과로 짐작할 수 있는 상태임을 알려준다. 즉 화자의 추측이나 약한 단정의 의미가 있다. 아버지가 말한 사실을 직접 듣지는 못했으나 결과를 놓고 볼 때 그 사실을 추측하는 것이다. 단순히 추측일

수도 있고 화자의 추측 결과 행동이 일어나야 한다는 당위성도 있다. 또한 아버지가 말했다는 사실을 추측의 방법으로 우회할 때도 가능한 발화이다.

(7다)를 보면 화자는 '누군가 동작주의 이야기를 한다.'는 사실을 인지하고 있는데 상대방은 그런 사실을 모르고 있음을 추측으로 표현하고 있다. 주어진 명제는 사실인데 상대방은 그 확실성에 무지하거나 의심함을 알려준다. 여기서 의존명사 '셍'은 화자와 청자는 사실을 정확하게 알고 있는데 당사자는 모른다고 가정할 때 가능한 발화이다. 또한 화자는 당사자의 둔함을 나무랄 때도 가능한 표현이다. 이때 화자는 여러 상황을 고려하여 확신을 얻게 된다.

(7)에서 의존명사 '셍'이 화자의 추측이나 짐작의 의미로 쓰인 것은 발화된 문장이 화자의 경험을 통해서 유추할 수 있기 때문이다. 따라서 '-는 셍이다'는 단정할 수 없는 상황에서 화자의 주관적인 판단이 개입된 짐작이나 추측의 의미로 쓰이고 있다. 이런 점에서 '셍'은 화자의 추측, 짐작의 의미가 강하다. 그런데 명제가 사실임을 감추기 위하여 화자가 의도적으로 '-는 셍이다'를 선택함으로써 단정을 회피할 수도 있다.

(7)에서 '셍이다' 자리에 '모냥(모양)'이 쓰인 (8)도 자연스럽다. 표준어 '모양'은 명제에 대한 추측이나 짐작의 의미로 쓰이는데, 이는 제주방언과 같다. 이때 '모양'은 '이다'와 통합하여 서술어로 쓰이며, 제주방언 '셍이다'와 의미·통사 구조가 같다.

(8) 가. 야읜 밥 먹고픈 모냥이여.

　　　(이 아이는 밥 먹고 싶은 모양이다.)

　　나. 아방이 경 골은 모냥이여.(아버지가 그렇게 말한 모양이다.)

　　다. 지네 말 굳는 줄 모르는 모냥이여.

　　　(자기네 말 하는 줄 모르는 모양이다.)

　(8)에서 '모냥'은 주어진 명제를 추측하는 듯이 보이나 화자는 명제를 사실로 받아들여서 단정의 의미로도 쓰인다. (8가)는 '그 아이가 밥을 먹고 싶어 한다.'는 사실을 상대방에게 확인시켜 준다. (8나)는 '어떤 사실을 말한 주체가 아버지'임을 단정하는 정보가 내포되어 있다. 물론 표면적으로 당사자는 아무것도 모르고 제3자들은 다 아는 사실을 추측의 형식으로 표현하고 있다. (8다)는 화자는 다 아는 사실을 당사자만 모르고 있음을 추측으로 빗대어 알려주고 있으나 사실 화자는 '사람들이 그들에 관한 이야기를 하고 있음'을 단정하고 있다.

　따라서 제주방언 '모냥'은 일차적으로 추측의 담화의미가 있으나 (8)에서 보듯이 주어진 명제가 사실임을 단정하는 확인의 의미가 내포되어 있다. 즉 화자는 명제를 단정적으로 전달하기보다는 추측의 화법을 사용함으로써 자신의 단정적이고 확인 가능한 사실에 대한 부담을 덜어보려는 의도가 들어있다.

　제주방언 '모냥'은 명사이나 의존명사로 기능할 때는 '셍'과 마찬가지로 보조형용사 '보다'의 통사·의미 기능과 유사하다. 따라서 제주방언 '셍이다' 구문과 '모냥이다' 구문은 화자가 짐작하는 내용이 좀더 구체성을 띤다. '셍/모냥+이다' 구문은 '추측, 짐작, 가정'의 담화의미가 있음을 보았고, '셍, 모냥'은 양태로 접근이 가능하다.

　반면 (9)와 같이 추측과 짐작의 의미로 쓰인 '닮다'와 비교해 보면 그 의미차가 확연하게 드러난다. 강정희(1991)에서는 제주방언 '닮다'가 '가정·추측·비교·비유'의 구문에 쓰여서 표준어 '닮다'보다 의미영역이 넓음을 보여주었다. 여기서는 '-는 것 닮다' 구문이 추측의 의미로 쓰임을 다루고자 한다.

> (9) 가. 야인 밥 먹고픈 거 <u>닮다</u>.(이 아이는 밥 먹고 싶은 거 같다.)
>
> 　나. 아방이 경 <u>글은 거 닮다</u>.(아버지가 그렇게 말한 거 같다.)
>
> 　다. 지네 말 근는 줄 모르<u>는 거 닮다</u>.
>
> 　　(자기네 말 하는 줄 모르는 거 같다.)

　표준어 '닮다'는 모양이나 성질이 서로 비슷하다는 의미로 쓰이는데 제주방언에서는 '-는 것' 구문으로 쓰인다. 보통 '닮다'에는 비교의 의미가 있는데 (9)에서는 추측과 짐작의 의미로 쓰였다. 이는 '닮다'보다는 '는 것 닮다' 구문일 때 가능하다. (9)에서 화자는 주어진 명제를 짐작하고 있다. 그래서 동작주의 어떤 행동을 살펴보고 '먹고 싶어 한다, 그렇게 말했다, 모른다'라는 주관적 판단을 근거로 하여 추론하고 있다.

　(7-8)과 (9)를 비교해 보면 '셍이다'는 선행어가 관형사형이고, '닮다'는 의존명사 '것'이 선행어로 쓰여서 통사구조는 다르나 화자의 추측과 짐작을 나타내는 의미는 비슷하다. '셍이다, 모냥이다'는 화자 중심의 발화문이고 평서문만 성립하는데(확인의문문은 가능함), (10)에서 보듯이 '닮다'는 의문문도 가능하다.

(10) 가. 오늘 비 올 <u>거 닮으냐</u>?(오늘 비 올 거 같으냐?)

　　　나. 응. 비 올 <u>거 닮다</u>.

(10가)에서 화자는 '닮다'를 사용하여 비가 올 것인지 아닌지에 대한 사실 여부를 묻고 있다. 이에 (10나)는 응답자가 자신의 경험이나 일기예보 등 정황을 참작하여 화자의 질문에 동의하고 있다. 짐작과 추측의 구문은 동작주가 3인칭일 때 가능한데, 이는 화자가 명제를 짐작하기 때문이다.

4. 맺음말

현대국어 '차례'는 중세국어 'ᄎ례'(次例)에서 왔으며 이 형태가 제주방언에 남아 있다. 표준어 '차례'는 '번'(횟수)의 의미가 있으나 제주방언에는 '번'의 의미보다는 '줄, 것'의 의미로 쓰인다.

제주방언 '처례'는 표준어 '차례'와 같이 명사로 쓰일 때는 '순서, 차례'의 의미가 있는데, 의존명사로 쓰일 때는 추측, 가정, 확신, 확인, 단정, 인정의 담화의미가 있음을 보았다. 이때 표준어 '줄, 것'과 교체되는 경우와 그렇지 못한 경우의 통사적 제약도 살펴보았다. 특히 제주방언 '처례'는 인지동사 '모르다, 알다'와 공기하면서 '추측, 가정, 단정, 불확실'의 담화의미로 쓰인다.

또한 제주방언 '처례'는 표준어 '뻘'에 해당되는 접사의 문법 기능도 있어서 명사와 의존명사 외에 접사로 문법화됨을 보았다. 이는 표준어 '차례'보다 문법 기능이 확대됨을 보여 준다.

제주방언 '셍'은 언제나 '이다'와 통합하여 보조형용사로 쓰이며, 이때 '추측, 짐작, 가정'의 담화의미가 내포되어 있다. '모냥'은 자립명사이며 의존명사로 쓰일 때는 '셍'과 통사적·의미적으로 같음도 살펴보았다. 즉 '처레'와 '모냥'은 자립명사와 의존명사의 문법 기능이 있는데 '셍'은 의존명사의 문법 기능만 있다.

'닮다'는 역시 짐작과 추측의 의미가 강하지만 '셍, 모냥'과 문법적·통사적 기능이 다르다. 제주방언 '모냥'은 명사이나 의존명사로 기능할 때는 '셍'과 마찬가지로 보조형용사 '보다'의 통사·의미 기능과 유사하다. 따라서 제주방언 '셍이다' 구문과 '모냥이다' 구문은 화자가 짐작하는 내용이 좀더 구체성을 띤다.

이 글에서는 제주방언 의존명사 '처레, 셍, 모냥'과 '닮다'에 대해 양태의미로 접근할 수 있음을 시도해 보았다.

III

제주방언의
활용 가치

Ⅲ장에는 '제주어의 문화정책 방안, 제주국제자유도시와 제주어, 제주어의 국제적인 파워, 생명력이 강한 제주방언' 등이 들어있다.

현재 제주도에서는 제줏말, 제주방언, 제주지역어, 제주어 등이 혼용되고 있으나, 공공기관을 중심으로 하여 주로 정책적인 용어로는 '제주어' 사용이 확산되고 있다. 또한 제주사회에서는 정체성을 확인하는 대상으로 '제주어'라는 용어 사용을 선호하는 경향이 있고, '방언'이라는 용어에 대한 거부감이 있는 것도 사실이다.

이와 같은 환경에서 Ⅲ장과 Ⅳ장에 들어있는 연구 제목에 '제주어, 제줏말'이 쓰인 것이다.

제주어의 문화정책 방안

1. 제주어 논의

제주어의 우수성이나 가치에 대한 논의는 1950년대부터 국어학계의 주목을 받아왔으나 그동안 제주어 연구자들만의 관심 대상으로 남아 있었다. 그러다가 1990년대 세계화를 부르짖으면서 영어공용어 논의가 진행되자 한국의 정체성 문제가 부각되었고, 제주도에서는 제주어의 가치를 들여다보기 시작했다. 이는 제주어를 독보적으로 살리기보다는 제주도가 외국어 전용 지역으로 지정되었을 때 겪게 되는 혼란이 부각되었기 때문이다.

특히 제주도는 2002년 국제자유도시를 표방하면서 제주어가 사랑받았으며, 경제적인 측면과 더불어 언어의 문제가 급부상했다. 즉 영어공용어화 문제가 우리들에게 심각하게 다가왔다. 제주도라는 특정지역에서 영어공용어화가 가능한지 여부가 논의되면서 제주 사람들의 정체성을 언어에서 찾으려고 했다. 이때부터 언어 관련 세미나의 끄트머리에 제주어를 상제함으로써 마치 제주에서는 제주어의 보존에 애정을 갖는 것처럼 비춰졌다. 21세기에 들어와서 지역문화와 지역어의 가치 논의는 주로 '현실, 보존 방안'에 머물렀지만 이제는 대안 제시가 선행되어야 할 시기라 생각한다.

필자도 이런 유형의 대안들을 발표하면서 논의점을 정립하지 못한 형편이다. 이는 다양한 실천 방안을 실험해 보았다면 그것에 대한 장단점을 제시할 수 있는데 그러지 못해서 단조로운 글만 제시하는 한계점을 가지고 있다. 이런 측면에서 최근 발표된 제주어 관련 자료들을 제시하고 귀결점을 찾아보고자 한다.

우리나라에서는 매년 10월 9일 '한글날'을 전후해서 한글의 우수성 등 애정을 표현하면서 호들갑을 떠는 것 같다. 한글주간을 기념하는 문화행사가 관련 단체와 정부 주관으로 진행되며, 이는 국가를 기반으로 하는 공용어로서 국민의 관심을 유도할 수 있다. 그러나 지역마다 각각의 지역어가 있으며, 활용과 보존은 연구자들의 몫으로 남겨졌다. 모든 분야는 당사자들의 관심거리일 수밖에 없지만 언어는 다르다.

한국어에는 한국 사람들의 정신이 담겨 있듯이 제주어에는 제주 사람들의 정신(삶의 역사)이 배어 있어서 이것을 이용하지 않고는 사람으로 살아가기가 어렵다. 언어는 의사소통수단이며, 정보전달의 기능이 있고, 공기와 같아서 귀중하지만 그 가치를 망각해서 홀대하는 것 같다.

국가의 위상은 언어와 위상과 밀접한 관계에 있으므로, 개인의 정체성을 유지할 수 있도록 자국어나 지역어를 끊임없이 사용하고 보존할 수 있는 방법이 있어야 한다. 그런 점에서 제주 사람들의 정체성 문제와 더불어 제주어의 위상 정립이 필요하며, 교육과 홍보 등 문화정책이 뒤따라야 할 것이다.

2. 제주어의 어학적 가치

제주어는 제주10대 문화상징으로 선정(2008년)될 정도로 제주 사람들의 혼이 담겨있는 문화적 산물이다. '제주도' 하면 풍광이 아름다운 관광지로 알려져 있고, 화산섬과 용암동굴이 세계자연유산에 등재되면서 관심이 집중되었다. 그러나 자연유산은 유형문화재여서 가시적인 화폐 가치가 드러나지만 제주어는 무형문화재이므로 드러내놓고 그 존재를 알리고, 사용하고, 보존하지 않으면 살아남지 못할 것이다.

사람들은 제주어를 고어(古語)의 보고라 한다. 이는 중세국어의 모습이 지금까지 쓰이면서 활용되고 있기 때문이며, 제주어 이외에도 각 지역어는 한국어의 어원을 밝혀내는데 중요한 역할을 하고 있다. 제주어 '마(장마), 잇다/이시다·싯다/시다(있다), 하다(多 : 많다), 귓것(귀신), 우테(위에), 늧(낯)' 등은 중세국어의 어형으로 지금도 사용되고 있다. 또한 『제주여성문화유적』(2008)을 보면 표준어 '연자매'가 마을에 따라서 '물ᄀ량, 물ᄀ랑, 물ᄀ레, 물뱅이, 물항, ᄀ레왕' 등으로 불리면서 지금까지 남아있다.

이런 점이 높이 평가되어서 2006년 4월에 국립국어원과 국립민속박물관 공동으로 '제주지역어의 유네스코 세계무형문화유산 등재'를 위한 업무 협약을 체결하였고, 2007년 9월에는 「제주어 보전 및 육성 조례」가 제정되었다. 2008년 5월에는 <제주어심의위원회>가 조직되고, 「제주어 발전 기본 계획(안)」(2008~2012)이 만들어졌다.

　제주어 연구자들은 오래 전부터 그 가치를 인정하고 어휘와 문장을 잘 다듬고 정리했으며, 이런 말들이 사라지기 전에 채록하기 위하여 노력해왔다. 그 자료들은 다음과 같다.

　① 학술조사보고서

　『국문학보』(4~16집, 제주대학교 국어국문학과, 1972~2004), 『백록어문』(1~24집, 제주대학교 국어교육과, 1986~2007)

　② 국어학 자료

　『제주도 방언 연구 수정본 : 자료편』(현평효, 태학사, 1985), 『제주방언연구 : 자료편』(박용후, 고려대민족문화연구소, 1988), 『제주의 언어 1』·『제주의 언어 2』(강영봉, 제주문화, 1994/1997), 『제주어사전』(제주도박물관 편, 제주도, 1995), 『제주도속담사전』(고재환, 제주도, 1999), 『제주도 오롬의 종합적 연구』·『제주도 마을이름의 종합적 연구 I /Ⅱ』(오창명, 제주대 출판부, 2007), 『제주말큰사전』(송상조 편, 한국문화사, 2007)

　③ 제주 민속자료

　『제주도민요연구(上)』(김영돈, 일조각, 1965), 『제주설화집성(1)』(김영돈·현용준·현길언, 제주대탐라문화연구소, 1985), 『제주도무가본풀이사전』(진성기, 민속원, 1991), 『한국구비문학대계 9-1 : 제주도북제주군 편』(한국정신문화연구원, 1980), 『한국구비문학대계 9-2 :제주도제주시 편』(한국정신문화연구원, 1981), 『한국구비문학대계 9-3 : 제주도서귀포시·남제주군 편』(한국정신문화연구원, 1983), 『제주도큰굿자료』(문무병 외, 제주도, 2002), 『제주도 조상신본풀이 연구』(김헌선·현용준·강정식, 보고사, 2006), 『제주도무속자료사전 개정판』(현

용준, 도서출판 각, 2007), 『동복 정병춘댁 시왕맞이』(강정식·강소
전·송정희, 제주대탐라문화연구소, 2008), 『제주지역어 조사 보고서』
(강영봉 외, 국립국어원, 2005~2007)

④ 제주특별자치도 여성특별위원회 발간 구술자료집

『구술로 만나는 제주여성의 삶 그리고 역사』(2004), 『제주여성의
생애 : 살암시난 살앗주』(2006), 『전통맥향 : 제주여성 무형문화재의 생
애』(2007)

⑤ 지방자치단체 주관 사업

『제주어사전』증보판 편찬 사업(제주특별자치도, 2006~2009), 「멀
티미디어 민속관광대사전」사업(2006~2008)을 통해서 제주어와 제주
민속의 중요성이 부각되고 있다.

현 정부 초기에 영어 공교육 완성 프로젝트[1])가 사회적 이슈였고,
여기에 한국어는 얼굴도 내밀지 못하고 있다. 한 국가의 언어정책은
당연히 지역어에도 영향을 미친다. 이렇게 위축된 사회분위기이지만
지방자치단체별로 지역문화를 살리려고 애쓰고 있으며, 그 중심에 지
역어가 놓여 있다. 제주도에서 제주어의 몸부림도 예외는 아니다. 결국
지역문화의 확대재생산은 경제와 연결되어 있으며, 이럴 즈음 제주어
상표가 빛을 볼 것이다(제주마씸, 사단법인 올레, 자청비 상품 등).

---

1) 『새국어생활』(18-2, 국립국어원, 2008. 여름호)에서는 <영어 공교육 강화와 한국어>
를 특집으로 다루었다.

3. 제주어의 활용 실태

3.1. 제주어말하기대회

제주어가 사회적 관심을 받을 때는 '문화나 문화관광'이 부각될 때이고, 탐라문화제기간이다. 특히 제주민속문화의 해(2006~2007)에 제주어 조례가 제정되고, 2008년에 「제주어 발전 기본 계획」으로 귀결되었다고 본다.

제주교원총연합회 주최나 탐라문화제 때 행해지는 제주어 관련 행사가 집중 조명을 받아왔으며, 그 중심에는 '제주어말하기대회'가 있다.

제주어말하기대회 주최자는 크게 아래 세 기관이고, 이 외에도 학교별 특별 운영프로그램으로 진행된다. 또한 마을 축제('정의골민속마당', 2008. 10. 11.-12. 성읍1리 민속촌 주최)때에도 '제주어말하기 대회' 등 관련 프로그램이 있다.

① 탐라문화제(←한라문화제) 기간(2008. 10. 2.~10. 6.)에 「제주어말하기대회, 제주어가요제, 제주어연극제, 제주 민요」가 있어서 제주어의 보존과 활용을 실천하고 있다. 이때 「제주어말하기」[2]는 성황리에 끝난다.

② 제주교원총연합회(제주교총) 주관 「제주어말하기」[3](2003 시작해서 2008년 제6회 : 2008. 9. 10.)에는 제주도내 초중등학교에서 대표로 참가하고 있다.

③ 국어문화원(←국어상담소. 2007. 3. 개원) 주최 「제주어말하기대

---

2) 심사기준 : 제주어 구사 능력, 제주어휘 활용 정도
3) 심사기준 : 발음(정확성 : 25점), 어휘(적절성 : 25점), 억양(고유성 : 25점), 소재(흥미성 : 25점)

회」4)(2007년 제주민속문화의 해 기념 제주방언경연대회, 2008년에는 제주어말하기대회 개최)는 한 사람 중심으로 말하기 성격을 잘 살려서 진행되었다. 또한 이 기관에서는 한글날 기념으로 「전도 외국인 한국어 말하기대회」(2007년 제1회, 2008년 제2회)를 개최해서 한국어의 활용에도 기여하고 있다.

④ 「제1회 전도 이주민 한국어 말하기 대회」(제주외국인근로자센터, 2007. 12. 1.)는 한국어를 잘 구사하면서 제주어 말하기·듣기에도 자신감을 갖게 된다는 사례를 보여 주었다.

2007년은 제주민속문화의 해로 지정되면서 제주의 민속과 언어가 집중적으로 조명 받았으며, 결과물도 생성되었다. 이런 분위기에 편승하여 2007년 9월에 제정된 「제주어 보전 및 육성 조례」에는 탐라문화제 때 '제주어주간'을 선포한다고 되어 있다. 그러나 2008년 10월 탐라문화제 때 이 주간(10. 3.~9.)이 제 역할을 다했는지 의문이다.

3.2. 제주어 관련 학술대회 및 간행물

① 「제주국제자유도시와 언어정책」(2002. 8. 제주언어학회) : "외국인 학교 설립, 영어·일본어·중국어, 한국어 및 제주방언 정책"

② 『제주국제자유도시 외국어서비스 강화에 따른 국어와 제주방언 보존 방안 연구』(2002. 12. 제주발전연구원)5)

---

4) 심사기준 : 발음(30점), 어휘구사력(30점), 원고 내용(30점), 소요시간(10점)
5) 이 정책보고서에는 제주언어학회 세미나(2002. 8.) 자료가 포함되어 있다. 목차를 보면 '서론, 영어와 제주국제자유도시, 제주국제자유도시와 영어정책, 제주국제자유도시와 국어정책, 제주국제자유도시와 제주방언 보존정책' 등으로 구성되어 있다. 외국어를 논의하면서 국어를 곁들였고, 제주도가 추진하는 정책이라 제주어를 언급하는 것으로 만족했다고 본다.
2002년은 제주도가 국제자유도시를 지향하면서 세계화와 더불어 지역문화, 지역민의

③『(제주국제자유도시의)언어정책과 과제』(김종훈 외, 2005)

④「'언어 자원의 다원화'를 위한 학술세미나 : 표준어, 지역어, 사회방언의 공존 모색」(2007. 5. 26. 국립국어원 주최) ; "방언의 국어교육적 의의"(강영봉)

⑤「올바른 제주어 보존 방향 모색을 위한 정책토론회」(2007. 7. 강창일 국회의원 주최) : "우리시대 제주어의 가치"(강영봉), "표준어는 어떻게 지역어를 억압했는가"(정선태)

⑥「제주어와 제주민속의 변화 그리고 보존」(2007. 10. 11.~12., 제주특별자치도 · 국립민속박물관)은 세계 언어의 소멸과 보존을 논의하면서 제주어의 가치도 논의했다.

⑦「제주어, 어떻게 표기할까」(2007. 11. 영주어문학회 · 제주대국어상담소) : "제주어 표기법에 대하여"(강영봉), "방언 표기법의 이상과 현실 : 제주방언으로 중심으로"(정승철), "형태에 관한 제주방언"(강정희) ⇒『영주어문』15집(2008. 2.)에 수록되었다.

⑧「2008년 국제학술회의 : 제주민속의 산업화」(2008. 6. 27. 제주국제협의회 · 제주발전연구원) : "상품화, 관광 그리고 제주 돌하르방"(윌리엄 케넌 헌터), "제주어의 관광상품화"(강영봉) 등이 관심을 끌었다.

⑨「지역어 보존과 육성 어떻게 할 것인가」(2008. 11. 5. 강창일 국회의원 · 국립국어원) : 강창일 국회의원(민주당 소속)이「국어기본법」개정안과「지역어 보존 및 육성법」제정안을 발의한(2008. 6. 23.) 후 이를 입법화하기 위한 정책토론회가 개최되었으며, 여기서 '표준어, 지역어, 제주어의 가치'가 논의되었다.

학술대회 주제를 보면 2002~2005까지는 주로 제주국제자유도시

정체성을 고민하게 되었으며, 그 영향으로 제주어가 논의대상으로 등장했다.

와 언어정책을 다루었는데, 영어 중심의 외국어 상용화가 주 논쟁
거리였다. 여기에 영어공용어화 정책이 부분적으로 비난을 받으면
서 한국어를 어루만져주는 동작을 취했으며, 제주 사람들의 정체성
확립 측면에서 제주어가 동반 대우를 받는 정도였다. 그러다가
2006년 '제주방문의 해', 2007년 '제주민속의 해'를 맞이해서 제주의
언어와 민속이 집중 조명을 받았다. 언어의 힘은 국력에 비례한다
는 말에서도 알 수 있듯이 제주어는 제주의 힘이나 경제력과 관련
이 있을 것이다. 물론 제주어에 대한 애정이 연구자 이외에 지방자
치단체와 주민들의 관심을 증폭시킨 것은 제주도의 위상 변화와 관
련이 있다고 본다.

3.3. 제주어 관련 대중매체 자료

여기서는 제주어 관련 보도자료를 전부 제시하기 어려워서 주로
신문기사(2006~2008년)를 검색해서 정리했다.

3.3.1 제민일보에 소개된 제주도 관련 기사

제민일보 기획/문화 소식란에는 2006~2008년에 제주어 관련 기
사를 실었다. 보도기사를 보면 「한라일보 특집기사」에 소개된 개인
과 단체가 소개되었으며, 사회 곳곳에서 제주 사람들이 제주어를 활
용하고 보존하려는 노력을 엿볼 수 있다. 그 내용은 다음과 같다.

- 제주항공 기내방송을 제주어로 하기(2007. 2. 15.)
- 제주어 : 간판문화/교육(제주민속문화의 해 기획, 2007. 10. 1./15.)

3.3.2 한라일보에 소개된 제주어 관련 기사

한라일보 연재물 「제주어 쓰게마씸」(2008. 1.~9. 20회 연재물)은 제주어를 활용하고 보존하는데 앞장서는 개인과 단체를 소개하고 있으며, 아래와 같다.

- 어린이민요단 소리나라(2008. 1. 3.) : 이 단체는 제주 전래놀이, 전래동요, 민요 등을 제주어로 부르면서 활용하고 있다.
- 제주어 카페지기 김익두(2008. 1. 17.) : 이 카페에서는 아래아마을을 개설해서 제주어를 홍보하고 있다.
- 뚜럼 부라더스(2008. 1. 31.) : 제주어로 대중가요를 부르고 있다.
- 사투리시조집 발간한 고정국 시인(2008. 2. 14.)
- 제주도한글서예사랑모임(2008. 2. 28.) : 이 단체에서는 의도적으로 제주어로 작품 쓰기 운동을 펼치고 있어서 제주어의 활용에 기여한다고 본다. -「제주말씨 학생서예대전」(한글사랑 서예대전 때 학생부는 제주말씨 작품을, 일반부는 한글작품을 출품함. 2002년부터 시행됨)과 「제주말씨 우리글 서예전」(한글사랑 회원전이며 1999년부터 격년제로 제주어 작품을 전시하고 있음) 등을 개최하고 있다.
- 제주사투리로 시를 창작한 고훈식 시인 소개(2008. 3. 13.)
- 제주속담사전 편찬한 고재환 교수 소개(2008. 3. 27.)
- 우리문화연구소 '제주꽃놀래'의 제주어 보급 운동 소개(2008. 4. 10.)
- 라디오프로그램 '돌하르방 어디 감수광' 주인공 소개(2008. 4. 24.) : 진행자 양기훈은 1987년부터 지금까지(중간에 3~4년 제외) 이

프로그램을 진행하면서 제주어의 맛을 정갈하게 전달하고 있다.

- 제주마씸 상표 브랜드(2008. 5. 8.) : 2002년 개발한 제주도내 중소 기업 공동 제주어브랜드(회장 한상용)이다. – 이와 관련하여 전 국적으로 사투리마케팅이 진행 중이다. 영남권 은행 공동으로 '단디 카드'(단단히, 확실히, 빈틈없이 야무지게), 경상남도 한우공 동브랜드 '한우지예'(韓牛之藝 : 경상도 방언 발음 연상), 블로그 '간판으로 배워보는 경상도 사투리'가 등장할 정도이다.
- 소리꾼 양정원(2008. 5. 22.) : 제주어로 작사한 제주어 가요 음반 제작자를 소개하고 있다.
- 민요패 소리왓(2008. 6. 5.) : 이 단체는 제주 민요를 부르면서 제 주어를 사랑하고 보급하는데 앞장서고 있다.
- 제주방언구사기능인 고봉만(2008. 6. 19.) : 제주시 문화유산 무 형문화분야 2호로 지정되었다(2006).
- 놀이패 한라산(2008. 7. 3.) : 이들의 공연 대본은 제주어로 되어 있다.
- 제주말큰사전 발간(2008. 7. 17.) : 한평생 제주어 연구와 조사에 몰두한 국어학자 송상조를 소개하고 있다.
- 탐라문화제 '제주어말하기대회'(2008. 7. 31.) 회고 : 1992년 한라 문화제 사투리축제를 시작으로 해서 지금까지 지속되어 온 원동 력을 소개하고 있다. – 이 행사는 1992년에 '제주사투리말하기 대회'(→ 제주말 말하기 대회 → 제주어 말하기 대회)와 '사투리연극 제'(대본을 제주어로 고치기)를 주관하고 있으며, 지금까지 제주어 활용과 보존에 기여했다.
- 제주어보전회 탄생 소개(2008. 8. 14.) : 2008년 1월 허성수 회장

을 중심으로 해서 전국적인 회원으로 단체가 만들어졌다. 이들
은 마을별 제주어지킴이를 양성할 계획이며, 2008년 10월 사단
법인체로 등록되었다.

• 테러제이 자파리연구소(2008. 8. 28.) : 이 연구소에서는 제주어
대본으로 연극을 공연하고 있다.

• 세화고등학교-제주형 자율학교 사례 소개(2008. 9. 11.) : 이 학
교는 제주어 과목을 정규 교과과정으로 개설 운영하고 있다. -
정규교육기관에서 제주어 교육이 시행되고 있어서 언론의 조명
을 받고 있다(2008. 10. 21. 제주KBSTV에 소개됨).

• 국어문화연구원 소개(2008. 9. 25.) : 원장 강영봉은 제주어 보존
과 표기법의 제정을 역설했다.

3.3.3 제주지역 방송계에 소개된 제주어 관련 기사

• 민영방송사 공동제작 프로그램 「사투리 이구동심」(→사투리쇼 얼
룩말, 2007. 5.~2008. 현재 : 제주도에서는 JIBS제주방송에서 방영함)

• 제주MBC라디오특별기획 「사라져 가는 제주어, 지금은」(제34
회 한국방송대상, 지역다큐 라디오부문 작품상 수상 : 2007. 7.)

• 극단세이레극장, 제주어로 연극 공연 「제주어로 말해! 배비장」
(2008. 3.~4.)

• <KBS제주어연구회> 발족(2008. 5.) : KBS제주방송총국 내 언
론인 중심으로 조직해서 제주어의 보존과 실천을 위한 방법을
모색하는 연구모임이다.

• JIBS제주방송 「시선 집중 이것이 문제다 : 제주어가 사라진다」

프로그램은 제9회 지역프로그램대상에서 은상을 수상했다(방송문화진흥회, 2008. 6. 18.).

3.3.4 기타 제주어 관련 기사

제주특별자치도자연사박물관에서 주관하는 「제주어 바로 알기」 문화강좌(2007~2008), 제주어 교육자료 개발·보급(2007), 제주사투리시집 발간(양전형, 2008) 등이 있다.

3.4. 국내 지역어 말하기대회 현황

제주도에서만 제주어의 열기가 뜨거운 것이 아니라 전국적으로 지역어를 활용·보존하려는 노력이 엿보인다.

① 「'웰컴투 강원도' 국회사투리대회」(2005. 11. 16. 국회 의정회관) : 강원도 출신 국회의원 중심으로 강원도사투리대회를 개최했다.

② 「강릉 사투리 경연 대회」(2008. 6. 강릉단오장)

③ 「제1회 이북 사투리 경연대회」(2008. 8. 9. 한국민족예술인총연합회 속초지부) : 속초의 특성상 실향민들의 정체성, 공동체의식 확인하는 계기를 만들어주었다.

④ 「제2회 경상도 사투리 말하기 대회」(2008. 9. 5. 경남 함안군 문화예술회관)

⑤ 「2008 전북민속문화의 해 기념 전북방언경연대회」(2008. 9. 7. 전주대한국문화원) : 학생부, 일반부 10팀 참가해서 전북방언 말하기대회가 진행되었다.

⑥ 「제26회 영천문화제 방언대회」(2008. 10. 10.~13. 영천문화원) : 향토문화 홍보스피치 및 지역방언 알리기에 기여했다.

4. 제주어의 보존·활용 방안

4.1. 제주어 표기법 제정

앞에 제시한 제주어 구술자료는 주로 「제주방언 표기법」(1995)를 따랐다. 이 표기법도 완전한 협의를 본 것이 아니기 때문에 제주어 보존 정책에 표기법 제정이 들어가 있다.

한국어는 표준어라는 인식이 강해서 정해진 원칙을 준수하려는 의식이 학교교육을 통해서 정립되었다. 반면 제주어는 제주 사람들끼리 언어공동체에서 사용되는 구어(口語)여서 문자로 기록할 기회도 적었지만, 기록물을 볼 기회도 드물었다. 그래서 제주어를 표기법에 맞게 써야 한다면 제주 사람인 자신이 하는 말이 곧 법칙이라 생각하고 그 범위 내에서 표기하려는 의식이 강하다.

제주어 표기법 설정이 가능하냐 아니냐를 떠나서 제주어를 한국어의 하위 범주로 인식하면 문제는 간단하다. 표준어를 사용할 때 맞춤법에 준하듯이 제주어를 표기할 때도 여기에 준하면 된다. 예를 들어 명사와 격조사, 용언에서 어간과 어미 활용이 문제인데 이때 소리 나는 대로 쓰는 것이 아니고 원형을 밝혀 적는 원칙이 표준어와 동일하다. 다음은 언중들이 틀리기 쉬운 제주어 표기 몇 가지를 제시해 보았다.

① 제주어 '곧다(曰)'는 '말하다'는 뜻이며, 활용할 때는 '골으니, 골아서, 골앙, 골고, 골지' 등으로 쓰인다. 즉 읽을 때에는 [ᄀᆞ르니, ᄀᆞ라서, ᄀᆞ랑] 등 소리 나는 대로 이어서 발음하지만 글로 쓸 때는 위와 같다.

② 제주어 종결어미 '-저'는 '-져/쩌'로 소리나도 '-저'로 쓴다. "밥 먹엇쩌."에서 '-쩌'로 소리 나더라도 '-저'로 써야 한다[먹엄쩌(×), 먹 엄저(○)]6). 이는 우리글의 특성상 소리와 형태가 다르기 때문이다.

③ 과거시제 선어말어미 '-엇-'은 제주어형이며 '-었-'은 표준어형 이다. 상대높임 선어말어미 '-수-'는 '-쑤-'로 소리가 나더라도 '-수-' 로 적는다[먹었쑤다(×), 먹엇수다(○)]. 또한 '하르방'이 맞는 표기법 인데 '할으방/하루방'으로 표기하기는 경우가 있다.

④ 이 외에도 제주어로 상호명이나 음식명을 사용할 때 다른 모음 이 쓰이는 단어에도 무조건 아래아(ㆍ)를 써 넣는다. 예를 들어 '도새 기(○)→ᄃ새기ㆍ옵데강(○)→ᄋᆞᆸ데강(×)'으로 표기하기도 한다.

또한 음식점 내에서 방 이름을 붙일 때 제주어를 사용한 것은 좋은 데 표기법이 틀리기도 한다. 아래아는 변별력이 있는 음운이어서 이것 이 있고 없음에 따라 발음과 의미가 달라진다. 예를 들면 '보말(○)→ ᄇ말, 모살치(○)→ᄆᆞ살치'로 표기한 음식점이 있다. 그러나 인터넷에 서 아래아 검색이 안 되며, 아래아를 잘 인식하지 못하는 언중들이 이런 단어를 검색하고자 할 때는 자신이 알고 있는 단모음을 찾을 것 이다. 이렇게 된다면 아래아는 제주어 표기법에서도 사라질 것이다.

제주어는 표준어처럼 대표어(표준 제주어)를 설정할 수 없으며 각 지역의 말이 곧 대표어이므로 토박이 화자들이 사용하는 어휘를 그 대로 쓰면 된다. 그래서 향토음식점 차림표를 보면 '깅이죽/겡이죽' 으로 표기되어 있는데 이는 맞는 표기법이다.

간혹 초등학교에서 학년에 따라 제주어 관련 숙제를 내면 이를 도와주는 학부모가 어려워한다. 이는 제주어를 생활어와 교육어로

---

6) 이 글에서 사용된 '제주방언 표기법'은 기존의 자료를 적용한 것이고, 2014년『제주어 표기법 해설』에 따르면 '먹없저'를 인정하였다.

분리하려는 의식이 있기 때문이다. 평소 자신들이 사용하는 어휘나 문장을 그대로 쓰면 되는데 숙제라고 하면 특별한 말이고, 잘 해야 한다는 부담감이 있게 되며, 제주어 표기(문자)가 낯설 수도 있다. 일반적으로 제주어 화자들은 제주어로 표기된 문헌을 읽을 기회가 적고, 쓸 기회도 드물었을 것이다. 따라서 입말로 전해오는 제주어를 글말로 표기할 수 있도록 '제주어 표기법'의 보급에도 힘써야 할 것이다.

앞으로 제주에서 공식적으로 상호 등 제주어를 표기할 경우 신문고 역할을 담당할 기관이 필요하며, 이를 적극적으로 홍보해야 한다. 요식업 종사자와 간판업 종사자에게 홍보하거나 협조문을 통해서 문의처를 단일화하는 것도 제주어 활용과 보존의 한 방법이라 생각한다. 이런 공공물은 파급효과가 크기 때문에 도내외 사람들에게 정확한 정보제공이 바람직하다. 이는 제주어에 국한된 문제가 아니고 한국어의 오남용에도 해당된다.

4.2. 제주어 교육과정 운영

사람은 누구나 자신의 필요에 따라서 지식을 습득하게 된다. 현시점에서 제주어의 가치와 중요성을 인정하면 저절로 배울 것이므로 동기 부여를 어떻게 할 것인가가 관건이다. 우선 제주어 전용 구역을 '가정'으로 정하고 부모와 자식 간에 제주어 사용 빈도를 높이는 것이다. 그 다음에 사회로 확장해서 사적인 자리에서는 제주어 사용 횟수를 늘이는 방안이 있다. 10~20대는 제주어 사용 빈도가 낮아질 수 있으므로 어른들이 의도적으로 제주어를 사용하는 것이 보존 방안이 될 수 있다. 예를 들면 마을의 어른들이 어린아이들을 모아놓고 '마을의 역사, 전설, 지명' 등을 제주어로 알려주는 시간을 갖는다면 역사와 제주어를 배우는 유익한 시간이 될 수 있다.

학교는 제주어의 보존과 활용을 위한 중요한 교육 기관이다. 교사에 따라서 제주 문화 알아보기, 제주어 알아보기를 시도하고 있다. 제주어인 경우 어휘 조사하기 정도이지만 어린 학생들에게는 좋은 기회가 될 수 있다. 언어 교육에는 재미가 있어야 한다. 만약 재미를 곁들인 놀이 형태의 언어 교육 방법이 있다면 그것을 적용하면 훨씬 효과적인 것이다. 학교교육 현장에서 실제 수업시간을 배당하는 것은 현실적으로 어렵겠지만 제주형 자율학교7)에서 교과과정 선택이 자유로우므로 제주어 교과 채택이 가능하다. 세화고등학교는 2007년부터 제주어를 정규 교과목으로 선택해서 1학년 대상으로 주 1회 2시간씩 교육하고 있다.

교육공간을 떠나서는 제주어의 활용과 보존이 곤란하다. 우선 제주 사람들이 집에서 의도적으로 제주어 담화 공간을 만들어 준다. 학교에서 공적인 시간 이외에는 선생님과 학생들이 자유롭게 제주어를 쓰도록 종용한다. 이때 제주도라는 특정 공간에서는 제주어만 사용하는 것이 아니라 제주도에 거주하는 다른 지방의 언어를 사용하는 사람들에게도 자신들의 지역어를 사용하도록 권장하면서 지역

---

7) 제주형 자율학교(i-좋은 학교)는 「제주특별자치도 설치 및 국제자유도시 조성을 위한 특별법」에 의해 9개교가 시범 운영되고 있다.
　초등학교 5개교(제주북교, 광양교, 광령교, 대흘교, 서귀포교), 중학교 3개교(함덕중, 신엄중, 남원중), 고등학교 1개교(세화고) 등이다.
　이 학교들은 교육과정 자율운영 및 국내외교과서 자율선택이 가능하다(국어, 사회, 도덕 교과서 제외 : 제주특별자치도교육청 홈페이지 참조).

어의 교류가 자연스럽게 이루어질 수 있는 분위기 형성이 필요하다. 이렇게 지역어의 교차 사용은 시간이 지나면서 다문화의식으로 전환될 것이다.

또한 제주에 거주하는 결혼이민자들과 그 자녀들은 제주어, 한국어 습득은 필수이지만, 결혼이민자들의 모국어 사용 공간 제공도 중요하다. 우리사회가 다문화로 가자는 구호를 외치면서 노력하고 있지만 특정 지역어를 사용하는 사람과 공간이 정해져 있다는 경직성을 버려야만 상대방을 배려하고 이해하는 다양성이 저절로 형성될 것이다. 이러한 교육방법이 제주 문화를 살리는 길이며, 미래지향적인 문화정책이 될 것이다.

4.3. 제주어 활용

제주어 활용 방안에는 문학작품 창작, 학교교육, 대중매체, 각종 대회 등 여러 유형이 있지만 여기서는 '말하기대회'를 살펴보았다. 제주 사람들은 제주어 경연대회를 통해서 제주어 속에 살아 숨쉬는 문화와 역사적 의미를 찾을 수 있다. 아래 단체가 주관하는 제주어 말하기대회는 제주어 활용 방안의 대안이 될 수 있는데 원고 내용과 발음, 표기법 등을 고려하면 좋을 것이다. 2008년에 있었던 제주어 말하기대회 제목을 소개하겠다.

4.3.1 「제47회 탐라문화제 제주어말하기대회」

이 대회(2008. 10. 4. 서귀포시 천지연 야외공연장) 출연 작품은 총

19편이며, 이 중에서 대화체로 2명이 등장하는 작품은 2편이고, 17 편은 모두 연극으로 꾸며졌다.

- 초등부 6편 : [오늘은 우리집 식겟날, 우리 사는 모실이 질 입쭈, 내 ᄂᆞ린 물 질어당 먹어봅데강, 어디강 답도리허코, 어멍 고마운 거 ᄀᆞ랑 몰라, 쉐 폴앙 줍다]
- 중등부 5편 : [본향당에 빌래감수다, 제주도 잘 알락 퀴즈 대회, 어웍도 쓸 디 하나수다, 토끼의 재판, 잼이 뜸만 못허느네]
- 고등부 4편 : [멜 거리레 가게 마씸, 먹돌에도 굼기 나곡, 쇠도 "황~" ᄒᆞ민 돌아선다, 아덜이영 아방이영 동네 ᄒᆞᆫ 번 걸어봅쭈, 「돔비」들의 웃음벨탁]
- 일반부 4편 : [배 쫓아온 시신, 의논 허멍 삽주 양, 모믈범벅, 잠시 뜸을 건불리멍]

4.3.2 「제6회 제주어말하기대회」

이 대회(2008. 9. 10. 제주교총이 주관) 출품작은 총 14편이며, 2편만 말하기이고 그 외에 연극의 형태를 띠고 있다.

- 초등부 10편 : [이녁 땅, 이녁 바당이서 난 먹거리가 최고우다!, 우리 사난 모실이 질 입쭈, 쉐 폴앙 줍다다, 오늘은 우리집 식겟날, 베트남 메노리 ᄆᆞᆷ국도 잘 멩글암신게 마씸, 느 어떵 ᄒᆞ당, 내 ᄂᆞ린 물 질어당 먹어봅데강, 어둑은 날 시민 붉은 날 싯나, 식게, 소분 몰랑사 사름이라!, 제주에 시십 잘 와져수다]

- 중등부 1편 : [제주도 잘 알락 퀴즈 대회]
- 고등부 3편 : [제주 속담 공부, 산방덕 이야기, 제주도의 고유 음식 빙떡 자랑]

두 기관에서 주관하는 「제주어말하기 대회」는 연극적 요소가 가미되었고, 대본이 제주어로 작성되었다. 제주어말하기 원고는 처음부터 제주어로 작성할 수 있으면 좋지만 그렇지 못하면 표준어로 작성한 다음 제주어로 전환하는 방법이 있다. 이때 마을이나 주변에서 제주어를 잘 구사하는 사람의 도움을 받고, 발음과 억양 지도를 받는다면 제주어의 보존과 활용에 기여할 것이다.

그런데 현재 진행되고 있는 「제주어말하기대회」는 연극 형태로 진행되고 있으니까 「제주어연극대회」로 명칭을 변경해서 연극대회로 가고 「제주어말하기대회」는 본질을 살려서 시행하는 것이 제주어 활용과 보존 방안이 될 수 있다. 말하기대회는 1~2인 역이므로 단순하고 단조로워서 흥미성, 관객동원이 어려울 수 있다. 그런데 말하기대회가 연극형태로 흐르는 것은 표준어에 익숙한 학생들이 대회를 앞두고 제주어를 연습해도 말하기가 자연스럽지 못하고 원고를 외우기도 어렵기 때문이다. 따라서 이와 같은 단점을 보완하기 위하여 연극적인 상황을 설정해 주지 않으면 참여가 어렵기 때문에 참여자들이 이런 단점을 잘 알면서도 말하기대회에 맞는 진행이 어려운 것 같다. 특히 중고등학생들은 제주어 사용 기회도 적지만 연습할 시간도 부족해서 참가 학교가 일정하지 않다. 이런 대회는 교사의 관심과 의지에 따라 행사 참여율이 달라지며 방과후활동 등을 통해서 교육효과를 기대할 수 있다.

5. 제주어 문화정책

한국의 언어정책(국어)은 다른 분야에 비해 미미하다. 다만 영어 전용구역, 상용, 공용 등 외국어 정책만 보인다. 현 정부 들어서 영어의 위대함을 광고하고 있으며, 한국어는 뒷전이다. 이런 마당에 지역에서 지역어 활용과 보전을 위한 구체적인 방안이 실효성을 거둘지 의문이다.

2000년대 들어와서 한국에서 다문화8)가 본격적인 담론이 되었다. 다문화란 상대를 이해하고 배려하는 차원이 아니라 다른 소통도구인 언어가 공존할 때 가능하다. 지금은 각 지역마다 자신들의 지역어만 논의하고 있지만 앞으로 지역 언어정책은 한국어 외에 여러 지역어를 가르치고, 지역어로 표현되는 지역문화를 알려주는 것이 곧 한국 거주 외국인과 공존하는 길이다.

이런 관점에서 보면 제주도에서는 결혼이주여성들을 포용하기 위한 정책을 개발할 때 한국어 교육과 더불어 제주어 교육도 중요하게 여겨야 할 것이다. 이는 제주 생활사를 이해하는데 도움이 되며 제주어의 묘미를 아는데도 효과적이기 때문이다.

국외 언어정책을 보면 프랑스 국민의회(하원)가 "각 지역 언어들

---

8) 『새국어생활』(18-1, 국립국어원, 2008. 봄호)에서는 <다문화사회와 한국어>를 특집으로 다루었다.

도 프랑스의 소중한 문화유산으로 인정한다."는 내용을 헌법에 포함
하려고 하면서 아카데미 프랑세즈(방언 지위 향상에 반대 입장)와 마
찰을 빚었다.

> 프랑스 5공화국 헌법에는 "프랑스어만이 국가의 유일한 공식 언어"
> 라 명시한 이후 경직된 표준어 정책을 펼쳐왔다.
> 프랑스 내에는 브르타뉴어, 알사스어, 오크어, 코르시카어 등 총 75
> 개의 지역 언어가 사용되고 있다. 1930년대 이전에는 국민 4명 중 1명
> 이 가족과 대화할 때 지역언어를 사용할 정도였으나, 정부의 강경한
> 표준어 정책으로 사용자가 급감했다. 유네스코는 프랑스 지역 언어가
> "사멸 위기에 있다."고 우려했다.
> 소수 언어 사용자들은 이익집단을 형성해 지역 언어로 교육하는 학
> 교를 세워줄 것을 요구하는 등 지위 향상을 위해 노력해 왔다. 브르타
> 뉴 지역구 출신의 한 의원은 "브르타뉴어아 알사스어로 말하고 노래
> 한다 해서 조국 프랑스에 대한 애국심이 줄어드는 것은 아니다."라며
> 지역 언어 보호를 촉구했다.
>
> _「한국일보」, 2008년 6월 18일자 참조

위 기사를 인용한 것은 한국의 언어정책 방향 설정에 참고할 만
하다고 생각했기 때문이다. 우리나라는 광복 후 학교교육을 통해 국
가 차원에서 표준어 보급에 열성을 보였으며, 그 결과 표준어와 지
역어(방언)의 분리·차별 의식이 형성된 것이 현실이다. 오늘날 한국
의 교육현실을 보면 제주어로 교육하는 제주어 전용 학교 세우기는
시기상조이다. 그러나 이를 극복하려는 최소한의 의지만 있어도 제
주어를 정규교과과정에 포함시키고 교사양성 시에도 적절한 시간

을 배당하여 제주어가 교육과정에 공식어로 채택되기를 바라는 마음이다.

우리나라의 언어정책으로 「국어기본법」(2005. 7. 시행)이 제정되었으며, 제6조에는 「국어발전기본계획」(2007~2011)을 수립하게 되어 있다. 이 계획에는 국어정책의 기본 방향이 정립되어 있으며, 그 중에 '국어문화유산 발굴과 지역어·토착어 조사 사업 확대'가 포함되어 있다.

제주도에서는 제주의 언어정책으로 「제주어 발전 기본 계획」이 수립되었으므로 실현 가능한 실천 계획을 세우고, 결과물이 잘 드러나지 않더라도 인정하고, 기다려주며, 제주어의 영속성을 위하여 더디지만 완주할 각오로 제주어를 사랑하는 것이 언어의 소멸을 막는 방법이다.

그런데 국가가 국어(표준어) 정책에 몰두하는 동안 지역어의 차별화를 가져왔기 때문에 부당함을 알리는 시도가 있었다. 2006년 5월 (<탯말두레>)에 '표준어규정위헌소송'을 제기하였는데, 이는 '표준어 중심의 어문정책을 폐지하고 지역어를 학교의 정규과정에 배치해 달라'는 내용이었다. 대전지방법원에서는 일부 내용을 받아들여서 '성(姓)씨 두음법칙 불인정' 판결을 내렸다. 이는 지역 사람들이 지역어를 통해서 정체성을 확인하고 지역문화를 보존하려는 의식이 대두되었기에 가능한 일이었다. 즉 한국 사람들의 공통어인 표준어만 강조하다보면 지역의 문화를 대표하는 지역어의 말살이 분명하며, 지역의 문화유산 소멸에 일조한다는 관점이다.

드라마나 영화에 간간이 지역어가 소개되기는 하지만 노출 정도에 따라 낯설기의 강약이 있다. 지역어를 사용하고 존중하려는 정책이 곧 문화정책이며 이러한 언어가 살아남아야 제주의 문화산업이 발전할 것이다. 제주의 젊은 세대들이 제주어 사용을 기피하고 기억하지 못하면 제주어로 기록된 구술자료들이 10년 후, 20년 후 읽지 못하거나 그 뜻을 헤아리지 못하는 비극적인 상황이 일어날 수도 있다. 이렇게 된다면 지금 국어학자들이 중세 문헌자료를 판독하고 해석하는 수준으로 제주어는 화석화된 언어가 될 것이다.

제주어의 활용과 보존을 위한 언어정책에는 여러 방법이 있다. 우선 제주도내에 있는 박물관, 도서관, 문화의 집(주민자치위원회 중심) 등에 제주어 코너를 만들 수 있다. 제주어 체험하기, 제주어 녹취 음성 듣기, 표준어로 다시 듣기 등의 프로그램 진행이 가능하다.

예를 들면 문화 관련 공공기관에서 '제주어 체험의 날'을 지정하는데 주·월·분기별 각 1회씩 정하거나 방학기간을 활용한다. 이 날만큼은 박물관 해설사는 모든 방문객에게 제주어로 설명해 주기, 제주어로 묻고 답하기 코너 설치하기, 제주어 구연자와 방문객이 대화하기 코너 설치 등 제주어 체험 방법은 다양하다.

제주도는 관광지여서 관광업 종사자들의 힘이 절대적이다. 이들이 제주어를 잘못 알려주면 언어의 오·남용으로 언어 공해가 될 수 있다. 따라서 이들에게 제대로 된 제주어 문법교육이(제주어 음운, 문법, 의미, 유래 등) 필요하다. 즉 제주도 방문객과 안내자가 제주어로만 일상적인 대화를 시도해 보는 것도 활용 방안이 될 수 있다(제주어로 음식점에서 주문하기, 길 찾기, 관광지 찾아가기 등). 이때 음식점

입구에 '이 가게에 들어오는 순간부터 제주어만 사용하기' 등 특정 안내문을 써 붙이기, 제주어 사용 전용 구역 정하기를 연구해 볼 필요가 있다.

또한 대중매체를 활용하는 방법으로 지역 언론에 제주어 관련 고정란(-나도 한마디, 제주어 배워보기 등-)을 만들어서 홍보하기가 필요하다. 이는 외국어 배우기와 비교하면 된다.

한글학회가 주관하는 「아름다운 가게 이름 시상식」이 있는데 이를 적용해서 연 1회 아름다운 제주어 상호명 조사 및 시상식을 시행하는 것도 한 방법이다.

제주어주간에 '제주어 글짓기대회, 제주어 노래 부르기, 제주어 구연하기, 제주어 시 낭송, 제주어 연극, 제주어 말하기, 제주어 영화(영화 대본에 제주어 일부 삽입하기)' 등 다양한 프로그램을 개발하여 보급한다면 제주어 보존과 활용 측면에서 파급 효과가 클 것이다.

6. 제주어의 가치 논의 초월

지금까지 제주어의 현실을 정리하면 제주교총과 제주연극협회가 주관하는 「제주어말하기대회」, 여러 축제에 따라 간간이 첨가되는 제주어로 말하기, 가요부르기, 민요 부르기 , 학교별 대회, 사회에서 일반인들이 진행하는 음악, 연극, 서예, 문학작품 등 예술분야에 한정되어 있다. 경제 분야를 보면 상호명, 상표명, 음식명, 제주 문화콘텐츠를 이용한 애니메이션에 등장하는 정도이다. 제주사회에서는 나름대로 제주어의 중요성을 인식할 때마다, 이를 인식시키기 위하여 부정기적인 업적들이 나타나고 있다.

요즘 제주도에서 진행되고 있는 농촌테마마을/역사마을 만들기의 주 관심은 관광산업에 몰려 있으며, 마을의 고유문화를 찾아내고 이를 외부에 알리려면 결국 제주어로 명명된 산물들이 해당된다. 사람들은 주로 가시적인 물질에만 관심을 두는데 그 물질을 표현하는 제주어가 없다면 어떻게 고유한 맛을 살려서 드러낼 수 있을까?

지금은 국가 간 지역 간 문화영역의 경계가 무너지고 있다. 이는 국가나 지역 사람들의 정체성 유지에도 부정적인 영향을 미칠 수 있다. 이런 단점을 빨리 깨닫고 극복하려는 의지는 결국 해당 문화 소유자들의 몫이다. 제주 사람들의 정체성을 확립하고 유지해 줄 수 있는 제주어는 제주 문화의 근간이므로 언어정책은 문화정책의 핵심이 되어야 할 것이다.

요즘 제주사회는 제주어가 제주 사람들의 정신문화와 물질문화의 근간이라는 사실에 동의하고, 이를 살리는 것이 우리들의 정체성 확립에 적합하다는 것을 인정하는 분위기이다. 그러나 제주 사람들이 제주어를 사용하려는 의도적이고 자발적인 노력이 없으면 어떠한 제도나 방법도 효과를 거둘 수가 없다. 더구나 제주 사람들은 외지인을 만났을 때 표준어를 구사하려는 의식이 강해서 제주어의 노출에 소극적인 편이다. 이런 점이 제주어를 전국에 알리는데 장애가 되고 있다.

제주어로 명명된 문화적 산물이 생활화가 되면 제주의 무형문화유산이 살아남게 되고 제주도도 더불어서 살아남을 것이다. 『제주문화상징』에는 제주어의 가치가 잘 드러난다. 선정된 항목 중 제주어로 살아남은 것에는 '제주어, 제주굿, 제주초가, 갈옷, 오름, 돌담, 곶자왈, 내창, 검은도새기, 검은쉐, 폭낭, 잣성, 원, 테우, 허벅, 정낭, 테우리, 빙떡, 자리회, 소금빌레, 수눌음, 돗통시, 오메기술·고소리술, 물방애, 애기구덕, 궨당과 삼춘, 몸국, 신구간, 설문대할망, 돌하르방, 동자석, 당, 심방, 자청비, 본풀이, 삼승할망, 이어도' 등이 있다. 이 단어에는 제주의 역사와 문화가 녹아 있으므로 제주 사람들의 정체성 찾기 측면에서라도 보존할 가치가 있다. 이것이 제주의 문화산업이 될 수 있다.

제주국제자유도시와 제주방언

1. 머리말

국제화시대에 문화관광이라고 하면 자연 풍광이나, 유형의 문화유산을 떠올리기 쉽지만 자국의 언어, 지역의 방언도 중요한 무형문화재라고 본다. 이에 제주방언의 활용과 보존의 측면에서 제주방언회화를 제시한다.

제주의 전통적인 의식주와 생활풍습을 제주방언으로 꾸며 보았다. 제주도에 온 외지인이나 외국인이 제주방언을 배우면서 활용할 수 있고, 제주 사람들 역시 제주의 문화를 이해할 수 있는 방언자료로 활용할 수 있을 것이다.

2. 제주방언 체험

2.1 제주의 음식

2.1.1 밥과 죽

(1) 문: 옛날엔 쏠로 멘든 밥을 머옌 굴앗수광?(옛날에는 쌀로 만든

밥을 무엇이라고 말했나요?)

답: 이젠 쏠밥이엔 헤도 옛날엔 곤밥이렌 헷수다.(지금은 쌀밥
이라 하지만 옛날에는 곤밥이라고 했어요.)

문: 곤밥? 그 뜻을 잘 몰르쿠다.(곤밥? 그 뜻을 잘 모르겠네요.)

답: 쏠은 히영흔 색 아니꽈? 주로 식게영 멩질날만 먹을 수
잇엇수다. 경흐연 고운밥, 곤밥이렌 헴수다.(쌀은 흰색이잖
아요. 주로 제사, 명절에만 먹을 수 있었거든요. 그래서 고운밥,
곤밥이라고 해요.)

(2) 문: 콩죽은 어떤 거우깡?(콩죽은 어떤 거예요?)

답: 콩ᄀ를에 늠삐나 ᄂᆞ물을 서껑 멘들아마씀.(콩가루에 무나
배추를 섞어서 만들어요.)

문: 경흐믄 콩죽은 어떵흔 맛이우꽈?(그렇다면 콩죽은 어떤 맛
인가요?)

답: 콩ᄀ를의 코시롱흔 것광 늠삐의 시원흔 맛이 잘 서꺼졋
수다.(콩가루의 고소한 맛과 무의 시원한 맛이 골고루 섞여 있
어요.)

문: 콩죽은 이젠 먹지 안헴수과?(콩죽은 지금은 먹지 않나요?)

답: 아니우다. 제주도 사름덜은 옛날부터 이제까지 애용흐는
음식이곡 영영가가 풍부흡주.(아니에요. 제주도 사람들이 옛
날부터 지금까지 애용하는 음식이며 영양가가 풍부해요.)

문: 어디 가민 상 먹을 수 잇수과?(어디 가면 사 먹을 수 있나요?)

답: 음식점에서는 폴지 안흡네다.(음식점에서는 팔지 않아요.)

2.1.2 야채쌈

(1) 문: 제주도 사름덜은 어떵흔 체소를 셍으로 먹엇수과?(제주도
   사람들은 어떤 야채를 날 것으로 먹었나요?)

   답: 밧디서 나는 것은 건줌 먹엇수다.(밭에서 나는 것은 거의 먹
   었어요.)

   문: 유섶이영 비슷ᄒ게 생긴 이파리는 머우깡?(깻잎과 비슷하
   게 생긴 이파리는 무엇이에요?)

   답: 콩섭이렌 홉네다.(콩잎이라고 해요.)

   문: 콩섭도 먹어마씀?(콩잎도 먹나요?)

   답: 여름철에 콩섭으로 쌈 쌍 먹읍주.(여름철에 콩잎으로 쌈을
   싸서 먹어요.)

   문: 콩섭이영 잘 ᄀ치먹는 젓갈은 머우깡?(콩잎과 잘 같이 먹는
   젓갈은 무엇이에요?)

   답: 멜첫마씀. 자리젓이 이서도 멜첫이영 먹어사 제맛이우다.
   (멸치젓이에요. 자리젓이 있지만 멸치젓과 먹어야 제맛이에요.)

(2) 문: 제주도 고사리가 막 유명흔디 어떵 먹어마씀?(제주도 고사
   리가 아주 유명한데 어떻게 먹나요?)

   답: 주로 셍고사리를 ᄉᆞᆷ앙 보깡 먹읍주.(주로 날고사리를 삶아서
   볶아 먹어요.)

   문: 고사리는 어떵 구헴수광?(고사리는 어떻게 구하나요?)

   답: 봄에 고사리가 나기 시작ᄒ민 제주도 사름덜은 고사리를
   거끄레 다녀마씀.(봄에 고사리가 돋아나기 시작하면 제주도
   사람들은 고사리를 꺾으러 다녀요.)

문: 고사리 *거끄기*는 재미질 거 닮수다.(고사리 캐기는 재미있을
   것 같네요.)

답: 고사리 *거끄기* 축제도 이시난 흔번 참가헤 봅서.(고사리꺾
   기 축제도 있으니까 한번 참가해 보세요.)

2.1.3 떡과 음료

(1) 문: 제주도에서도 떡을 멘들앙 먹어낫수과?(제주도에서도 떡을
       만들어 먹었나요?)

   답: 예게. 떡 종류가 하영 이십주.(그럼요. 떡의 종류가 많아요.)

   문: ㅎ나ㅎ나 소개헤 줍서.(하나하나 소개해 주세요.)

   답: 자, 밥상 우틔 이신 이 떡은 빙떡이우다.(자, 식탁 위에 있는
      이 떡은 빙떡이에요.)

   문: 빙떡은 어떵 멘들아마씀?(빙떡은 어떻게 만드나요?)

   답: ᄆᆞᆯ ᄀᆞ를을 반죽ᄒᆞ곡 그 속에 ᄂᆞ삐영 패마농을 놓 멘들아마
      씀.(메밀가루를 반죽하고 그 속에 무와 파를 넣어서 만들어요.)

   문: 뚠 디서는 먹어보지 못흔 떡이우다.(다른 곳에서는 먹어보지
      못한 떡이에요.)

   답: 맞수다. 제주도에서만 멘들앙 먹읍네다.(그래요. 제주도에서
      만 만들어 먹어요.)

(2) 문: 제주도에서도 발효 음료를 먹어낫수과?(제주도에서도 발효
       음료를 먹었나요?)

   답: 감주영 쉰다리가 잇수다.(감주와 쉰다리가 있어요.)

   문: 감주는 언제 먹는 거우깡?(감주는 언제 먹는 거예요?)

답: 식게 때 술 대신 올리는 들콤흔 주스우다.(제사 때 술 대신
올리는 달콤한 주스예요.)

문: 지금 마시는 차는 빛깔이 춤 곱수다.(지금 마시는 차는 빛깔
이 참 곱네요.)

답: 오미자엔 흔 열매로 멘든 오미자차우다.(오미자라는 열매로
만든 오미자차예요.)

2.2 제주의 생활상

2.2.1 제주 사람들의 살림살이

(1) 문: 상수도 시설이 엇일 때는 물을 어떵 이용햇수과?(상수도
시설이 없을 때는 물을 어떻게 이용했나요?)

답: 여ᄌ덜이 물허벅을 이용헹 물을 질엇수다.(여자들이 물동이
를 이용해서 물을 길었어요.)

문: 물허벅이 머우꽈?(물허벅이 무엇이에요?)

답: 물허벅은 항아리영 비슷흔디 흑으로 멘들앗수다.(물동이는
항아리와 비슷한데 흙으로 만들었어요.)

문: 물이 하영 필요홀 땐 어떵 헷수과?(물이 많이 필요할 때는
어떻게 했나요?)

답: 마을 여ᄌ덜이 공동으로 질엉 와신디 이걸 물부주엔 흡주.
(마을 여자들이 공동으로 길어 왔는데 이것을 물부조라고 해요.)

문: 마당에 보난 항아리가 ᄋ라 개 이선게 어떵흔 그릇이우꽝?
(마당에 보니까 항아리가 여러 개 있던데 어떤 그릇이에요?)

답: 항아리의 용도는 다양흡주.(항아리의 용도는 다양해요.)

(2) 문: 항아리말앙 대나무로 멩근 그릇도 잇수광?(항아리말고 대나무로 만든 그릇도 있나요?)

답: 대구덕이 잇수다.(대구덕이 있어요.)

문: 구덕? 구덕 종류도 굴아줍서(구덕? 구덕의 종류를 말씀해 주세요.)

답: 아기구덕, 물구덕, ᄂᆞ물구덕, 떡구덕이 잇수다.(아기요람, 물바구니, 나물바구니, 떡바구니가 있어요.)

문: 아기구덕은 어떵 셍겻수과?(아기요람은 어떻게 생겼나요?)

답: 타원형인디 아기를 눅졍 홍글엇수다.(타원형인데 아기를 눕혀서 흔들었어요.)

문: 물구덕은 머우깡?(물바구니는 뭐예요?)

답: 물허벅을 낭 물을 질 때 사용ᄒᆞ는 구덕이우다.(물동이를 넣고 물을 길어나를 때 사용하는 바구니예요.)

문: ᄂᆞ물구덕은 어떵흔 거우깡?(나물바구니는 어떤 거예요?)

답: 체소를 담는 구덕이우다.(야채를 담는 바구니예요.)

(3) 문: 옛날은 음식을 어떵 보관헷수과?(옛날에는 음식을 어떻게 보관했나요?)

답: 구덕이영 비슷흔 차롱이 잇수다.(바구니와 비슷한 차롱이 있어요.)

문: 경ᄒᆞ믄 차롱은 어떵 셍겻수과?(그렇다면 차롱은 어떻게 생겼나요?)

답: 차롱은 대나무그릇인디 구덕보다 ᄒᆞ쓸 족수다.(차롱은 죽

제품인데 바구니보다 조금 작아요.)

2.2.2 제주의 주택 모습

(1) 문: 추운 저슬에는 어떵 살아낫수과?(추운 겨울에는 어떻게 살
　　　　았나요?)

　　답: 제주도 집 구조를 알믄 이해ᄒ기 쉽수다.(제주도 가옥 구조
　　　　를 알면 이해하기 쉬워요.)

　　문: 이 집광 튼나우깡?(이 집과 다르나요?)

　　답: ᄒ꼼 튼나우다.(조금 달라요.)

　　문: 혹시 옛날 모습을 알젠 허믄 사진이라도 잇수과?(혹시 옛
　　　　모습을 알려고 하면 사진이라도 있나요?)

　　답: 공장에 걸어진 사진 보민 알 수 잇수다.(벽에 걸려 있는 사진
　　　　을 보면 알 수 있어요.)

　　문: ᄒ나썩 설명헤 줍서.(하나씩 설명해 주세요.)

　　답: 제주도 집을 초가엔 홉네다.(제주도 집을 초가라고 해요.)

　　문: 초가는 무슨 뜻이우깡?(초가집은 무슨 뜻이에요?)

　　답: 집을 짓일 때 진흑이영 보릿낭을 사용헷수다.(집을 지을 때
　　　　진흙과 보릿대를 사용했어요.)

　　문: 지붕은 어떵 멩글아마씸?(지붕은 어떻게 만드나요?)

　　답: 새로 지붕을 더껏수다. 경ᄒ난 초가집이엔 헴수다.(띠로 지
　　　　붕을 덮었어요. 그래서 초가라고 하는 거예요.)

　　문: 시멘트로 짓인 집이영 초가는 어떵ᄒ 차이가 잇수과?(시멘
　　　　트로 지은 집과 초가는 어떤 차이가 있나요?)

답: 초가는 흙이영 풀, 낭으로 되어 이시난 저슬엔 뜨뜻ᄒ곡
여름엔 시원흡주.(초가집은 흙과 풀, 나무로 되어 있어서 겨울
에는 따뜻하고 여름에는 시원해요.)

(2) 문: 음식은 어떵 멩글앗수과?(음식은 어떻게 만들었나요?)

답: 불 승앙 솟더서 멩글앙 먹엇수다.(불을 지피고 솥에서 만들
어 먹었어요.)

문: 화덕이서 불을 숨으민 어떵헤마씀?(아궁이에서 불을 지피면
어떻게 되나요?)

답: 화덕에 이신 불꽃이 방바닥으로 들어강 방이 뜨뜻헤마씀.
(아궁이에 있는 불꽃이 방바닥으로 들어가서 방이 따뜻해요.)

문: 정지가 엇인 방은 어떵허여마씀?(부엌이 없는 방은 어떻게 하
나요?)

답: 굴묵을 이용흡네다.(굴묵을 이용해요.)

문: 굴묵은 뭐 ᄒ는 거우깡?(굴묵은 뭐 하는 거예요?)

답: 방바닥으로 연결되는 큰 고망이우다.(방바닥으로 연결되는
큰 구멍이에요.)

문: 굴묵 짇을 때 사용흔 땔감은 머우깡?(굴묵을 땔 때 사용한
연료는 뭐예요?)

답: 낭가지영 쉐똥이영 사용헤십주.(나뭇가지와 소똥을 사용했
어요.)

문: 이 집에 들어오는 골목을 뭐옌 굴암수과?(이 집에 들어오는
골목을 뭐라고 하나요?)

답: 올레렌 흡네다.(올레라고 해요.)

2.2.3 제주 사람들의 생활 모습

(1) 문: 삼춘은 이디 사는디, 저디 사는 건 누게꽝?(삼촌은 여기 사는데, 저기 사는 건 누구인가요?)

답: 나 ᄌᆞ식이 결혼헹 살암서.(내 자식이 결혼해서 살고 있어.)

문: 경ᄒᆞ믄 저딘 뭐엔 불럼수과?(그렇다면 저건 뭐라고 부르나요?)

답: 마당 안에 이시난 안거리엔 ᄒᆞ곡, 마당 바껏듸 이시난 밧거리엔 ᄒᆞ주.(마당 안쪽에 있어서 안거리, 마당 바깥쪽에 있어서 밖거리라고 해.)

문: 안거리, 밧거리? 춤 특이ᄒᆞᆫ 구조우다.(안거리, 밖거리? 참 특이한 구조네요.)

답: 제주도의 전통적인 집 모습이주.(제주도의 전통적인 가옥 모습이지.)

문: 게믄 안거리엔 누게가 살암수과?(그렇다면 안거리에는 누가 사나요?)

답: 주로 부모님이 살주.(주로 부모님이 살지요.)

문: ᄒᆞᆫ 마당 안이서 부모영 ᄌᆞ식이 ᄒᆞ디 살암수과?(한 울타리 안에서 부모와 자식이 같이 사나요?)

답: 경ᄒᆞ주. 계도 생활권은 틀나우다.(그래요. 그래도 생활권은 달라요.)

문: 생활권이 틀나뎬 ᄒᆞ민 무슨 뜻이우깡?(생활권이 다르다고 하면 무슨 뜻이에요?)

답: 메누리영 시어멍 생활공간이 구별뒌 뎬 ᄒᆞᆫ 말이우다.(며느

리와 시어머니의 생활공간이 구별된다는 말이지요.)

문: 제주도에서는 집안에 잔치가 이시믄 어떵 ᄒ여마씀?(제주
도에서는 집안에 결혼식이 있으면 어떻게 하나요?)

답: 궨당이영, 마을 사름덜이 몬딱 도와줍주.(권당과 마을 사람
들이 모두 도와줘요.)

문: 아무 대가도 엇이 도와줘마씀?(아무 대가도 없이 도와주나요?)

답: 경 도와주는 게 수눌음이엔 흡주.(그렇게 도와주는 것을 수
눌음이라고 하지요.)

(2) 문: 제주도 ᄒ민 ᄄᆞ뜻ᄒ 도시엔 들엇수다.(제주도 하면 따뜻한
도시라고 들었어요.)

답: 경 생각ᄒ는 사름덜이 한 거 닮은디 저슬에는 눈이 옵주마
씀.(그렇게 생각하는 사람들이 많은 것 같은데 겨울에는 눈이
내려요.)

문: 춤말이우꽝? 나도 이번 저슬에는 눈 구경헤지쿠다양?(정
말이에요? 저도 이번 겨울에 눈 구경할 수 있겠네요?)

답: 경흡주. 한라산에서 눈축제도 ᄒ여마씀.(그럼요. 한라산에서
눈축제도 하지요.)

(3) 문: 제주도에는 돌, ᄇᆞ름, 여ᄌ가 하덴 들엇수다.(제주도에는 돌,
바람, 여가가 많다고 들었어요.)

답: 돌은 하우다.(돌은 많아요.)

문: 돌은 어디 하우꽝?(돌은 어디에 많나요?)

답: 우영팟담이영, 밧담, 산담에 사용ᄒ주마씀.(텃밭 울타리나
밭 울타리, 무덤 울타리를 쌓을 때 사용해요.)

문: 무사 ᄇᆞ름이 하덴 헴수과?(왜 바람이 많다고 하나요?)

답: 섬이난 ᄇᆞ름이 ᄌᆞ주 불주마씸.(섬이어서 바람이 자주 불지요.)

문: ᄎᆞᆷ말로 여ᄌᆞ가 하우꽈?(정말 여자가 많나요?)

답: 인구비율로 보민 비슷흔디, 집이서나 드르에서 하영 보이
난 경 굴암실 거우다.(인구비율로 보면 비슷한데 집에서나 들
에서 많이 보이니까 그렇게 말하는 거예요.)

(4) 문: 삼춘은 지금도 일ᄒᆞ염수과?(어르신께서는 지금도 일하시
나요?)

답: 우리 노인덜은 아프지만 안ᄒᆞ민 일흡주.(우리 노인들은 아
프지만 않으면 일해요.)

문: 경 일ᄒᆞ민 힘들지 안ᄒᆞ우꽈?(그렇게 일하면 힘들지 않나요?)

답: 제주도 사람덜은 자립심이 강ᄒᆞ난 ᄌᆞ식안티 기대지 안헹
살아마씸.(제주도 사람들은 자립심이 강해서 자식한테 기대지
않고 살아요.)

(5) 문: 나가 듣기로는 제주도에서는 아무 때나 이사ᄒᆞ기 힘든덴
흅다.(내가 듣기로는 제주도에서는 아무 때나 이사하기가
힘들다던데요?)

답: 경ᄒᆞ주. 제주도에는 신구간이엔 흔 벨흔 풍속이 잇수다.(그
래요. 제주도에는 신구간이라는 특별한 풍속이 있어요.)

문: 신구간은 어떵흔 거우까?(신구간은 어떤 거예요?)

답: 이때 이사ᄒᆞ민 아무 탈이 엇덴 믿주게.(이때 이사하면 아무
탈이 없다고 믿지.)

문: 이사철이 정헤경 이시난 불편ᄒᆞ지 안ᄒᆞ우깡?(이사철이 정

해져 있어서 불편하지 않은가요?)

답: 집을 구ᄒᆞ는 거영 이사 비용이영 불편ᄒᆞᆫ 점이 이십주.(집을
구하거나 이사 비용 등 불편한 점이 있어요.)

문: 실생활에 불편ᄒᆞ민 고칠 수 엇수과?(실생활에 불편하면 고
칠 수 없나요?)

답: 전해 내려오는 풍속을 고치젠 ᄒᆞ민 막 어려웁네다.(전해
내려오는 풍속을 고치려면 매우 어렵지요.)

(6) 문: 어디서 코시롱ᄒᆞᆫ 음식 내움살이 남수다?(어디서 고소한 음
식 냄새가 나네요?)

답: 오늘 욜집이 식게가 잇수다.(오늘 이웃집에 제사가 있어요.)

문: 욜집 식게에 아무나 갈 수 잇수과?(이웃집 제사에 아무나 갈
수 있나요?)

답: 제주도 풍습인디 '식게 먹으레 감저.'렌 ᄒᆞ여마씀.(제주도의
풍습인데 '제사 먹으러 간다'고 해요.)

문: '먹으레 감저'는 무슨 뜻이우깡?(먹으러 간다는 무슨 뜻이
에요?)

답: 식게칩이 강 음식을 먹넨 ᄒᆞᆫ 말이우다.(제삿집에 가서 음식
을 먹는다는 말이에요.)

문: 식게 음식을 ᄂᆞᆼ 먹음도 ᄒᆞ여마씀?(제사음식을 나눠 먹기
도 하나요?)

답: 경ᄒᆞᆸ주. 이걸 '반테운다'엔 ᄀᆞᆯ옵주.(그래요. 이것을 반도른다
고 말해요.)

문: 떡반은 어떵 멩글아마씀?(떡반은 어떻게 마련하나요?)

답: 식게 음식을 흐나썩 접시에 몬딱 놉주.(제사음식을 하나씩 접시에 모두 넣어요.)

문: 식게 음식만 떡반이엔 ᄒ여마씀?(제사음식만 떡반이라고 하나요?)

답: 멩질이나, 식게, 상 날 때 ᄂ놔 먹는 건 몬딱 경 굴읍주.(명절이나 제사, 장례식 때 나누어 먹는 음식 모두를 말해요.)

2.3 정감이 있는 제주 문화

(1) 문: 나가 오늘 제주의 문화를 하영 들어신디 어떵 인사ᄒ여마씀?(내가 오늘 제주도 문화를 많이 들었는데 어떻게 인사할까요?)

답: 간단흡주. '고맙수다' ᄒ민 됩주.(간단해요. '고맙습니다'라고 하면 돼요.)

문: 어머니, 아버지를 어떵 불럼수과?(어머니, 아버지를 어떻게 부르나요?)

답: 어멍, 아방 ᄒ는디 직접 경 불르지는 못흡주.(어멍, 아방 하는데 직접 그렇게 부를 수는 없어요.)

문: 이디저디 돌아다니당 보난 돌로 멩근 사름이 이십디다.(여기저기 돌아다니다 보니까 돌로 만든 사람이 있던데요?)

답: 그걸 돌하르방이렌 굴읍네다.(그것을 돌하르방이라고 말해요.)

문: 돌의 뜻은 알아지쿠다마는 하르방은 무슨 뜻이우꽈?(돌의 뜻은 알겠지마는 하르방은 무슨 뜻이에요?)

답: 하르방은 할아버지렌 흔 말이우다.(하르방은 할아버지라고

하는 말이에요.)

문: 나 또래 사름덜은 표준어를 사용홉디다.(내 또래 사람들은
표준어를 사용하던데요?)

답: 우리 7튼 노인덜은 제주방언을 사용ᄒ지만 ᄎᄎ 사라졈수
다.(우리같은 노인들은 제주방언을 사용하지만 점점 사라지고
있어요.)

문: 무사 제주도 사름덜이 제주방언을 잘 사용ᄒ지 안헴수과?
(왜 제주도 사람들은 제주방언을 잘 사용하지 않나요?)

답: 흑교에서 표준어 교육을 받기도 ᄒ곡 ᄄᆞ시 다른 이유도
싯수다.(학교에서 표준어교육을 받기도 하고 또 다른 이유도
있어요.)

(2) 문: 사진을 보난 돗통시가 이신디 뭔 말이우꽈?(사진을 보니까
돼지우리가 있던데 무슨 말이에요?)

답: 제주방언 돗은 돼지영 7튼 말이우다.(제주방언 돗은 돼지와
같은 말이에요?)

문: 경ᄒ믄 통시는 무슨 말이우깡?(그렇다면 통시는 무슨 뜻이
에요?)

답: 통시는 표준어로 돼지우리렌 굴읍네다.(통시는 표준어로 돼
지우리라고 말해요.)

문: ᄒ꼼 더 설명해 줍서.(좀더 설명해 주세요?)

답: 도새기를 질루는 디 보릿낭이영 하간 거를 놓읍주.(돼지를
기르는 곳에 보릿짚과 여러 가지 풀을 넣어요.)

문: 무사 보릿낭을 놉수과?(왜 보릿짚을 넣나요?)

답: 도새기 배설물광 보리낭을 서껑 걸름을 멩급네다.(돼지 배
설물과 보릿짚을 섞어서 거름을 만들어요.)

문: 흐꼼 전에 말흔 걸름은 어디에 썸수광?(좀 전에 말한 거름은
어디에 사용하나요?)

답: 농사흐는 밧디 뿌립주.(농사짓는 밭에 뿌리지요.)

문: 요새 곧는 친환경이엔 흔 방법이우다양.(요즘 말하는 친환
경적이라는 방법이네요.)

답: 옛날 제주도의 생활이 자연을 거실리지 안흔 겁주.(옛날
제주도의 생활이 자연을 거역하지 않은 거예요.)

문: 요샌 영흔 걸름이 엇수과?(요즘은 이런 거름이 없나요?)

답: 돗통시가 엇이난 목장에서 걸름이 나오긴 흡주.(돼지우리
가 없어서 목장에서 거름이 나오기는 해요.)

문: 현대인덜이 좋아흐는 유기농 농산물이영 관계잇수과?(현
대인들이 좋아하는 유기농 농산물과 관계있나요?)

답: 옛날 농사법이 유기농이주마씀.(옛날 농사법이 유기농법이
에요.)

3. 맺음말

제주방언을 직접 말해본다는 차원에서 가능하면 옛날의 방언 모
습을 제시하고자 했다. 언어의 변화에 따라서 방언도 표준어화 되
면서 중간단계 형이 존재하지만 제주방언의 원형을 살린다는 취지

에서 잘 쓰이지 않는 표현도 사용했다. 여기에 제시한 문장은 연령이나 지역에 따라서 다르지만 70대 이상은 자유로운 발화이고, 연령이 낮을수록 잘 모르거나 어색한 표현일 수도 있다.

제주의 음식에서는 곤밥의 의미, 날고사리 먹는 법, 콩잎 먹기 등을 제주의 생활상에서는 물허벅 이용하기, 아기구덕, 제주의 초가, 굴묵의 기능을 알아보았다. 제주인의 생활모습에서는 안거리와 밖거리문화, 식게 먹기, 돌하르방, 돗통시 등 정겨운 제주 문화도 살펴보았다.

제주어의 국제적인 파워

1. 제주어의 힘

20세기 후반부터 제주도가 장수촌으로 부각되는 전기가 마련되었다. 이에 따라 제주도의 전통음식이 장수음식으로 인식되면서 21세기에 참살이(웰빙) 음식의 대용어가 되고 있다. 이는 제주도 전통음식이 '가난한 음식→장수음식→참살이음식'으로 인식의 변화가 나타나는 등 사회문화적 의미로 해석할 수 있다. 2002년에 제주도가 국제자유도시를 지향하면서 제주 사람들의 정체성에 관심이 고조되었고, 제주도의 역사, 민속, 음식, 언어(방언)의 가치가 더욱 높아졌다. 또한 2006년 7월 1일로 특별자치도가 되면서 제주도의 전통문화에 대한 관심은 더욱 집중될 것이다.

어떤 학자는 불을 거의 사용하지 않은 생식에 가까운 음식이 자연적이며 순수한 음식이라 했다. 이 말이 제주도 음식의 특성과 유사하다고 생각한다. 아울러 제주도 음식은 덜 인공적이어서 21세기 웰빙음식으로 조명을 받을 것이라 본다. 이런 장점을 지닌 제주도의 전통음식이 지속성을 띠려면 상품화가 되어야 한다는 전제하에, 또한 제주어를 활용하고 보존한다는 측면에서 음식 관련 용어를 맛볼 수 있게 구성해 보았다.

음식 중에서도 오래전부터 전승되고 있는 전통음식을 중심으로 소개하고자 한다. 즉 이를 부르는 음식 용어가 다행히도 제주어로 남아 있지만 제주어 사용자들이 점점 줄어드는 상황에서 전통음식이 부활한다면 그에 따른 언어도 소생할 것이다. 제주도가 국제적인 관광지로 인식되면서 제주도를 찾는 내국인과 외국인이 늘어나는 추세이다. 이들에게 제주도의 전통음식을 소개할 때 제주어를 이용하면 음식의 상품화와 언어의 상품화가 동시에 가능하다고 본다.

따라서 생활어를 보존하는 방법에는 여러 가지가 있지만 제주도 전통음식 용어에 남아 있는 제주어를 유지하고 보존하는 것도 문화재 보존 정책이라는 입장에서 이 글을 전개하고자 한다.

2. 계절음식과 제주방언

제주도 전통음식에는 계절음식(시절음식)과 통과의례 음식이 있다. 음식의 종류를 세분화하면 기준이 더 많지만 여기서는 계절에 따른 전통음식을 활용해서 제주어로 체험해 보고자 한다.

(1) 문: 요새ᄀ추룩 더울 땐 주로 머 먹어낫수과?(요즘처럼 더울 때는 무엇을 먹었나요?)

　　답: 시원한 물웨냉국이나 물훼를 먹엇수다.(시원한 물외냉국이

나 물회를 먹었어요.)

문: 물웨냉국은 잘 몰르는 음식이우다. 제주도에만 잇수과?(물
외냉국은 잘 모르는 음식이에요. 제주도에만 잇나요?)

답: 물웨는 오이영 비슷ᄒ곡 늘된장으로 양념ᄒ영 먹어낫수
다.(물외는 오이와 비슷하고 날된장으로 양념해서 먹었어요.)

문: 물휘는 주로 뭘로 멘들앙 먹어낫수광?(물회는 주로 무엇으
로 만들어서 먹었나요?)

답: 바당이서 나는 거영 야채영 다 멘들아져마씀.(바다에서 나
는 것과 야채로 다 만들어요.)

문: 바당이서 나는 건 어떤 거우꽈?(바다에서 나는 건 어떤 거
예요?)

답: 톳, 우미, 청각이 이신디 이걸로 냉국을 멘들앙 먹읍주.(녹
미체, 우뭇가사리, 청각채가 있는데 이것으로 냉국을 만들어 먹
어요.)

문: 이제도 먹을 수 잇수과?(지금도 먹을 수 있나요?)

답: 예. 요샌 건강음식이엔 ᄒ멍 역불로 촛앙 먹엄수게.(예. 요
샌 건강음식이라 하면서 일부러 찾아서 먹어요.)

문: 우미냉국은 어떵 멘들아마씀?(우뭇가사리냉국은 어떻게 만
드나요?)

답: 우민 열을 내리는 음식이우다.(우뭇가사리는 열을 내리는 음
식이에요.) 우미를 채 썰곡, 늘된장을 풀곡, 쉐우리영 콩ᄀ
를을 놩 먹읍주 뭐.(우뭇가사리를 채썰고, 날된장을 풀고, 부
추와 콩가루를 놔서 먹어요.)

문: 톳냉국이영 청각냉국은 우미냉국이영 비슷홀 거 닮아 베
다양.(녹미채냉국과 청각채냉국은 우뭇가사리냉국과 비슷할
것 닮아 뵙니다.)

답: 맞수다. 주 재료만 트나곡 양념이영 멩그는 방법은 フ트우
다.(맞아요. 주 재료만 다르고 양념과 만드는 방법은 같아요.)

(2) 문: 멜국도 제주도 전통음식이우꽈?(멸치국도 제주도 전통음식
인가요?)

답: 예게. 멜국도 유명ᄒ주만 멜을 지정 먹어도 맛이 좋수다.
(예. 멸치국도 유명하지만 멸치를 조려서 먹어도 맛이 좋아요.)

문: 멜지짐은 어떵ᄒᆫ 반찬이우꽈?(멸치조림은 어떤 반찬인가요?)

답: 흙은 멜을 ᄒ썰 물령 국물 엇이 지정 먹는 거우다.(굵은
멸치를 조금 말려서 국물 없이 조려서 먹는 거예요.)

문: 요새도 먹어마씀?(요새도 먹나요?)

답: 예. 멜을 지질 때 먹기 좋게 짤르곡, 물을 놔사 좋수다.(예.
멸치를 조릴 때 먹기 좋게 자르고, 물을 놔야 좋아요.)

문: 음식점에 강 보난 보말국이영 깅이죽이 이십디다.(음식점
가 보니까 고동국과 게죽이 있던데요.)

답: 지역에 따라 보말이나 フ메기옌 ᄒᆫ디 이걸로 국이영 죽
을 멘들앙 폽주마씀.(지역에 따라서 보말이나 フ메기라 하는
데 이것으로 국과 죽을 만들어서 팝니다.)
뜨시 깅이도 서귀포 지역에서는 겡이렌 헤마씀.(또 게도 서
귀포 지역에서는 겡이라고 해요.) 깅이로 국이영 죽도 멘들

앙 먹고, 콩이영 ᄀ치 보깡 먹기도 홉주.(게로 국과 죽을 만
들어서 먹고, 콩과 같이 볶아서 먹기도 해요.)

(3) 문: 물훼 재료는 머우꽝?(물회 재료 뭐예요?)

답: 주로 자리영 오징어마씀.(주로 자리돔과 오징어요.)

문: 자리훼 어느 철에 하영 먹어마씀?(자리회는 어느 계절에 많
이 먹나요?)

답: 자리는 주로 여름철에 먹는 음식이우다.(자리돔은 주로 여
름철에 먹는 음식이에요.)

문: 경ᄒ믄 자리로 멘들앙 먹는 음식을 ᄀ라줍서.(그렇다면 자
리돔을로 만들어서 먹는 음식을 말해주세요.)

답: 우선 자리훼, 자리지짐, 자리구이가 이신디 자리 흙은 거에
따랑 달릅주.(우선 자리회, 자리조림, 자리구이가 있는데 자리
굵기에 따라서 달라요.)

보통 건 자리훼로 쓰곡, 막 흙은 건 구웡 먹어마씀(보통 건
자리회로 사용하고, 아주 굵은 것은 구워서 먹어요.)

경ᄒ곡 쉬자린 막 잰잰ᄒ 건디 물에 싯엉 늘 채로도 먹읍
니께.(그리고 쉬자린 아주 자그마한 것인데 물에 씻어서 날 것
으로도 먹어요.)

(4) 문: 들어보난 여름엔 먹을 거 하난 거 닮수다예.(들어보니까
여름엔 먹을 거 많았던 것 닮아요.)

답: 이제사 보난 하 베주. 그땐 엇어낫수다.(이제야 보니까 많아
보이지. 그땐 없었어요.)

문: 요새 들으난 제주도 돗궤기가 맛 좋덴 흔 게 여름에도 먹
어낫수과?(요새 들으니까 제주도 돼지고기가 맛 좋다고 하던
데 여름에도 먹었나요?)

답: 아니우다. 돗궤긴 여름에 잘 먹어사 본전이렌 헤낫수다.(아
니에요. 돼지고긴 여름에 잘 먹어야 본전이라고 했어요.)

(5) 문: 제주도 전통음식에 잘 쓰는 양념은 머우꽝?(제주도 전통음
식에 잘 사용하는 양념은 뭐예요?)

답: 뒈나마나 된장이영 간장을 낫수다.(주로 된장과 간장을 놨
어요.)

답: 저, 향토음식점에 강 먹어보민 고추장이영 고칫ᄀ를을 하
영 놓는디 원래 제주도 음식에는 이런 거 하영 안 놔낫수
다.(저, 향토음식점에 가서 먹어보면 고추장과 고춧가루를 많
이 놓는데, 원래 제주도 음식에는 이런 거 많이 안 놨어요.)

문: 된장을 늘 걸로도 먹어마씀?(된장을 생으로도 먹나요?)

답: 예게. 제주도 사름덜신딘 된장이 음료수우다.(그렇죠. 제주
도사람들에게는 된장이 음료수예요.)

문: 어떵ᄒ난 경 굴암수과?(어째서 그렇게 말하나요?)

답: 밧디 일ᄒ레 갈 때도 물이영 된장만 ᄀ정 강 즉석에서 물
냉국을 멘들앙 먹곡, 욮이 이신 콩썹이라도 툳당 쌍 먹어마
씀.(밭에일하러 갈 때도 물과 된장만 갖고 가서 즉석에서 물냉
국을 만들어 먹고, 옆에 있는 콩잎이라도 따서 쌈으로 먹어요.)

문: 겐디 늘 된장은 맛이 ᄒ썰 이상ᄒ덴 헙디다.(그런데 날된장

은 맛이 조금 이상하다고 하던데요.)

답: 제주도 흑으로 멘든 옹기는 숨 쉬는 항아리난 내음살이
안 납주.(제주도 흙으로 만든 옹기는 숨 쉬는 항아리여서 냄새
가 안 나요.)

경흥곡 물도 담앙 놔두민 정화가 뒌덴 헙니께. 요샛말로
정수기가 따로 엇수다.(그리고 물도 담아서 놔두면 정화가 된
다고 합니다. 요즘 말로 정수기가 따로 없어요.)

문: 물훼나 된장을 양념홀 때 요샌 파를 놂신디, 옛날엔 뭐 놔
낫수과?(물회나 된장을 양념할 때 요샌 파를 놓는데, 옛날엔
무엇을 놨었나요?)

답: 여름엔 파가 엇이난 쉐우리를 주로 사용헷수다.(여름에 쪽
파가 없어서 부추를 주로 사용했어요.)

(6) 문: 여름에도 먹을 거 하낫수다양. 이제랑 봄부터 저슬ㄲ지
먹어난 음식을 굴아줍서.(여름에도 먹을 것이 많았었네요. 이
제는 봄부터 겨울까지 먹었던 음식을 말해주세요.)

답: 우선 봄엔 속을 틀곡 고사리도 거껑 먹읍니께.(우선 봄엔
쑥을 뜯고, 고사리도 꺾어서 먹어요.)

문: 속은 어떵 먹어마씀?(쑥은 어떻게 먹나요?)

답: 봄에 어린 속을 틀앙 속떡도 헹 먹곡, 범벅도 멘들앙 먹어
낫수다.(봄에 어린 쑥을 뜯어서 숙떡도 만들어 먹고, 범벅도 만
들어서 먹었어요)

문: 고사린 어떵 먹는고양?(고사리는 어떻게 먹나요?)

답: 늘 채로 먹기도 ᄒ주만 육개장을 멘들 때 사용협주.(날 것
으로 먹기도 하지만 육개장을 만들 때 사용해요.)

문: 육개장에 고사리 넣는 건 다른 지방이영 ᄀ트지 안ᄒ우
꽈?(육개장에 고사리를 넣는 것은 다른 지방과 같지 않나요?)

답: 제주도 육개장은 ᄒ썰 ᄐ나우다.(제주도 육개장은 조금 달
라요.)

문: 어떵 ᄐ나마씸.(어떻게 다른가요?)

답: 고사리를 푹ᄒ게 숢앙 손으로 문작ᄒ게 주물렁 사용ᄒ난
국물이 돼주마씸.(고사리를 폭 삶아서 손으로 으깨듯이 주물
러서 사용하니까 국물이 걸죽해요.)

(7) 문: 여름엔 물훼 말앙 ᄄ난 거 엇수광?(여름엔 물회 말고 다른
것은 없나요?)

답: 음력 6월 20일에 둑궤기를 먹어낫수다.(음력 6월 20일에 닭
고기를 먹었어요.)

문: 무사 먹어낫수과?(왜 먹었습니까?)

답: 봄에 빙애기를 사당 우영팟디서 질룹니다. 경ᄒ당 여름에
중간 정도 크민 몸보신으로 먹어낫수다.(봄에 병아리를 사다
가 텃밭에서 키웁니다. 그러다가 여름에 중간 정도 자라면 몸보
신용으로 먹었어요.)

이 풍속은 이제도 남아잇수다.(이 풍속은 이제도 남아있어요.)

문: 요샛말로 간식은 엇수과?(요샛말로 간식은 없나요?)

답: 잇수다. 보리를 장만ᄒ민 보깡 개역도 멘들앙 먹어낫수다.(있

어요. 보리를 장만하면 볶아서 미숫가루도 만들어서 먹었어요.)
이 개역은 요샌 웰빙음식이엔 글읍다.(이 미숫가루는 요새
는 웰빙음식이라고 하데요.)

(8) 문: 바룻궤기 중에 ᄀᆞ슬에 하영 먹는 건 머우꽈?(바닷고기 중에
　　가을에 많이 먹는 것은 뭐예요?)

　답: 바룻궤기사 일년 내내 먹주마는 ᄀᆞ슬에 맛좋은 게 갈치,
　　고등에가 잇수다.(바닷고기야 일년 내내 먹지마는 가을에 맛
　　좋은 것은 갈지, 고등어가 있어요.)

　문: 게믄 갈치나 고등에는 어떵 먹어마씀?(그러면 갈치나 고등
　　어는 어떻게 먹나요?)

　답: 제주도 전통음식이렌 ᄒᆞ민 갈치국, 갈치구이, 갈치조림이
　　유명헙주.(제주도전통음식이라고 하면 갈치국, 갈치구이, 갈치
　　조림이 유명해요.)
　　경ᄒᆞ곡 고등에도 조리법이 갈치영 ᄀᆞ트우다.(그러고 고등
　　어도 조리법이 갈치와 같아요.)

　문: 갈치국이영 고등에국은 제주 사름덜만 먹어낫수과?(갈치
　　국과 고등어국은 제주 사람들만 먹었나요?)

　답: 예. 경ᄒᆞ주만 이제사 전국에 알려져 이십주뭐.(예. 그렇지만
　　이제야 전국에 알려져 있지요.)

　문: 횟집에 가난 갈치훼도 이십디다.(횟집에 가니까 갈치회도 있
　　던데요.)

　답: 갈치만이 아니라 고등에도 훼로 먹읍니께.(갈치만이 아니고

고등어도 회로 먹습니다.)

문: 다른 지방에서는 들어보지 못헤신디양.(다른 지방에서는 들 어보지 못했는데요.)

답: 경협주. 제주도에서 난 싱싱흔 걸로 먹는 거우다.(그렇지요. 제주도에서니까 싱싱한 것으로 먹는 거예요.)

문: 경흐믄 이 훼도 제주도 전통음식이우꽈?(그러면 이 회도 제 주도 전통음식인가요?)

답: 예. 요샌 이런 생선이 비싸난 고급음식이엔 글읍주마씀. (예. 요샌 이런 생선이 비싸서 고급음식이라고 말합니다.)

(9) 문: 제주도 음식을 보민 국 종류가 한 거 닮수다.(제주도음식을 보면 국 종류가 많은 거 같아요.)

답: 잘 알암신게마씀. 밥도 거칠고, 출레도 별로 엇이난 국이 이서사 목으로 넘어갈 거 아니꽈?(잘 알고 있네요. 밥도 거 칠고, 반찬도 별로 없어서 국이 있어야 목으로 넘어갈 거 아니 예요?)

문: 밥 재료는 머마씀?(밥 재료는 뭐예요?)

답: 주로 보리쏠이영 좁쏠이라낫수다.(주로 보리쌀과 좁쌀이었 어요.)

문: 보리밥홀 때 재미진 말 엇수과?(보리밥을 지을 때 재미있는 말이 없나요?)

답: 잇수다. "요즘 살기가 어떵흐우꽈?" 물으민 "보리밥에 물 재미여."렌 흔 말이 잇수다.(있어요. "요즘 살기가 어떤가

요?" 하고 물으면 "보리밥에 물재미다."라 하는 말이 있어요.)

문: 처음 들어보는 말이우다.(처음 들어보는 말입니다.)

답: 요샌 보리밥을 안 먹으난 이런 속담도 들을 일이 엇수다. (요샌 보리밥을 안 먹어서 이런 속담도 들을 일이 없어요.)

문: 경흔디 이 속담은 어떵흔 말이우꽈?(그런데 이 속담은 어떤 말입니까?)

답: 보리밥을 흘 때 보리쏠을 끓이당 뜸 들이당 물을 놓고. 영 흔 일을 자꾸 반복ᄒ난 이런 말이 생겼수다.(보리밥을 지을 때 보리쌀을 끓이다가 뜸을 들였다가 물을 놓고. 이런 일을 자꾸 반복하니까 이런 말이 생겼어요.)

(10) 문: 옛날 어른덜이 구황음식이렌 ᄒ는디 건 먼 말이꽈?(옛날 어른들이 구황음식이라고 하는데 건 무는 말인가요?)

답: 흔 30년 전에 먹을 것이 엇이난 해초영 풀이영 아무 거나 먹은 때가 잇엇수다.(한 30년 전에 먹을 것이 없어서 해조류 와 풀 등 아무 것이나 먹은 적이 있었어요.)

문: 어떤 걸 구황음식이렌 헤마씀?(어떤 것을 구황음식이라고 하나요?)

답: 범벅이 젤 하낫주.(범벅이 제일 많았어.)

문: 범벅은 먼 말이우꽈?(범벅은 뭔 말입니까?)

답: 산이영 바당이서 나는 풀에 ᄀ를을 서껑 먹는 거우다.(산과 바다에서 나는풀에 가루를 섞어서 먹는 겁니다.)

문: 음식점에서 사 먹어져마씀?(음식점에서 사 먹을 수 있나요?)

답: 요샌 이런 거 먹지 안헤마씀.(요샌 이런 거 먹지 않아요.)

문: 경헤도 범벅 종류를 골아줍서.(그래도 범벅 종류를 말해주세요.)

답: 느젱이범벅, 깅이범벅, 감제범벅, 대죽범벅, ᄆᆞᆯ범벅, 톳범벅, 호박범벅이 이서낫수다.(나깨범벅, 게범벅, 고구마범벅, 사탕수수범벅, 메밀범벅, 녹미채범벅, 호박범벅이 있었어요.)

문: 범벅 종류를 들어보난 건강음식 ᄀᆞ트우다양.(범벅 종류를 들어보니까 건강음식 같네요.)

답: 맞수다. 요샌 너나 엇이 건강에 좋덴 ᄒᆞ민 아무거나 먹을 때난 영흔 음식을 개발ᄒᆞ영 폴아도 좋주양.(맞아요. 요샌 모두 건강에 좋다고 하면 아무거나 먹을 때니까 이런 음식을 개발해서 팔아도 좋지요.)

문: 범벅 말앙 밥 종류는 엇수광?(범벅 말고 밥 종류는 없나요?)

답: 풀이영 해초로 멩근 밥 종류도 하낫수다.(풀과 해초로 만든 밥 종류도 많았어요.)

문: 영흔 밥 중에 요새도 먹을 수 이신 건 머우꽈?(이런 밥 중에 요새도 먹을 수 있는 것은 뭐예요?)

답: 톳밥이 잇수다. 보리쏠을 솖앙 톳이영 서껑 멘듭주.(녹미채밥이 있어요. 보리 쌀을 삶아서 톳과 섞어서 만들어요.)

문: 영흔 밥을 어떵 먹어마씀?(이런 밥을 어떻게 먹나요?)

답: 우리 입맛이 변헤 부난 맛은 엇어도 그자 건강에 좋은 거엔 셍각ᄒᆞ멍 먹어삽주.(우리 입맛이 변해 버려서 맛은 없어도 건강에 좋은 거라 생각하면서 먹어야죠.)

톳밥을 먹을 때 식으민 톳이 질기난 뜨거운 때 먹어사 ㅎ
여마씀.(녹미채밥을 먹을 때 식으면 녹미채가 질기니까 뜨거울
때 먹어야 해요.)

문: 톳밥은 언제 먹어마씀?(녹미채밥은 언제 먹나요?)

답: 톳은 주로 여름에 먹는 음식이우다.(녹미채는 주로 여름에
먹는 음식이에요.)

(11) 문: 제주도가 특별자치도가 뒈시난 음식이영 관광이영 더 신경
써사 홀 거 ㄱ트우다양.(제주도가 특별자치도가 되어서 음식
과 관광에 더 신경을 써야 할거 같아요.)

답: 맞수다. 제주도 ㅎ민 관광이렌 ㅎ는디 사름덜이 오민 먹는
게 젤로 중ㅎ지 아녀꽈?(맞아요. 제주도 하면 관광이라 하는
데 사람들이 오면 먹는 것이 제일 중요하지 않나요?)

문: 경ㅎ주만 어떤 것이 제주도 음식인지 잘 몰르쿠다.(그렇지
만 어떤 것이 제주도 음식인지 잘 모르겠어요.)

답: 향토음식점이엔 흔 디 강 보민 제주도식 조리법이 아니난
경 굴을 만도 ㅎ우다.(향토음식점이라고 하는 데 가 보면 제
주도식 조리법이 아니어서 그렇게 말할 만도 합니다.)

문: 요샌 퓨전이렌 흔 말이 유행 아니꽈?(요샌 퓨전이라고 하는
말이 유행이잖아요.)

답: 잘 알암신게마씀.(잘 알고 있네요.)
경ㅎ난 제주도 전통음식을 어떵 변형헤사 상품가치가 이
실 건고 고민ㅎ는 사름덜이 한 거 아니꽈?(그래서 제주도

전통음식을 어떻게 변형해야 상품가치가 있을 건가 고민하는 사람덜이 많은 거 아니에요?)

문: 제주도 음식 이름을 말ㅎ당 보난 제주어도 공부헤졈수다 양?(제주도 음식이름을 말하다 보니까 제주방언도 공부하고 있네요.)

답: 경ㅎ난 제주어를 무형문화재렌 홀 수 이신 거우다.(그러니까 제주방언을 무형문화재라고 할 수 있는 거예요.)

문: 이제ㄱ추룩 제주어로 말ㅎ곡, 듣곡 헴시민 저절로 제주어가 보존뒐 거 ㄱ트우다.(지금처럼 제주어로로 말하고, 듣고 있으면 저절로 제주어가 보존될거 같네요.)

답: 맞수다. 경ㅎ난 제주도에서는 누게라도 제주어를 자주 사용헤 줘시민 좋쿠다.(맞아요. 그러니까 제주도에서는 누구라도 제주어를 자주 사용해 줬으면 좋겠네요.)

3. 제주어의 활용

후기산업사회로 들어오면서 각 지방의 전통음식(향토음식), 통과의례 음식, 계절음식에서 전통적인 부분이 사라지고 있으며, 음식과 관련된 풍속도 변형되거나 소멸되어 가고 있다. 이러한 음식이 소멸된다는 것은 이를 부르는 명칭도 사라짐을 의미한다. 음식 용어도 중요한 자원이며 무형의 문화유산이므로 이들이 사라지기 전에 보존해야 한다고 본다. 오늘날 지구촌 곳곳에서 환경보존에 대해서는 많은 노력을 하면서도 전통음식의 원형 파괴에 대해서는 무감각한

편이다. 그런데 환경이 파괴되면서 우리들의 섭생에도 많은 변화가 대두했기 때문에 음식문화의 가치를 새롭게 인식해야 할 것이다.

사람은 음식을 통해서 자연과 하나가 되기에 음식은 사람과 자연을 연결시켜 주는 매개체 역할을 한다. 제주도의 음식을 보면 자연 그대로의 맛과 멋이 느껴진다. 산, 바다, 들판에서 자생하는 재료를 채취하여 제철 음식을 만들어 먹었던 것은 아주 자연적인 방법이다. 즉 음식재료의 저장과 조리 방법에서 자연조건을 최대한 이용한 것이 제주도 음식의 장점이라 할 수 있다.

각 지방의 식생활이나 음식문화는 그 지방에서 생산되는 음식재료에 많은 영향을 미친다. 자연환경과 경제적인 수준, 교통의 발달 정도, 사회적 환경 등이 음식문화와 불가분의 관계가 있다. 제주도도 이런 조건에서 예외일 수는 없다. 과거 제주도 사람들은 풍부한 해산물과 들판에서 나오는 자연물을 이용해서 제주도의 고유한 음식문화를 형성했다고 보며 이를 잘 반증하는 것이 위에 언급한 제주도 전통음식이라 생각한다.

또한 이러한 전통음식이 전승된다면 이를 부르는 명칭도 살아남을 것이다. 이는 언어의 힘이 문화의 근간임을 말해주는 것이며, 제주도 전통음식 용어가 남아 있는 한 제주어도 살아남을 것이다.

생명력이 강한 제주방언

1. 생명력이 있는 언어

제주방언은 제주 사람들의 의사소통을 원활하게 해 주는 기능을 갖고 있다. 우리나라에는 국어라는 표준어가 있고, 각 지역 방언은 특정한 방언권을 형성하면서 언어공동체를 형성하고 있다. 제주방언은 주로 제주도라는 지역적 테두리 안에서 자유롭게 발화된다. 그런데 학교와 사회에서는 표준어 사용을 요구하므로 사적인 자리나 가정에서만 방언 사용이 허용되는 형편이다.

제주도가 제주특별자치도(2006년 7월 1일)로 전환되면서 더욱더 제주 문화의 독자성을 강조하게 되었다. 제주 문화에는 여러 가지가 있지만 여기서는 방언에 초점을 두고 통과의례 음식의 종류를 통해 정감어린 용어의 쓰임을 보고자 함이다. 사물이 있으면 그것을 부르는 명칭이 있기 마련이며, 음식과 더불어 용어가 어떠한 생명력을 가지고 있는지에 대해 알아보고자 한다.

2. 통과의례 음식과 제주방언

여기서는 출생, 결혼, 사망, 제사 등 각 의례가 행해질 때마다 준비했던 음식 종류와 그에 따른 용어를 제주방언으로 전달하고자 한다.

2.1 출산의례 음식명

문: 출산홀 때 특벨히 먹는 거 잇수과?(출산할 때 특별히 먹는 거 있나요?)

답: 제주 여성들은 지금도 출산ㅎ민 ᄆᆞ멀ᄀᆞ를 음식을 먹어마씸.(제주여성들은 지금도 출산하면 메밀가루음식을 먹어요.)

문: ᄆᆞ멀ᄀᆞ를 음식을 어떵 먹는고양?(메밀가루음식을 어떻게 먹나요?)

답: 아기 나민 ᄆᆞ멀ᄌᆞ베기를 멘들앙 먹는디 ᄆᆞ멀ᄀᆞ를이 피를 께끗ㅎ게 멩근덴 헙디다.(아기를 낳으면 메밀수제비를 만들어서 먹는데 메밀가루가 피를 맑게 만든다고 해요.)

문: 또시 더 먹는 건 머우꽈?(또 더 먹는 것은 뭐예요?)

답: 옥돔메역국을 먹주마씸.(옥돔미역국을 먹어요.)

2.2 혼례 음식명

문: 통과의례는 무슨 뜻이꽝?(통과의례는 어떤 뜻이에요?)

답: 사름이 태어낭 크곡, 결혼ㅎ곡, 아기 낭 살당 죽는 거엔 흔 말이우다.(사람이 태어나서 자라고, 결혼하고, 아기 낳고 살다가 죽는 것을 일컫는 말이에요.)

문: 이때도 특별흔 거 먹어낫수과?(이때도 특별한 것을 먹었었
　　나요?)

답: 예. 제주 사름덜이 먹어난 것이 잇수다. 지금도 먹어마씀.
　　(예. 제주 사람들이 먹었던 것이 있어요. 지금도 먹어요.)

문: 게믄 결혼식날 먹는 거 굴아줍서.(그러면 결혼식날 먹는 것
　　을 말해주세요.)

답: 제주도 잔치는 3일잔치엔 굴읍니다.(제주도 잔치는 3일잔치
　　라고 합니다.)

문: 무사 3일잔치엔 헴수과?(왜 3일잔치라고 하나요?)

답: 가문잔치, 잔치, 사둔잔치가 잇수다.(가문잔치, 잔칫날, 사돈
　　잔치가 있어요.)

문: 가문잔치는 어떤 말이꽈?(가문잔치는 어떤 뜻인가요?)

답: 결혼식 흐루 전날 가문들이 모영 도새기도 잡고, 가문반도
　　먹는 날이우다.(결혼식 하루 전날 가문들이 모여서 돼지도 잡
　　고 가문반도 먹는 날이에요.)

문: 가문반은 잘 안 들어봣수다. 어떤 뜻이우꽈?(가문반은 안
　　들어봤어요. 어떤 뜻인가요?)

답: 도새기를 잡앙 '머리, 혀, 귀, 창자, 허파, 간' 등을 적고지에
　　꿰영 가문들이 모이믄 느놔 먹는 의례 음식이우다.(돼지를
　　잡고서 '머리, 혀, 귀, 창자, 허파, 간' 등을 적꼬치에 꽂고 가문들
　　이 모이면 나눠 먹는 의례음식이에요.)

문: 궤깃반 말앙 또 엇수광?(고깃반 말고 또 없나요?)

답: 초불밥도 잇수다.(초불밥도 있어요.)

문: 초불밥은 어떵흔 밥이우꽈?(초불밥은 어떤 밥인가요?)

답: 곤쏠이 막 귀흔 시절에 '보리쏠(2/3)과 곤쏠(1/3)에 풋'을
서껑 궨당신디 줘난 밥인디, 주로 가문잔치날 뭄국이영 흔
디 먹어낫수다.(쌀이 아주 귀한 시절에 '보리쌀, 쌀, 팥'을 섞어
서 지은 밥인데, 주로 가문잔칫날 모자반국과 같이 먹었어요.)

문: 제주도 전통 혼례 때 꼭 먹는 건 머우꽈?(제주도 전통 혼례
때 꼭 먹는 건 뭡니까?)

답: 둠비영 수에가 잇수다.(두부와 순대가 있어요.)

문: 새각시상에 올리는 음식은 머우꽝?(신부상에 올리는 음식은
뭡니까?)

답: 옛날부터 이제꼬지 숢은 득광 득새기를 올려마씀.(옛날부
터 이제까지 삶은 닭과 계란을 올립니다.)

문: 새각시영 새서방이 먹지 말아사 흐는 음식도 잇수과?(신부
와 신랑이 먹지 말아야 하는 음식이 있나요?)

답: 예. 메역국은 이제도 먹지 안헤마씀.(예. 미역국은 이제도 먹
지 안해요.)

문: 이상흐우다. 메역국은 생일날은 먹는디 잔칫날은 먹지 안
헴수다양.(이상해요. 미역국은 생일날은 먹는데 잔칫날은 먹지
않습니다요.)

답: 메역국을 먹으민 미끄러졍 그 살렴이 잘 안 된덴 믿는 거
ㄱ트우다.(미역국을 먹으면 미끄러져서 그 살림이 잘 안 된다
고 믿는 거 같습니다.)

문: 제주도 전통음식 흐민 뭄국을 말흐는 사름도 이십디다.(제

주도 전통음식이라 하면 모자반국을 말하는 사람도 있어요.)

답: 잔치 때 도새기 잡앙 숢아난 물에 몸을 놓 푹 끌리민 몸국
이 뒈는디 주로 가문잔칫날 먹는 거우다.(잔치 때 돼지를
잡고 삶았던 물에 모자반을 넣어서 푹 끓이면 모자반국이 되는
데 주로 가문잔칫날 먹는 거예요.)

문: 나도 흔 번 먹고픈디 어떵ㅎ민 뒈마씸.(나도 한번 먹고 싶은
데 어떻게 하면 되나요?)

답: 향토음식점에 가믄 상 먹을 수 이실 거우다.(향토음식점에
가면 사서 먹을 수 있을 거예요.)

2.3 상·장례 음식명

문: 영장난 땐 무신 거 먹어낫수과?(초상 때는 무엇을 먹었었
나요?)

답: 제주도 풍속에 사둔칩에 영장나민 풋죽을 쒕 가마씸.(제주
도 풍에 사돈댁이 상을 당하면 팥죽을 쒀서 가지요.)

문: 풋죽은 동지 때 먹는 거 아니꽈?(팥죽은 동짓날 먹는 거 아닌
가요?)

답: 경도 ㅎ주만 사둔이 돌아가시믄 풋죽을 쒕 허벅에 담앙
강 일ㅎ는 사름덜 멕입주게.(그렇기도 하지만 사돈이 돌아가
시면 팥죽을 쒀서 동이에 담고 가서 일하는 사람들을 먹입니다.)

문: 이제도 경헤마씸?(이제도 그렇게 하나요?)

답: 이젠 풋죽을 잘 안 먹음도 ㅎ고, ㄱ경 가는 것도 불편ㅎ난
다른 걸로 부주ㅎ기도 협주.(이젠 팥죽을 잘 안 먹기도 하고,

가져 가는 것도 불편해서 다른 것으로 부조하기도 합니다.)

문: 궤깃반은 어떤 때 먹어낫수과?(고깃반은 어떤 때 먹었나요?)

답: 주로 잔치나 영장날 때 손님덜신디 궤깃반을 대접헤마씀.
(주로 잔치나 초상 때 손님들에게 고깃반을 대접합니다.)

문: 궤깃반은 어떵 멘들아마씀?(고깃반은 어떻게 만드나요?)

답: 돗궤기가 어려울 때는 종이장ㄱ추룩 얇게 썰엉 석 점을
놓고 수에 ㅎ나, 둠비 ㅎ나를 놓으민 궤깃반이 뒈마씀.(돼
지고기가 귀할 때는 종이장처럼 얇게 썰어서 석 점을 놓고 순대
하나, 두부를 하나씩 놓으면 고깃반이 됩니다.)

2.4 제례 음식명

문: 식게 때 올리는 건 머우꽈?(제사 때 올리는 건 뭔가요?)

답: 다른 지방이영 비슷ㅎ긴 헤도 마을이나 집안에 따랑 ㅎ끔
씩 달릅주마씀.(다른 지방과 비슷하긴 해도 마을이나 집안에
따라서 조금씩 다릅니다.)

문: ㅎ썰 자세히 골아줍서.(조금 자세히 말해주세요.)

답: 어촌에서는 지금도 구젱기적이영 물꾸럭적을 올리주마
씀.(어촌에서는 지금도 소라적이나 문어적을 올립니다.)

문: 식게 음식은 어떵 먹엇수과?(제사 음식은 어떻게 먹었나요?)

답: 식게 때 먹는 밥을 곤밥이엔 ㅎ곡, 반도 ㅎ나썩 받앙 먹어
낫수다.(제사 때 먹는 밥을 곤밥이라 하고, 반기도 하나씩 받아
서 먹었어요.)

문: 곤밥은 하영 들으난 알아지쿠다마는 반은 어떵ㅎ 말이꽝?

(곤밥은 많이 들어서 알겠습니다마는 반기는 무슨 뜻인가요?)

답: 제주도에는 궤깃반, 떡반이 이신디 식게 때 반 타는 게 중 요헤낫수다.(제주도에서는 고깃반, 반기가 있는데 제사 때 반 기를 받는 것이 중요했어요.)

문: 반은 어떵 멘들앗수과?(반기는 어떻게 만들었나요?)

답: 제상에 올려난 음식을 믄딱 놓는디 사과도 ᄒᆞ끌락ᄒᆞ게 그 창 놓고, 돗궤기적도 ᄒᆞ나라도 꼭 ᄂᆞ놔 줘낫수다.(제상에 올렸던 음식을 모두 놓는데 사과도 조그맣게 잘라서 놓고, 돼지 고기적도 하나라도 꼭 나눠 줬어요.)

문: 식게칩이 안 온 사름은 어떵 헤낫수과?(제삿집에 안 온 사람 은 어떻게 했나요?)

답: 식게칩이 온 가족이 안 온 사름 적시도 꼭 챙경 가낫수다. 경ᄒᆞ난 반 태운다는 말도 잇수다.(제사집에 온 가족이 안 온 사람 몫도 꼭 챙겨서 갔어요. 그래서 반기를 태운다는 말도 있 어요.)

문: 제주도 통과의례 음식 용어를 들으난 재미지고 이 말덜 이 오래오래 살아남아시민 좋쿠다.(제주도 통과의례 음식 용어를 들으니까 재미있고 이 말들이 오래오래 살아남았으면 좋겠어요.)

답: 고맙수다. 제주 사름이나 외지 사름덜이 자주 써 주민 좋 쿠다.(고마워요. 제주 사람이나 외지 사람들이 자주 써 주면 좋겠어요.)

3. 제주방언의 가치

인간은 언어를 사용하는 유일한 동물이며, 이 세상에는 개별언어
를 사용하는 사람들이 많이 있다. 개별언어란 국가를 중심으로 구별
하는 것이고, 한 국가 내에서 지역을 구분할 때는 개별방언이라 한
다. 제주방언은 일상생활에서 사용되므로 제주 사람들의 생활문화
가 반영되어 있다. 이에 통과의례 음식 용어를 통해서 제주방언의
생명력을 알아보고 그 의미도 되새겨 보고자 했다.

요즘은 모든 것이 아주 **빠르게** 생성과 소멸의 과정을 거치지만
어떤 대상이 전승된다면 그에 따른 용어도 살아남으리라 기대한다.
그런 의미에서 제주방언이 생명력을 유지하려면 제주 문화가 생동
감 있게 전승되어야 할 것이다.

IV

제주방언의
보전정책

IV장은 제주방언의 언어학적 가치, 보전되어야 할 이유, 제주방언 화자들이 활용해야 하는 의무, 지역사회의 역할, 지방자치단체의 보전정책 등 주로 제주방언의 보전과 진흥 정책에 초점을 두고 발표한 글이다.

"제주어의 활용과 보존 방안, 제주방언의 보전 전략, 제주어에 대한 새로운 인식과 접근, 제주어에 대한 유네스코 절멸위기의 진단 이후 극복 방안, 한국어의 세계화 정책이 제줏말 진흥 정책에 주는 시사점" 등이 해당된다.

제주방언과 한글은 어떤 관계인가? 제주 사람들은 제주방언이야말로 '훈민정음'의 정통성을 유지했다고 믿고 있다. 물론 이에 대한 언어학적 검증이 다각도로 이루어지지 못해서 명확한 근거를 제시할 수 없는 어려움도 있다. 제주도에서는 매년 한글날이 다가오면 제주방언의 위상을 점검하는 계기를 마련한다. 2014년 역시 마찬가지이다.

그렇다면 제주방언이 지속적으로 살아남을 수 있도록 제주도의 언어

정책이 어떻게 추진되고 있으며, 지역사회의 관심은 어느 정도일까?

일제강점기(1913년, 소창진평이 제주방언 조사결과 발표함)부터 제주방언이 학문적 연구대상으로 부각되어 약 100년(2014년) 간 소수의 학자들이 많은 연구물을 축적했다. 학자들의 전문적인 연구와는 별개로 1990년대부터 제주사회에서는 제주방언의 사용 환경이 학교와 지역사회로 확장되어야 한다는 주장이 있었다. 그러다가 2000년대로 접어들면서 제주방언이 사라질 수 있다는 위기감이 형성되었고, 특히 제주 사람들의 정체성을 대표하는 대상으로 방언을 인지하게 되었다.

제주방언에는 제주 사람들의 정신이 녹아있고, 제주의 문화와 역사가 내포되어 있다. 또한 '훈민정음' 창제 당시의 글자인 '㊍'는 지금도 사용되고 있으며, 중세국어에 쓰였던 어휘들이 제주방언에 살아남아 있다. 즉 제주 사람들은 훈민정음 창제 당시의 문자와 단어, 문법적 특징들이 현재의 제주방언에 남아있다고 믿고 있고, 일부는 사실이기도 하다. 그런 점에서 제주방언이 다른 지방의 말과는 아주 다르고, 외지인들이 제주방언을 잘 알아듣지 못하는 것은 제주방언의 독자성이 강하기 때문이라 믿는 경향이 있다. 결국 표준어와도 아주 다르다는 차이에만 무게를 두고 '제주어'라 부르는데 주저함이 없다. 따라서 제주방언에 대한 자긍심이 높은 것은 좋으나 잘못하면 국어와 제주방언을 별개의 언어로 인식하게 되고, 다른 지방의 방언과 지나치게 구별하다 보면 제주방언이 고립될 수 있는 단점이 있다.

이런저런 인식의 차이는 있으나 제주사회에서는 제주방언의 진흥을 위해 여러 정책이 추진되고 있다. 2007년에는 「제주어 보전 및 육성 조례」가 제정되고, 그 내용에 따라 다양한 정책이 추진되고 있다. 특히 매년 10월 탐라문화제 개최 기간(첫째 주)을 '제주어주간'으로 지정하여 제주방언의 활용과 전파 기회를 마련하고 있다. 그러나 일년 중 한글날이 되면 한글주간으로 활용하는 것과 같이 '탐라문화제'가 열리면 '제주어주간'임을 확인하는 정도로 그치고 있다.

주변을 둘러보면 제주 사람들 대부분이 제주방언의 보전과 상용화에 지대한 관심이 있는 것 같지만 사실은 그렇지 않다. 일부 애호가들이 열성적으로 제주방언 진흥에 참여하고 있으며, 제주특별자치도는 예산 지원과 제주방언 사용 환경 조성을 위해 정책을 시행하고 있다. 교육청은 학교 현장에서 제주방언 교육이 가능하도록 지원하고 격려하는 정도이며, 제주방언 진흥의 중추적 기능을 발휘하는데 능동적이지 못한 것 같아 아쉬움이 있다.

물론 제주방언의 사용 환경을 조성하고, 보존·전승하기 위하여 제주특별자치도는 다양한 언어정책을 추진해 왔으며, 지속적인 제주방언 진흥 정책을 준비하고 있다. 제주사회에서 제주방언 진흥에 대한 열기가 고조되어 있는 것은 제주방언의 생명 유지에는 바람직한 일이나 너나없이 제주방언 진흥의 주체로 적임자라는 자신감은 자제하는 것이 좋다고 본다.

제주방언은 제주 사람들이 오래 전부터 사용해 온 입말로, 이를 문자화하는데 어려움이 있다. 우리들의 머릿속은 표준어가 갖고 있는 규칙과 문법적 지식으로 무장되어 있어서 제주방언을 표기하고, 기록하는데 방해가 될 수도 있다. 또한 제주특별자치도에서 제주방언 진흥에 동의하고, 지속적인 보전정책을 추진하려는 의지가 강한 것을 이용하여 학술적인 연구와 사회운동을 구별하지 않고, 일회성 사업을 양산하는 경향이 있다. 모든 일에는 시기와 절차가 있게 마련이다. 제주방언의 소멸을 예방하고, 진흥 정책을 펴기 위해서는 종합적·체계적인 계획을 세우고 그에 따라 단계적으로, 적합한 인력을 안배하고 예산을 지원하면서 양질의 결과물을 얻을 수 있어야 한다.

제주도의 현안으로 떠오른 제주방언 보전 운동은 단기간에 일부의 열성 팬만 참여하는 것이 아니라 장기적으로 도내외인들이(재외도민 포함) 동참할 수 있는 제주방언 공유의 장을 마련하는 것이 바람직하다고 본다.

제주어의 활용과 보존 방안

1. 머리말

지역어의 역사성, 지역인의 정체성에 대한 연구가 대두되면서 지역학에 대한 관심이 높아지고 있다. 그런 점에서 제주어는 언어학적 가치는 물론 제주 문화의 실체를 보여준다는 점에서 매우 소중한 자원이라 할 수 있다.

제주사회에서 제주어에 대한 관심이 높아진 것은 2002년 국제자유도시로 표방된 시점이라 본다. 이때부터 외국어(특히 영어) 공용어화에 대한 논란이 있었고, 제주어의 소멸 위기에 대한 우려의 목소리들이 본격화되었으며 소멸되지 않게 보존해야 한다는 의식이 있었으나 구체적인 정책으로 실현되지는 못했다. 이후 특정 단체나 연구자 중심으로 제주어의 위상을 높이려는 시도가 있었으나 일부의 관심으로 밀려나 있었다. 그러다가 2011년 벽두에 유네스코에서 제주어를 '소멸 위기의 언어'로 분류한(2010년 12월)[1] 사실이 알려지면서

---

1) 유네스코는 '단계별 언어 소멸 정도'를 5단계로 구분하였다. 즉 '1단계는 취약한 언어,

지방자치단체가 관심을 갖기 시작했다. 지금까지는 대체적으로 우리들이 정말로 귀중한 문화자원을 갖고 있다는 사실을 외부에서 평가해 주는 잣대에만 의존하고 인정하는 것처럼 비춰졌다. 이번에는 제주어가 사라질 언어 대열에서 살아남는 언어가 될 수 있도록 제주 사회 내에서 자생적인 언어정책이 필요한 시점이다. 그런 점에서 여기서는 제주어의 활용 방법과 향후 보존 과제 등을 점검해 보고자 한다.

2. 제주어의 활용

제주도는 2006년 7월 1일로 특별자치도가 되었으며, 2007년 6월 27일 『제주화산섬과 용암동굴』(한라산, 성산일출봉, 거문오름 용암동굴계)이 세계자연유산에 등재되는 기념비적인 일이 일어났다. 이 시기에 자연자원이 가치있게 인식되는 동시에, 제주어라는 인문자원이 중요하게 부각되었다.

즉 2007년 9월에는 「제주어 보전 및 육성 조례」가 제정되는 등 2007년은 제주어의 가치를 재발견한 해이다. 또한 2008년은 유네스코가 '세계 언어의 해'로 지정하여 세계 곳곳의 언어 보존은 물론 소수 언어의 사라짐을 염려했다. 이후 제주어의 보전과 육성을 위한 가시적인 정책이 시작되어 최근에는 행정기관과 지역사회 중심으로

2단계는 분명히 위기에 처한 언어, 3단계는 중태에 빠진 언어, 4단계는 위기의 언어, 5단계는 소멸한 언어' 등으로 분류하였으며, 제주방언은 4단계에 이르렀다고 규정하였다(유네스코한국위원회 사이트, "소멸위기에 처한 언어지도" 참조).

보존정책이 추진되고 있다.

　이러한 사회분위기와는 별도로 1950년대부터 전문가 집단이 개별적으로 제주어 관련 자료를 구축해 왔으며, 여기서는 제주어로 채록된 구비문학 자료, 구술자료(공공기관 발간물 중심), 제주어 연구자료 등을 대상으로 하여 현황을 정리해 보았다. 향후 제주어 DB구축은 물론 제주어의 생명력을 유지할 수 있도록 구체적인 활용 방법이 나오기 위해서는 다음과 같은 자료들이 활용되어야 할 것이다.

〈제주어 자료 편람〉

제목	저자	출판사	출판 연도	비고
구비문학 자료				
남국의 속담	진성기 편저	제주민속문화 연구소	1958	
제주도민요연구(上)	김영돈	일조각	1965	제주 민요가 제주어로 채록된 자료집
국문학보(4~16집)	제주대학교 국어국문학과		1972 ~ 2004	학술조사보고서
남국의 수수께끼	진성기 편저	제주민속문화 연구소	1972	1958년 이후 조사한 자료 모음집
남국의 금기어 연구	진성기	제주민속문화 연구소	1972	1958년부터 1972년까지 조사한 자료 모음집
남국의 민담	진성기	형설출판사	1976	1956년~1962년 조사한 자료 모음집
남국의 민요	진성기 편저	정음사	1977	『제주도민요집』(1958년 이후 3권으로 발행됨)에 수록된 1,500여 수 중 400수를 발췌한 것이며 채록 시기는 1955~1961년
제주도무속사전	현용준	신구문화사	1980	

남국의 무속서사시 : 세경본풀이	진성기	정음사	1980	
한국구비문학대계 9-1 : 제주도 북제주군 편	한국학중앙연구원		1980	
한국구비문학대계 9-2 : 제주도 제주시 편	한국학중앙연구원		1981	
한국구비문학대계 9-3 : 제주도 서귀포시·남제주군 편	한국학중앙연구원		1983	
제주설화집성(Ⅰ)	제주대학교 탐라문화연구소		1985	1981~1984에 채록. 『제주도부락지』에 실린 자료와 중복
백록어문 1~24집	제주대학교 국어교육과		1986 ~ 2007	학술조사보고서
제주도부락지Ⅰ	제주대학교 탐라문화연구소		1989	제주대학교 국어국문학과·국어교육과에서 시행한 학술조사 결과물(1984~1988)
제주도부락지Ⅱ	제주대학교 탐라문화연구소		1990	1978/1981/1983에 조사됨
제주도부락지Ⅲ	제주대학교 탐라문화연구소		1990	1972~1974, 1985에 조사됨
제주도부락지Ⅳ	제주대학교 탐라문화연구소		1991	1975/1977/1989에 조사됨
제주도무가본풀이사전	진성기	민속원	1991	
제주도무속신화– 열두본풀이자료집	문무병	칠머리당굿보존회	1998	
제주도속담사전	고재환	제주도	1999	
제주도큰굿자료	제주도·제주전통문화연구소		2002	1994년 동김녕 문순 실댁 중당클굿 자료
제주도 조상신본풀이 연구	김헌선·현용준·강정식	보고사	2006	
제주도무속자료사전 개정판	현용준	도서출판 각	2007	
제주도 옛말 사전	진성기	제주민속연구소	2008	1957년부터 1962년까지 채록한 자료 중『남국의 민담』(1976)에서 제외된 자료임

동복 정병춘댁 시왕맞이	강정식 · 강소전 · 송정희	제주대학교 탐라문화연구소	2008	2006년 조천읍의 한 굿당에서 행해진 무속자료
이용옥 심방 <본풀이>	제주대학교 한국학 협동과정 편	제주대학교 탐라문화연구소	2009	
제주큰굿	제주특별자치도 · 제주전통문화 연구소		2010	1986년 신촌리 김윤수 심방집의 신굿을 채록하고 정리한 자료
양창보 심방 본풀이	제주대학교 한국학 협동과정 편	제주대학교 탐라문화연구소	2010	
구술자료집				
구술로 만나는 제주여성의 삶 그리고 역사	제주도 여성특별위원회		2004	
제주여성의 생애 : 살암시난 살앗주	제주특별자치도 여성특별위원회		2006	
전통맥향–제주여성무형문 화재의 생애	제주특별자치도 여성특별위원회		2007	
제주4 · 3사건 관련 증언자료집				
이제사 말햄수다 1/2	제주4 · 3연구소	한울	1989	
사삼사태로 반 죽었어, 반!	오성찬 편집	뿌리깊은나무	1991	
4 · 3은 말한다 1~5	제민일보 4 · 3취재반	전예원	1994 ~ 1998	
잃어버린 마을을 찾아서	제주4 · 3 50주년 학술 · 문화사업 추진위원회 편	학민사	1994	
7 · 7만벵디 예비검속 희생자 자료집 –만벵디에 묻힌 진상과 증언	7 · 7만벵디유족회		2002	
무덤에서 살아나온 4 · 3 '수형자'들	제주4 · 3연구소	역사비평사	2002	
빼앗긴 시대 **빼**앗긴 시절 –제주도 민중들의 이야기	조성윤 · 지영임 · 허호준	선인	2007	
그늘 속의 4 · 3	제주4 · 3연구소 편	선인	2009	
제주4 · 3	제주4 · 3연구소 편 허영선	민주화운동기념 사업회	2009	

제주어 연구 자료				
제주도방언연구 수정본 : 자료편	현평효	태학사	1985	
제주방언연구 : 자료편	박용후	고려대 민족문화연구소	1988	
제주의 언어 1/2	강영봉	제주 문화	1994/ 1997	
한국방언자료집XI : 제주방언	한국정신문화 연구원		1995	
제주어사전/ 개정증보 제주어사전	현평효 외	제주도	1995/ 2009	
제주말큰사전	송상조 편	한국문화사	2007	

3. 제주어의 보존

2000년대 들어와서 제주어의 가치가 부각되는 한편, 제주어가 사라지는 언어 대열에 끼면서 제주어 화자들은 염려와 관심을 표명하고 있다. 적어도 광복 후 지금까지 약 65년간 언어학자들이 개별연구를 하면서 지역의 언어를 보존하고 활용하기를 다양한 방법으로 건의했으나 별다른 효과가 없었다. 어쩌다 정부 차원에서 지역어의 위상을 높게 평가하면 덩달아서 당장 귀중한 문화재를 보듬으려는 시도를 했으나 구체적인 노력 없이 사그라졌다. 그런데 2010년 12월 유네스코에 '제주어가 소멸 위기의 언어'로 분류되었다는 소식이 알려지면서(2011년 1월) 언론의 집중조명을 받기 시작했다. 이에 부응하여 제주어 관련 조례를 개정하고, 제주어심의위원회의 기능을 강화하기 위하여 명칭을 개정하는 등 당장 보존정책을 펴지 않으면 제주어가 사라질 것 같은 분위기가 형성되었다.

다행히 제주어 화자들은 제주어의 가치를 인정하고 소멸되지 않게 보전해야 한다는 사실을 인지하고 동의하는 분위기가 있어 '제주어연구소'의 설립도 거론되고 있다. 그러나 모든 것은 사람이 하는 일이며 기초분야를 단단히 구축하지 않으면 일시적인 분위기에 휩쓸려서 변죽만 울릴 우를 범할 수도 있다.

따라서 제주도에서라도 제주어의 위상과 가치를 인식하고 언어공동체의 협의 과정이 필요하다. 가정과 학교, 사회가 동등한 역할을 수행할 수 있으면 좋지만 현시점에서 단기, 중기 계획을 세우고 체계적으로 운영하는 것이 바람직하다. 그러기위해서는 독립된 연구기관이 필요하며, 이를 지원해 줄 수 있는 재원마련이 수반되어야 한다.

현재 제주발전연구원 부설로 '제주학연구센터'가 설립될 예정이며, 제주어는 제주학의 한 분야이므로 이 기관에서 운영하는 방안이 있다. 언어는 문화의 주요소이며 제주어는 제주 문화를 생산하는 주체이므로 제주학 연구의 핵심분야다. 그런 점에서 제주학연구센터에서 제주어의 자료구축, 활용, 보존 방안 등을 체계적으로 연구하고 정책화할 수 있다.

언어정책은 크게 보면 한국어이고 작게는 지역어를 대상으로 한다. 개인의 정체성을 유지할 수 있도록 자국어나 지역어를 끊임없이 사용하고 보존할 수 있는 방법이 있어야 한다. 지역어를 활용하고 보존하기는 힘들지만 지금 사용하는 언어를 그대로 사용하려는 노력이(변형을 최소화함) 더 중요하다고 본다. 즉 통신언어가 난무하고, 외국어의 범람 등으로 표준어 역시 설 자리를 잃고 있기 때문이다.

언어는 변하고 소멸되는 게 자연의 이치이며, 보존 또한 자연의 이치이나 제주어에는 제주 사람들의 문화가 녹아 있으므로 정체성 찾기 측면에서라도 제주어를 보존할 가치가 있다. 즉 제주어 보존이 제주 사람들의 정체성을 유지할 수 있는 방법이다. 한 예로 제주어를 사용하고 보존하는 방법은(여기서 보존이란 유형문화재처럼 보존하는 것이 아니라 무형문화재로 설정해서 지속적으로 사용하고 전수하는 것을 말함) 제주어를 최대한 채록, 정리하는 것이다. 보존이라 하면 화석화된 것이라 오해할 수 있지만 언어는 사회성과 역사성을 띠므로 옛 모습 그대로 발음과 형태가 온전히 유지되기는 어렵다고 보며 활용하면서 보존한다는 생각이 필요하다.

제주어는 제주어 화자들의 공통어이므로 제주어 나름으로 체계화되고 규범화하여 올바르게 사용할 수 있도록 제주어 교육이 필요하다(쓰기, 읽기 등). 제주어 교육의 대상은 넓게 잡아 제주어를 배우려는 모든 사람이 되겠지만 학교교육과 같이 체계성을 전제로 할 때는 아무래도 학생과 제주어 교육을 담당할 교육자이며, 대중매체(지역 신문, 방송 등)도 중요한 역할을 할 수 있다.

여기서 더욱 강조되어야 할 점은 제주어 교육에 대한 정확한 목표가 설정되어야 한다. 제주어 화자들은 제주어가 표준어에 비해 하위 언어이며 저급한 언어이며 품위 없는 언어라는 그릇된 언어관에서 벗어나야 한다. 표준어는 표준어대로 제주어는 제주어대로 각각 별개의 언어적 가치를 지니고 있으며, 서로 대등한 위치에 놓여있다는 생각이 중요하다. 다만 표준어는 무엇 때문에 필요한가 하는 점을 분명히 하고 제주어 교육에 임해야 하며 왜 제주어 보존이 필요한가에 대해서도 체계적으로 준비하고 교육하는 것이 바람직하다.

제주어가 얼마나 귀중한지는 이미 국어학자들이 증명해 주었으며, 지금은 이 사실에 누구나 공감하고 있다. 중세국어 '감져(甘藷)'가 제주어 '감저/감제'로 그대로 살아있으며, 표준어로는 고구마에 해당된다. 중세국어 '딤치'는 '짐치'로 변하였으며, 현대국어에서 '김치'가 되었는데, 제주어 화자들은 지금도 '짐치'라 한다. 따라서 '김치'의 어원을 확인하는 방법으로 제주어가 선택되는데, 이때 음식 용어는 중요한 단서가 될 수 있다. 중세국어 'ᄀᄅ, ᄑᆞ래, ᄂᆞᄆᆞᆯ' 등이 지금도 제주어로 자유롭게 쓰이고 있는 것도 단적인 예이다.

4. 맺음말

우리나라에서는 여러 가지 목적을 위해서 공통어인 표준어를 제정했으며, 온 국민이 동일한 언어를 사용하고 있다. 지역어는 동일한 지역어권에서 자유로운 의사소통이 가능하고 전국으로 확대했을 때는 의사소통에 어려움이 따르게 된다. 이를 극복하려는 시도가 지역어를 보존하고 활용하는 것이다.

제주어의 활용으로 상호, 음식명, 상표 등이 시도되고 있으며, 제주어 관련 행사, 민간단체 중심의 보존에 대한 노력 등이 제주어의 위상을 높이는데 일조했다고 본다. 특히 IT기업에서는 '제주어사전, 제주어 어플리케이션'을 출시하는 등 제주어가 스마트폰2)에서 활보하는 시대가 도래되어서 제주어의 생명은 영속될 것이라 믿는다.

---

2) 「제주의소리」, 2011년 3월 16일자 기사 참조.

어떤 지역어가 소멸되는 것은 전국적, 세계적인 현상이므로 무형의 언어도 유산으로 남겨두기 위해서는 채록하고 보존해야 한다. 시간이 흐를수록 제주어를 원형대로 보존하기 어렵기 때문에 제주어의 소멸 원인을 문제 삼을 것이 아니라 보존과 활용 방법을 고민해야 할 시점이다.

제주방언의 보전 전략

1. 머리말

국가와 민족에 따라 자신들의 고유한 언어를 갖고 있다는 것은 중요한 문화적 자산이다. 또한 우리나라와 같이 국가 내에서 같은 민족이 공통어를 사용하면서 지역별 방언이 살아있는 곳은 언어 자원이 풍부하다고 본다. 즉 국가 단위의 공통어 사용을 강요해 왔지만 각 지역 사람들은 자신들의 방언을 의사소통수단으로 삼았다. 통합과 분리를 반복하는 것이 역사이고 삶의 형태라면 언어정책도 다양하게 독자적으로 존재하는 지역어의 가치를 등외시한 채 단순히 통일의 원칙으로 '표준어'를 제정하고 파급시키는 일은 재고할 필요가 있다.

하나의 제도를 시행하는 과정에서 각 방언의 독자성을 인정하고 보존하려는 의지가 있었다면 현대사에서 방언정책은 '보존'에서 '활용'으로 그 비중이 옮겨갔을 것이다. 그렇지만 오늘날 한국의 현실을 고려할 때 '국어'의 보전도 버거운 상황에서 방언의 보전을 위해서는 자생적인 방법을 찾아야 한다는 그야말로 생존전략으로 변모되었다.

우리나라에서는 1995년 지방자치제도가 시행되면서 각 지역의 독자성과 우수성을 찾고 확인하는 과정에서 지역문화의 정체성을 보여주는 요소에 관심을 가졌으며, '지역사, 지역문학, 지역문화, 지역어' 등 '지역'이 하나의 트렌드가 되었다. 제주도에서는 제주방언 보전의 중요성이 보편화된 시각이며 보전정책도 나름대로 논의되었다고 본다. 문순덕(2008)에서는 제주방언의 보전에 앞장서고 있는 개인과 단체를 소개하고 지방자치단체의 노력은 물론 학자들의 연구물도 제시하고 있다. 제주방언의 보전에 대한 열망이 강한 것은 지역의 정체성 소멸을 두려워하는 의식이 잠재되어 있기 때문이다.

국어의 하위개념으로 각 지역어가 있는데 이 중에서 제주방언은 중세국어의 모습(음운, 형태, 통사, 어휘 등)을 많이 유지하고 있다는 차원에서 각광을 받아왔다. 제주도에서 문화의 정체성을 이야기할 때마다 제주방언이 거론된 것은 제주 문화의 핵심에 제주방언이 놓여 있음을 인지한 결과다. 그러나 유형·무형의 문화유산을 명명하는 제주방언의 존재 여부와 문화의 생명력이 비례함을 간과하고 있는 것 같다. 언어학자나 제주방언 마니아들이 보전과 활용의 중요성을 외치고 실천하려는 시도가 있지만 그것들을 정책으로 제도화하기에는 역부족이다. 이에 국가적 개념의 언어 보전정책이 지역어에도 그대로 적용될 수 있다고 보고 이 글을 전개하고자 한다.

2. 제주방언의 보전정책 현황

문화의 가치를 가벼이 여기게 되면 언어의 가치 기준도 낮아질 수밖에 없다. 여기서 문화란 비가시적이고 경제적인 효과가 더디게 나타나는 무형의 문화를 의미한다. 제주방언에는 제주 사람들의 의식이 잘 반영되어 있어 그 산물인 생활사가 드러난다. 제주방언에서 제주 문화의 현상과 특성을 압축적으로 보여주는 자료로『제주여성문화유적』(제주발전연구원, 2008), 『제주문화상징』(제주특별자치도, 2008)이 있다. 『제주여성문화유적』을 보면 각 마을에 있는 유적지의 명칭이 제주방언으로 남아 있어서 그곳에 얽힌 생활문화사를 알 수 있다. 『제주문화상징』으로 선정된 방언 어휘에서도 제주의 문화와 역사를 읽어낼 수 있다. 이런 점에서 문화의 정체성을 논의할 때 가장 우선시해야 할 것은 언어의 정체성이라 본다.

제주방언은 학문의 영역에서 언어학자들의 논의 대상이었으며, 2000년대 들어와서는 대중들도 많은 관심을 표명했다. 다음은 방언 보전 현황을 구체적으로 살펴보겠다.

2.1 국가·지방자치단체의 언어정책

한 나라의 언어정책을 보면 그 나라의 민족의식을 짐작할 수 있다. 한국의 언어정책은 문화체육관광부의 주요업무 보고 자료[1]를 보면 알 수 있다.

---

1) 문화체육관광부 주요업무보고 자료(2008~2010)를 참조해서 정리했다.

〈표 1〉 국가의 언어정책 추진 내용

연도	사업명
2008년	• 국어의 올바른 가치 확산 및 한국어를 문화외교 핵심요소로 활용 - 국어문화학교 운영 - 한글주간 선포 - 국어사랑 캠페인 - 한글을 응용한 산업 및 문화상품 개발 지원 - 한글의 집 설치, 현지밀착형 세종학당 확대 설치, 재외문화원을 한글 수출의 　전진기지화
2009년	• 문화정체성 및 브랜드 확립-우리문화의 정체성 확립 - 한글문화관 조성 등 한글의 가치 확산 및 문화브랜드화 추진 - 해외 한국어교육기관 명칭 통합 및 확충
2010년	• 문화정체성 확립 및 시민의식 함양 - 우리문화의 정체성 확립 및 세계화 : 세종학당 확충(국내외 90개소) - 세종학당 운영(6개 국어 확대) * 4대 중점 과제2)

〈표 1〉은 현 정부의 언어정책 내용을 보여준다. '국어'의 활용으로는 주로 국외에 한글 교육기관을 확충하고, 한글 보급에 주력하고 있으며, 국내의 국어정책은 분명하게 드러나지 않는다. 다만 '한글날' 기념을 위한 간헐적 행사가 수립되어 있다.

우리나라에서는 「한글날」을 기념하며 일시적인 축제를 벌이듯이 제주의 대중매체에서는 모국어를 기념한다는 의미에서 제주방언에도 관심을 갖는다. 언어학자와 일부 한글운동가들이 보기에, 우리나라 사람들이 민족어(국가어)에 대한 존중감도 없는데, 하물며 이들이

---

2) 정부의 4대 중점과제로는 '문화향유 기반 확대, 콘텐츠산업의 경쟁력 강화, 선진형 관광레저 산업 육성' 등이며, '우리문화의 위상 제고'가 국어정책에 해당된다.
　문화체육관광부 국어민족문화과에서는 국어정책 전반을 관장하며, 지역어 발굴 및 보전정책에 관한 사항이 고유 업무로 선정되어 있다.
　국어정책 시행기관으로는 국립국어원과 한국어세계화재단이 있다.

지역어를 예우할까를 염려한다. 여기에 외국어 일색인 방송 언어와
상호 등은 문화의 정체성 소멸을 가속화하고 있다.

국가의 언어정책은 다각도로 이루어지고 있으며, 제주도의 문화정
책과 추진 사업을 통해서 제주방언의 보전정책을 확인해 보겠다.3)

〈표 2〉 제주도의 언어정책 추진 내용

연도	중점 사업	세부 사업 명
2006년	문화예술 진흥 및 문화환경 조성 확대	• 제주 문화의 정체성 확립 - 제주어사전 편찬, 제주 문화대사전 편찬 등 • 2007 제주 민속문화의 해 추진 - 마을조사
2007년	탐라문화의 정체성 확립을 위한 기록사업 추진	• 〈제주읍·면 역사문화지〉 조사 편찬 • 제주의 문화상징물 원형 발굴 정립 추진 • 제주어사전 편찬
	2007 제주민속문화의 해 사업 추진	• 민속문화의 재조명 및 자원발굴 • 민속자원의 문화관광자료 기반 구축 • 민속자원의 원형 보존 및 전승기반 구축
2008년	영상산업 등 신성장 동력산업 육성	• 제주의 문화자원을 활용한 콘텐츠산업 육성 -제주신화 시나리오 공모 • 제주 10대 문화상징물 지정 콘텐츠화 - 제주어, 한라산, 제주 초가, 해녀, 오름 등
	제주어보전 및 육성 활성화 -제주어보전 및 육성조례 제정 : 2007. 9. 27.	• 제주어 발전 기본 계획 수립 • 제주어사전(개정 증보판) 편찬 사업
2009년	전통문화원형 보전 및 전승	• 문화원형의 창조적 집적화로 콘텐츠 실용화 - 전국 문화콘텐츠 스토리텔링 공모전 개최(공모 소재 : 해녀, 제주어) • 제주어사전(개정 증보판) 발간 완료
2010년	창의적 문화콘텐츠 발굴·육성	• 제주 문화의 상품화 추진 - 제주 10대 상징물 기반 문화콘텐츠 소재 발굴

3) 여기서는 제주도가 특별자치도로 출범한 이후(2006. 07. 01.) 2009년까지의 추진 결과
와 2010년 추진 계획에 드러난 방언정책을 찾아보았다. 제주특별자치도 문화관광교
통국 주요업무 보고 자료를 참조해서 정리했다.

<표 2>에서는 제주도의 문화정책에 제주방언이 포함되어 있고, 독자적인 사업보다는 문화콘텐츠 개발 사업 추진 시 제주방언을 적극적으로 활용함을 보여준다. 특히 제주도가 제주방언 보전에 적극적으로 참여한 것은 「제주어 보전 및 육성 조례」(2007. 09.)의 제정에서 알 수 있다.

「국어기본법」(법률 제9491호 일부 개정 2009. 03. 18. ; 2005. 07. 시행) 제4조 '국가와 지방자치단체의 책무'로 "국가와 지방자치단체는 변화하는 언어 사용 환경을 능동적으로 대응하고, 국민의 국어능력의 향상과 지역어의 보전 등 국어의 발전과 보전을 위하여 노력하여야 한다."고 규정하여 지역어의 보전정책을 언급하고 있지만 강제 조항은 아니다.

국어정책은 국가를 기본으로 하지만 지역어의 보전정책도 포함하고 있다. 이를 바탕으로 해서 제주방언 정책을 실행하는 것도 한 방법이다. 제주도에서는 민간단체 중심으로 '제주어말하기대회'를 개최하여 제주방언 활용 정책이 수행되고 있다.

학자는 연구와 자료구축의 한 축을 담당했고, 대중들은 공개적인 행사장에서라도 제주방언을 활용하려고 노력하고 있다. 그 성과의 하나로 「제주방언대회」가 여러 형태로 추진되고 있고 지방자치단체는 지원금을 통해 관심을 나타내고 있다.

홍민표(2008 : 314)에 의하면 일본사회에서 방언이 존중받는 분위기가 형성된 요인으로 "①대부분의 일본인이 방언 콤플렉스에서 벗어날 정도의 공통어 사용 능력이 높아진 점 ②방언이 급격히 쇠퇴하고 있는 점 ③공통어에 의한 표준과 통일보다는 표준에서 벗어난

개성과 다양한 가치를 인정해 주는 풍조가 생긴 점"등을 고바야시 (小林)의 견해를 빌어 설명하고 있다.

여기서 ②는 제주방언의 현실이며 ③은 언어학자들의 희망사항이다. 이런 의식의 변화를 위해서 언어정책이 필요한 것이다.

2.2 전문가집단의 연구 상황

언어학자들은 자신들의 연구 자료를 수집, 정리, 분석, 해석의 과정을 거치면서 방언 소멸의 위기를 인식하고 소멸을 막는 장치로 대안을 제시했다.

현평효(전 제주대학교 총장)를 비롯한 1세대 언어학자들은 자료를 구축하고, 그 자료를 재해석했다. 특히 민속학자(김영돈, 현용준 ; 전 제주대학교 교수, 진성기 ; 삼양민속박물관장)들이 현장에서 수집 · 정리한 자료집은 현재도 제주방언의 연구 자료로 활용되고 있다.4) 2~ 3세대 학자들도 현장에서 방언을 조사하고 구축하면서 연구하고 있다. 이는 여러 가지 이유가 있겠지만 연구자 누구나가 원하는 방언자료가 구축되어 있지 않기 때문이다. 따라서 방언연구에 대한 관심이 연구자들만의 것이어서 인력과 시간이 비효율적으로 운영되는 측면이 있다.

방언자료 구축은 현재진행형이며, 개별 연구자의 연구 목적에 따라 산발적으로 진행되고 있어서 아쉬움이 있다. 방언자료를 구축하

---

4) 석주명의 『제주도방언집』(서울신문사 출판부, 1947) · 『제주도자료집』(1971, 보진재) 등은 외지인이 기록한 제주방언을 보여주는 중요한 자료집이다. 이 외 제주방언 자료들은 문순덕(2008 : 293~295)에 소개되어 있으며, 제주방언 보전 현황도 참고하였다.

기 위해서는 제주방언을 정확하게 구사하고 전달할 수 있는 제보자 확보, 이를 기록할 수 있는 장비, 시간, 예산, 전문인력 등이 확보되어야 한다. 이 모든 조건을 갖춘 시점에서 자료구축을 추진하기는 요원하므로 부분적으로 적용하면서 공동의 작업을 시도하는데 지원이 필요하다. 이러한 환경조성이 방언 보전정책에 해당된다.

2.3 제주방언 보전 및 파급 활동

제주방언의 보전 현황으로는 「제주어말하기대회, 제주어 관련 학술대회 및 간행물, 제주어 관련 대중매체 자료, 국내 지역어 말하기 대회 현황」 등이 있다(각주 4 참조). 여기에 추가해서 2009년에 추진된 행사가 더 있다. 제주문인협회 주관 「제주어시낭송대회」(2009. 09. 10.)[5], 서귀포시문화원 주최(2009. 10. 07. ; 초등생 중심) 「제주어말하기대회」, <사)제주어보전회> 주최 「제주어말하기 대회」(2009. 11.~ 12.)가 있다. 또한 <사)동화섬>에서는 「제주사랑말하기대회」[6]를 개최하여 제주의 설화를 제주방언으로 구연하게 한다. 이는 다른 단체의 말하기행사와 성격이 다르다. 또한 제주문화원 주최 「제1기 문화대학」(2009. 02. 02. 개강)에서는 '제주어 강좌'를 개설하는 등 제주방언

---

5) 탐라문화제 기간 중 제주문인협회 주관으로 표준어로 창작된 시를 제주어로 옮겨서 시낭송 경연대회를 개최했다. 참가자들은 초·중·고등부이다.
    제주교총과 제주예총 주관으로 매년 시행하고 있는 「제주어말하기대회」가 2009년에도 시행되었다. 특히 제주교총은 2009년에 「제주어시화전」을 개최해서 제주방언 활용을 시도했다.
    제주대학교 국어문화원이 주관하는 「제주어말하기대회」(3회)도 연속 사업이다.
6) 이 단체에서는 2008년부터 제주방언구연대회를 개최하고 있으며, 유치부, 초등부, 중·고등부, 일반부 등이 참여하고 있다.

이 문화강좌의 제목이 될 정도로 제주 사람들의 관심이 지대하다.

방언이 언어공동체의 주요소임을 경험한 세대들은 물론이고, 문화의 계승을 위해서는 신세대로의 이행이 필요한데, 이들을 어떻게 방언구역으로 유도하느냐가 보전정책이라 본다.

지금까지는 주로 제주방언의 보전정책으로는 교육에 초점을 둔 편이었다. 즉 교사양성과 교육과정 개설에 역점을 두었고, 교사의 역할과 교육기관 참여의 중요성을 강조해 왔지만 현실적으로 어려운 점이 있는 것 같다. 또한 피교육자에게 전달하는 데는 한계가 있다고 본다.

따라서 지금은 언어의 보전정책을 한국어, 지역어(제주방언), 외국어로 분리해서 진행할 것이 아니라 언어라는 큰 틀에서 고민해 보아야 한다. 즉 앞으로는 제주방언의 보전정책을 소극적 자세에서 적극적 자세로 전환할 필요가 있는데 이를 제주방언의 대중화 전략이라고 할 수 있다.

3. 제주방언의 보전정책 전략

보전이란 현 상태가 훼손되지 않고 지속적으로 유지 가능하게 하는 것이 일차 목표라고 할 수 있다. 그리고 이 보존을 활성화하는 것이 보전정책이 될 수 있다. 언어의 소멸을 논의할 때 소수의 언어가 주인공으로 등장하는데 이에 못지않게 방언의 보전 전략을 중요하게 인식할 필요가 있다. 그래서 제주방언의 보전정책을 파급 전략으로 바라보는 전망이 필요하다.

언어학에서 가장 긴급한 과제는 지금 존재하고 있는 소수 언어를 기록하고 연구하고 가능하다면 이를 유지하기 위해 힘 써야 할 것이다. (……) 소수 언어가 다수언어 특히 영어로 인해 위협을 받고 있는 것과 마찬가지로 방언도 표준어로 인해 위험한 상태에 놓여져 있다.

_박욱현 역(1999), Alwin Fill 저, 『생태언어학』, 56~57쪽.

언어의 소실은 우리 모두에게 복구할 수 없는 손실이고, 인류의 경험을 이해시키는 또 다른 방식을 살펴볼 수 있는 기회를 잃게 하는 것이라는 사실을 알 것이다.

_오영나 역(2008), 앤드류 달비 저, 『언어의 종말』, 477쪽.

위 인용문은 언어의 지속력은 민족과 지역의 정체성 유지에 얼마나 중요한지를 잘 보여준다. 이는 국가의 정치적 상황에 따라 소멸되는 지역어의 위기 상황을 짐작할 수 있으며, 언어소멸의 위기를 직감할 때 보전에 주력해야 함을 알려준다.

제주도에 영어교육도시가 지정되었으며, 영어교육기관7)이 들어서면 한국어의 소멸을 염려하고 있지만 이런 기관이 상주해 있는 지역 사람들은 언어의 정체성 혼란에 빠지게 된다. 즉 세계 공용어로 떠오른 영어사용 구역이라는 부담감 때문에 한국어 사용을 기피할 것이며, 이에 더해서 제주방언의 기피·소멸은 자연스럽게 진행될 것이다. 이런 사람들에게 제주방언이 어떻게 각인되어야 할까, 정답이 있을까. 이를 확인해 보기 전에 먼저 보전정책을 다음과 같이 정리해 보았다. 제주방언 보전정책8)으로는 학자, 지방자치단체,

---

7) 제주영어교육도시에는 영어전용 국제학교 12개교(초등 4, 중등 5, 고등 3) 설치를 목표로 하고 있다. 이 외에 영어교육센터, 외국교육기관 설치 등을 계획하고 있다.

교육기관, 일반인들 각자의 역할이 있다.

3.1 보전정책 수립

3.1.1 제주방언의 위상 정립

제주방언이 살아남기 위해서는 방언사용자에 대한 사회적 합일이 필요하다. 즉 방언사용이 가치가 있고, 문화유산의 계승자라는 의무와 권리 부여가 필요하다. 또한 방언의 경제적 가치가 드러나야 한다. 제주도는 관광지여서 관광 상품(관광지, 상품 등)에 방언사용이 일상화되어야 한다.

3.1.2 제주방언 활동가 양성

방언 교사 양성에 대한 논의는 새삼스럽지 않다. 다만 '우리 것이 좋은 것'이라는 맹목적 수단으로 방언교육을 실시할 수는 없다. 여기서 교사는 제주 사람이면 누구나 가능하다. 이런 측면에서 '(사)제주어보전회'에서는 제주방언 보전과 활용에 관심을 표명하고 있다. 제주의 역사와 문화를 홍보하는 문화관광 해설사들이 있는데 이와 같은 제주방언 활동가를 양성하는 것도 하나의 대안이다.

3.1.3 방언교육 환경 조성

교사가 주도적으로 교육프로그램 개발과 운영을 통해 학교 내에서 자유롭게 방언사용 권역을 조성하고 교육환경을 만들어 주어야

---

8) 문순덕(2008 : 300~307)에서는 제주방언의 보전과 활용 방안으로 '제주어 표기법 제정, 제주어 교육과정 운영'과 '언어정책 방법'을 제안했다.

한다. 제주도에서 개최되는 각종 축제 때에 단순히 말하기대회만 할 것이 아니라, 행사에 참여하는 모든 사람들이 제주방언을 사용할 수 있도록 방언권역을 설정하여 '제주방언 체험장'을 마련한다. 방언 구연자가 상주하면서 방문객들에게 방언으로 대화하면서 자연스럽게 체험하게 한다. 이 체험장을 중심으로 해서 '제주방언 사용길'을 지정하고, 그곳을 통과하는 사람들은 누구나 방언으로 대화하기를 유도한다. 또한 '5분 발언대' 등을 설치해서 누구나 신청하면 제주방언으로 자유발언을 할 수 있는 방언전용 무대를 제공해 준다.

제주도의 서사무가는 구비문학 자료로서 가치도 높지만 제주방언으로 구송하고 기록된 것이어서 그 자체가 제주방언의 보고라 할 수 있다. 특히 「제주칠머리당영등굿」(중요무형문화제 제71호)이 세계무형유산(2009. 10.)으로 등재되면서 제주굿의 위상이 높아졌다. 제주굿은 심방(무당)들의 대사가 모두 제주방언으로 진행되므로 이 의례를 이해하기 위해서는 제주방언 보전은 필수적이다. 즉 제주방언 체험 교육장으로 '제주굿청'을 설정하는 것도 보전의 한 방법이다. 그런데 심방들의 대사를 알아들으려면 제주방언 듣기 능력이 동반되어야 한다.

제주도 마을 곳곳의 지명을 제주방언으로 잘 살려서 사용하는 것도 제주방언 보전의 한 방법이다. 『제주여성문화유적』(제주발전연구원, 2008), 각종 지명사전 등에 기록된 제주방언들은 살려 쓰고 전승해야 할 소중한 어휘들이다.

3.1.4 방언의 문자화(기록화)

방언은 구어여서 기록문화로 남겨야 한다. 이때 녹음장비 등 전자

기기의 도움을 받고, 기록한 후 후손들이 언제나 읽고 이해할 수 있
도록 재해석 작업이 병행되어야 한다. 모든 분야가 자료 구축이 우
선이겠지만 방언은 더더욱 중요하다.

　방언을 문자화하는 데는 전문적인 지식을 지닌 언어학자가 하는
방법이 있다. 대중적인 방법으로는 여러 가지가 있는데 그 가운데
말하기대회가 가장 보편화되었다(대본을 정확하게 기록하고, 대화를
녹음하기 등). 문자화 수단으로 일기, 독후감 등 글쓰기대회에 적용하
는 것이 가능하다고 본다. 또한 방언의 문자화를 위해서 제주방언
표기법 제정에 대한 진지한 논의도 필요하다.

3.2 관련 기관의 역할 제고

3.2.1 전문가집단의 역할

　언어학자들은 제주방언을 학문적 영역에서 논의하고, 전국에 그
가치를 알리는데 일차 목표가 있다. 언어학자는 언어를 연구 대상으
로 삼기 때문에 원 자료인 제주방언이 살아남지 않으면 원하는 연구
물을 얻을 수가 없다. 단순히 제주방언만 연구 대상이 되는 것이 아
니라 방언 어휘에 담긴 역사성, 방언 소멸의 원인, 보전 방법 등을
고민하게 된다. 그런데 학자들의 관심은 파장이 적을 수도 있다. 제
주 사람들은 제주의 역사와 문화에 자부심을 갖고 있다고 보며, 모
든 것은 보전과 전승의 대상이 될 수 있다. 이에 학자들은 제주방언
보전의 의미와 가치를 규명해 주고, 이를 바탕으로 해서 언중들이
보전에 동참한다면 제주방언의 생명력은 유지될 것이다.

3.2.2 지방자치단체의 역할

제주방언 보전정책을 보면 제주도에서는 2008년 「제주어 발전 기본 계획」을 수립했지만 세부 사업 추진은 미미한 편이 다. 민간단체 행사시 제주방언 관련 행사를 지원하는 정도이 며, 방언자료집으로 『개정 증 보 제주어사전』(제주특별자치 도, 2009)을 발간한 정도이다.

상명리 입구에 설치된 제주방언 안내문

상명리(제주시 한림읍 소재) 마을 입구의 간판(사진 참조)은 방언 홍보 의 예를 잘 보여준다. 이렇게 마을 홍보판을 만들어서 제주방언으로 홍보하는 방법은 권장할 만하다.

3.2.3 교육기관의 역할

교육기관은 제주방언 관련 행사 주최가 되어서 학교와 교사, 학생 들이 참여할 수 있도록 지원을 해 주고 있다. 언어 사용은 화자가 듣고, 기억하고, 사용하는 정도에 따라 달라진다. 언어교육 중 듣기와 말하기 영역을 제주방언 교육에 적용할 수 있다. 언어 사용 집단에 따라 방언 사용이 제한적이라도 많이 들을 기회가 된다면 방언 보전 에 좋은 영향을 미칠 것이다.

따라서 제주방언 체험 방법으로 '제주굿'(당굿, 영등굿 등)이 진행되 는 특정 공간을 현장 방문하는 것이 보전정책의 대안이 될 수 있다.

이는 문화체험도 되지만 심방들의 구수한 사설(서사무가)을 알아듣고, 이해하려면 수준 높은 방언 지식이 필요하다.

방언 교육프로그램 적용은 주로 학교교육과 연계시키는데, 유아기 언어교육의 중요성은(부모의 방언에 대한 인식도 중요함) 보편적인 이론이므로 여기에 방언교육을 적용하는 것도 보전정책의 한 방법이다. 즉 어린이집과 유치원에서 만들기 놀이교육(떡, 찰흙제품 등 : 2009년 10월 9일 한글날 행사 중 자모음 만들기 놀이가 있었음)에 제주방언을 적용해서 단어 만들어 보기 등 프로그램 개발이 가능할 것이다.

제주도육청에서는 제주방언교재 -『제주어 교수학습자료』(2006), 『제주어와 생활Ⅰ』(2007),『제주어생활Ⅱ : 제주어로 배와 보게마씸』(2008),『속담으로 배우는 제주어』(2009)-를 만들어서 시범적으로 사용하고 있다.

3.3 제주방언의 보전 및 파급 전략

3.3.1 제주방언의 홍보와 확산 방안

제주방언의 파급 전략으로 대중매체, 교육기관을 통한 홍보가 중요하다.

한국어자격증에 해당하는 '국어능력인증시험, KBS한국어능력시험'이 있는데 이 제도를 참조해서 제주방언 인증제도를 도입할 필요가 있다. 이 인증을 획득하면 제주방언 활동가로 흡수한다.

KBS제주방송총국에서 '제주어'의 가치를 드러내는 광고(2009. 11.)가 있었으며, KCTV 프로그램인「삼춘 어디 감수과」는 제주방언

전용 프로그램이다. 제주방언 전용시간을 편성해서 뉴스, 게시판 등에 적용해 보는 시도도 한 방법이다.

지방자치단체와 공공기관 중심으로 표어, 포스터에 제주방언 사용을 시도해 본다. 제주방언 구연가가 제주의 역사와 문화를 구술한 CD를 제작해서 원하는 사람은 누구나 언제든지 혼자 배울 수 있는 자료 제작이 중요하다.

방언 교사양성을 위하여 제주방언 교육과정을 교사 직무연수 프로그램으로 선정할 수 있도록 제도화하는 방안이 있다. 제주도내 대학(사범대학, 교육대학, 국어국문학과 등) 교육과정에 제주방언 교과목 개설이 필요하다. 또한 이 교과목 이수 기간에 학생들은 주민자치센터 등 평생교육기관을 방문해서 제주방언 구연자와 방언체험활동을 하거나 제주방언 활동가로 실습하고, 이를 실습시간에 반영해 준다.

문학작품 창작에 방언 적용은 자주 논의된 것이며, 이때 주의할 점은 창작의 자유는 허용하되, 표기의 통일이 필요하다. 제주방언으로 창작된 여러 작품을 비교했을 때 동일한 단어를 여러 형태로 표기한다면 독자들이 혼란을 겪게 되므로 방언보전에 방해가 될 수 있다.

제주방언을 발음기호로 표기하고 독자들의 흥미를 유발할 수 있게 재미를 곁들인다. 제주방언을 정확하게 전달하기 위하여 방연 구연자의 이야기를 녹음한 후 반복해서 들려주기 등 방언교육 정책이 필요하다. 또한 부분적으로 시행되고 있지만 제주방언 전용 카페, 홈페이지, 게시판 활용 등을 활성화한다.

3.3.2 제주방언 경연대회 활성화

제주도에서 진행되는 각종 축제나 행사에 제주방언 경연대회가(말하기, 연극 포함) 두드러지게 활성화되고 있다. 대중들이 제주방언의 귀중함을 인지하고 일상어를 공식어로 전환하는 작업을 담당하고 있다. 이는 가정이나 사회에서 제주방언의 사용기회가 줄어드는 것에 대한 보전의 의무감을 반영한 것이다.

제주 사람들은 일상생활에서 하루에 몇 시간 정도 제주방언으로 말을 할까? 대화 장소의 공공성 여부와 청자의 성격에 따라 표준어와 방언을 교차적으로 사용할 것이다. 성인들은 자신의 가치관에 따라 방언 선택에 자유롭지만 어린이나 학생들은 주변의 시선을 의식하면서 방언을 사용할 것이다. 이는 지금도 방언에 대한 계층적 의식을 지니고 있기 때문이다. 학교교육에만 전담시키려고 했던 방언교육 방법을 전환해서 언중들의 삶 속으로 파고드는 방법을 고안해야 한다.

3.3.3 제주 문화자원의 방언 기록화

제주의 인문분야, 자연분야-식물, 해조류, 어류, 곤충-등을 제주방언으로 조사·기록한 후 표준어와 병행해서 설명하기, 세계자연유산으로 지정된 지역의 지명이나 생태와 관련해서 제주방언을 사용하는 것도 보전정책에 속한다. 제주방언 '곶자왈, 불턱, 올레'는 전국적인 인지도를 획득했다고 본다. 따라서 제주 문화에 녹아있는 문화어를 제주방언에 접목시켰을 때 시너지효과가 나타날 것이란 전망이 가능하다.

제주 문화어 측면을 보면 제주의 대표성을 띠는 돌문화에는 '산담, 밧담, 올렛담, 돌하르방, 물통(용천수, 봉천수)' 등이 있다. 제주의 음

식 용어로는 '몸국, 수애, 돔베고기, 추렴, 빙떡, 마농지, 전복죽, 자리
회' 등이 전승되고 있다. 통과의례에 남아있는 제주방언으로는 '할망
상(삼신할망상), 봇뒤창옷, 올리친심, 아기구덕, 당구덕, 가문잔치, 도
감, 우시, 가문반, 문전제, 고적, 설베, 모듬벌초' 등이 있다. 신앙 용
어로는 '조왕할망, 귀양풀이, 푸다시(넋들임)'가 있다. 일상생활용어
로는 '안팟거리, 올레, 물질, 불턱' 등이 있다. 여신의 이름인 '설문대
할망, 삼승할망, 자청비, 감은장아기, 백줏도, 영등할망' 등은 지금도
잘 알려져 있다. 이러한 제주 문화를 제주방언으로 브랜드화하는 것
도 방언보전 전략의 하나이다.

　제주방언 화자들이 '언어공동체의 제1 요소로 제주방언을 인지하
고 있는가, 자신들이 제주방언을 사용하고 보존의 주체가 되려는 적
극적인 의지가 있는가, 제주방언은 자신의 의사소통에 장애가 없으
면 영원히 살아남을 것이라고 믿고 있는가, 제주방언이 소멸될 수
있다고 보는가, 내가 살아있는 동안 제주방언이 소멸된다면 삶의 형
태가 어떻게 달라질 것인가, 제주방언은 생명력이 강해서 살아남을
것이라고 믿는가, 만약 제주방언이 정말로 당대에 소멸될 것이라고
생각한다면 보존할 가치가 있다고 믿는가, 제주방언의 보전 주체와
방법의 중심에 내가 서 있어야 하는가?' 등에 대해서 진지하게 고민
해 보고 해결책을 모색해 보아야 할 것이다.

4. 맺음말

제주 문화는 고유하기 때문에 지적재산권을 행사할 수 있는데도 지금처럼 방치한다면 누가 먼저 특허권을 차지할는지 모른다. 지금이라도 전통지식 자원에 대한 소유권을 확보하고 권리를 행사하는 것이 제주의 문화자산을 관리하는 것이며, 제주방언 보전정책이라 할 수 있다. 지역문화(전통)에 관심을 갖고 이를 보전하려는 사회적 분위기가 방언정책의 대안이라 본다.

우리나라에서 '생태주의'가 모든 학문 분야로 확대·적용된 것은 1990년대 들어와서이다. 특히 전 세계적으로 언어의 소멸이 가속화되면서 국가와 민족의 정체성에 심각한 타격이 가해졌다. 제주 문화의 총체인 제주방언은 살아있는 언어이다. 언어의 소멸이 먼저 올지, 그것을 표현하는 문화의 소멸이 먼저 올지 모르지만 대부분 대상이 사라지면 언어도 사라지게 마련이다.

제주방언은 생활어지만 사용 인구와 사용 빈도가 감소함에 따라 보전정책이 필요하므로 앞으로는 대중화로 전환하려는 전략이 필요하다. 지금까지는 언어학자들의 학문적 접근과 구술자료집 발간이 있었고, 민간단체 중심으로 말하기대회를 개최하는 정도였다. 해를 거듭할수록 제주방언 말하기대회는 늘어나겠지만 이는 제주방언 마니아들의 전유물이 될 수도 있다. 물론 대회 횟수와 참가자의 수에 비례해서 제주방언의 활용에 대한 인식은 긍정적으로 변하겠지만 이는 활용의 한 측면일 뿐이다.

일반적으로 제주도에는 문화콘텐츠 자료가 풍부하다고 믿으며,

이를 발굴하고 활용할 준비가 되어 있다고 본다. 문화콘텐츠의 중심에 제주방언이 놓여 있으며, 기존에 구축된 자료를 활용하려면 언어 지식이 수반되어야 한다. 보전은 활용을 전제로 하므로 제주방언의 보전정책은 제주방언을 제주도의 공식 언어로 예우하고 공적인 지위를 부여해주는 것이 중요하다.

제주방언의 보전정책은 인식의 차원이어서 공공재의 개념으로 투자하고 실행하지 않으면 모든 정책은 사문서화 될 것이다. 관광지 훼손은 눈앞의 손익을 계산할 수 있고, 여러 사람들의 이해관계가 얽혀 있어서 흥망성쇠가 공존할 수 있다. 그러나 언어정책은 이를 초월하는 영역이어서 우리가 방언의 보전과 활용의 주체가 되어야 한다. 제주방언 보전은 언어공동체의 의무이자 권리이기 때문이다.

지금은 제주방언이 제주 사람들의 의사소통수단으로 살아남아 있지만 시간이 지나면서 사라질 수 있다. 방언의 소멸은 언어의 역사성으로 보면 당연하지만 제주 문화가 응축되어 있는 어휘의 소멸은 제주 사람들의 정체성 유지에 대한 지속성과도 관계가 있다. 제주방언이 사라지면 우리의 역사도 사라지며, 과거와 연결시켜 주는 고리도 잃게 될 것이라는 가정이 가능하다. 그러므로 '언어는 생명체인가, 언어의 종말은 어떤 결과를 야기할까, 문화의 다양성에 대한 인지는 언어를 통해서 가능한가?'에 대한 총체적이고 종합적인 검토와 연구가 수행되어야 할 것이다. 그런 다음에라야 전면적이고 지속적이며 종합적이고 실현가능한 제주방언의 보전정책이 수립되고 시행될 수 있을 것이다. 이런 문제에 대하여는 다음 기회로 미룬다.

제주어에 대한
새로운 인식과 접근 방법

1. 제주어의 기능

제주 사람들은 제주어를 의사소통의 매개체로 인식하고 접근해 왔으므로 제주어는 제주의 역사와 문화적 나이테를 알려주는 척도가 될 수 있다. 이에 제주어의 소멸이란 단지 특정지역의 한 언어가 사라지는 것이 아니라, 지역 공동체의 정신과 물질문화 전체가 없어질 수 있음을 인지해야 한다.

전문가들이 제주어를 언어학의 연구 대상으로 삼은 것은 일제강점기부터이다. 이 당시 일본인 학자(小倉進平, 河野六郎)가 제주어를 조사·연구하였고, 광복 후 한국인 학자로 제주어 연구에 물꼬를 튼 방종현(1947)이 있다. 1950년대로 오면 이숭녕(1957)이 제주어의 국어사적 위상을 부각시켰다. 이후 제주 출신 학자인 현평효를 시작으로 1960년대부터 지금까지 여러 학자들이 제주어 연구에 매진하고 있다.

언어학자(특히 방언학자)들은 제주어의 국어사적 가치를 드러내고 표준어의 단점을 보완하는 측면을 고찰하였다. 그러다가 2010년 12월 제주어의 소멸위기설이 가시화되면서 제주어는 학자들의 연구대상에서 일반인들의 관심 대상으로 떠올랐다.

제주 사람들은 대부분 제주어의 생명이 지속될 것이라는 확고한 믿음을 갖고 있다. 다만 지금처럼 표준어에 밀리고 제주어를 사용할 의무가 사라진다면 제주어 역시 소멸될 것이라는 막연한 위기감이 있는 정도이다. 제주어가 일상적으로 쓰이는 말이지만 '이 말을 자유자재로 사용할 수 없고, 내가 하는 말을 알아들을 수 있는 대상이 없다.'고 가정하고, 제주어의 존재를 재확인하는 것도 중요하다.

제주어의 국어사적 위상이 아무리 높고, 제주어가 제주 사람들의 공동체정신을 결속시켜 주는 요소라는 사실을 인정한다 하더라도, 이는 어디까지나 지역사회와 제주 사람들의 걱정 대상일 뿐이다. 이에 제주어 화자들의 열정만으로는 제주어 보전과 활용이 어렵다고 보고, 제주어를 지속적으로 사용할 수 있는 적극적인 접근 방법을 찾아보고자 한다.

2. 제주어에 대한 새로운 인식

제주 사람들은 제주도가 존재하는 한 제주어도 존재할 것이라는 믿음이 강하며, 제주어에는 중세국어의 잔영이 있으므로 국어의 보고라는 자부심도 있다.

이에 우리가 제주어를 새롭게 인식하려면 먼저 제주어와 관련하여 무엇을 어느 정도 알고 있는가를 확인해 볼 필요가 있다.

2.1 제주어의 독창성

제주어가 제주 문화의 핵심이라고 인정하는 사회분위기에 따라 제주어의 가치가 부각되었으며, 제주어 화자들은 제주어가 소멸될 것이라는 사실을 심각하게 인지하지 못했다. 반면 제주어 연구자들은 자료 구축과 보전의 중요성을 인식하고, 제주어의 소멸 가능성을 예견하였다. 두 가지 시각차는 언어 사용자와 연구자의 인식이 다르기 때문이다.

국어학계에서 제주어에 중세국어의 모습이 남아 있어서 언어학적 가치가 높다고 평가한 것에 만족하고, 우리 스스로도 이 점을 강조한 측면이 있다. 또한 제주어는 다른 지방 사람들이 알아들을 수 없는 독특하고 독자적인 언어라는 관점도 퍼져 있다. 그래서 외지인들이 제주어를 이해하지 못하는 것을 당연하게 받아들이는 사회적 분위기가 형성되어 있고, 이 점이 제주어의 독자성을 더욱 강화하는 계기가 되었다. 따라서 우리는 제주어의 독자성과 특이성에 함몰되어서 제주도의 역사적 상황(탐라국이었던 시기)과 연계하여 언어적 자존감이 상당히 높은 편이다.

제주어가 외지인에게 어느 정도 낯설었는지 알 수 있는 사례를 들겠다.

이 고장 사람들의 말소리는 가늘고도 날카로워 마치 바늘 끝처럼 찌르는 것 같으며 또한 알아들을 수가 없는데 여기 온 지 오래되니 차츰 자연히 알아듣게 됐다. 마치 아이들이 蠻語를 이해하는 것과 같은 것이라 본다.

_최철 편역(1983), 金淨 저, 『제주풍토록』, 269쪽

　　제주 지방의 말은 알아듣기 어렵다. 촌백성들의 말은 알아듣기 어려우며, 말하는 억양이 앞은 높고 뒤는 낮다. 김정의 『제주풍토록』에 "이곳 사람들의 말소리는 가늘고 드세어서 바늘로 찌르는 것 같이 날카로우며, 또 알아들을 수 없는 것이 많다."고 하였고, 『州記』에는 "말에는 특이한 소리가 많아서 서울[京]을 서나(西那)라 하고, 숲[藪]을 고지(高之 : 곶)라 하며, 오름[岳]을 오롬[兀音]이라 한다. 톱[爪]을 콥[蹄]이라 하고, 입[口]을 굴레[勒]라 하며, 굴레[草鞴]를 녹대(祿大)라 하고, 재갈[鐵銜]을 가달(加達)이라 한다. 그 말소리 따위가 이와 같다."고 하였다.

_김찬흡 외 옮김(2002), 이원진 저, 『역주 탐라지』, 23~24쪽

　　인용문에서 짐작할 수 있듯이 조선시대 제주를 방문한 사람들은 제주어를 전혀 알아듣지도 못하고, 이해할 수도 없는 별도의 언어로 인식하였다.

　　우리나라는 광복 후 학교교육을 통해 표준어를 보급하면서 제주어와 다른 지방의 언어가 차별받았다. 특히 제주도의 지역적 위상이 약화되었을 때, 제주어 역시 소수자의 언어로 위축되었다. 1980년대 이후 제주도의 위상이 높아지고, 외지인들은 제주어를 들을 수 있는 기회가 생기자 이를 신기한 외국어로 인식하였다. 그 결과 제주 사람이든 외지인이든 제주어는 아주 특이하여 국어와는 다른 언어로 보고 있다.

이와 같은 언어 환경에서 제주 사람들은 일상어로 사용되는 제주어가 다른 지방 출신들이 전혀 알아들을 수 없는 언어라는 고정관념을 갖게 되었다. 제주 사람들은 외지인을 만났을 때 표준어를 구사하려는 의식이 강해서 제주어의 노출에 소극적인 편이다. 제주 사람들이 외지인을 만나면 표준어로 교체하여 이중언어 사용자의 자질을 유감없이 발휘하였다. 이런 점이 제주어를 전국에 알리는데 장애가 될 수 있다. 따라서 제주 사람들이 제주어를 사용하려는 의도적이고 자발적인 노력이 없으면 어떠한 제도나 방법도 효과를 거둘 수가 없다.

이런 점에서 제주어에 대한 새로운 이해와 접근이 필요하다. 제주어가 국어(표준어)에 비해서 독자적인 언어처럼 보인다고 해서 독립적인 언어가 아니다. 또한 국어와 다른 독자적인 언어라는 신념에서 벗어날 필요가 있다. 외지인들이 갖고 있는 제주어에 대한 이질감을 극복하고, 제주어의 인지도를 높이며, 사용 기회를 확대해야 한다. 즉 우리나라 사람들이 제주어를 친밀하게 대할 수 있도록 적극적인 전파 방법이 필요하다.

제주 사람들의 정체성을 논할 때 제주어가 선택된다. 정체성이란 '자아존재감, 삶의 방식'을 확인하는 요소이다. 전통적인 농경사회에서는 거주 이동이 제한적이고, 문화의 소멸이 가시화되지 않았다. 산업사회로 들어와서 거주 이동이 자유로워지고, 이주와 이민이 보편화되면서 문화의 동화와 소멸이 가시화되었다. 이때 지역의 경계가 무너질 것을 염려하여 지역의 차별화 방법으로 전통문화에 눈을 돌렸다.

특히 제주도는 2000년대 들어와서 제주 사람들의 정체성을 정립하는 방안으로 제주어의 활용에 관심을 가졌다. 제주어가 언어공동체의 수단이라는 관점에서 지역공동체의 생존으로 전환하는 계기가 되었다. 그 일환으로 학자는 물론 일반인과 정책 입안자들이 제주어의 보전에 한 목소리를 내기 시작했다.

2.2 제주어의 자격

그동안 제주어는 제주 사람들의 정신적 결정체이고, 제주도가 존재하는 한 제주어는 지속될 것이라고 생각하였다. 그런데 2000년대 들어와서 제주어를 사용하지 않으면, 사용하는 사람이 없어지면 당연히 소멸될 수 있다는 사실로 인식이 전환되고 있다. 언어의 역사성을 인정하고, 공동체 구성원들이 어떻게 하면 제주어의 소멸을 막을 수 있는지에 대한 정책적 방법이 거론되었다. 이 점이 제주어에 대한 인식의 전환이라 할 수 있다.

제주어의 소멸 요인으로 표준어 사용 환경의 확대를 들 수 있다. 우리나라 사람 누구나 표준어로 의사소통이 가능하게 되면서, 지역의 방언은 사용 기회가 줄어들고 있다. 즉 정부에서는 교육적·정책적으로 표준어 사용을 권장해 왔으며, 지역별로 자신들의 지역어를 의사소통수단으로 삼아왔다. 그 결과 제주어를 비롯한 지역어의 가치가 낮아지고 위상이 약화되었다.

우리나라에서는 표준어가 지배언어로 등장하면서 지역어는 위축되고 '사투리/방언'을 표준어와 비교하여 낮추어 보는 언어관이 조성되었다. 즉 표준어 사용이 확장될수록 지역어 사용 범위는 축소된다. 이는 국가 차원에서 표준어를 제정하여 국어로 예우하면서 방언보다 높게 평가해 온 결과이다. 우리나라는 광복 후 표준어 교육을 강화하기 위하여 지역어에 열등의식을 불어넣고 표준어에 우월의식을 반영하는 차별적인 국어교육을 시행했다. 이러한 언어의식은 제주어 사용에 제약 조건이 되고 있다.

이 시점에서 제주어는 표준어와 비교할 수 있는 언어가 아니라는 사실을 인식하는 것이 중요하다. 표준어는 한국 사람 전체를 대상으로 하는 공통어이며, 제주어는 제주라는 지역과 관계가 있는 지역어이다. 제주 사람들이 제주어를 지속적으로 사용하고 소멸되지 않게 하는 방법은 제주어가 우리들의 소통 기능에 제1 요소임을 인정하는 것이다. 물론 우리나라 사람들은 표준어로 말하기와 쓰기가 가능하고, 지역에 상관없이 언어장벽이 없다. 반면 제주어를 비롯한 지역어는 해당 지역 사람들만 자유롭게 사용할 수 있다는 언어장벽이 있어서 지역어에 대한 편견이 있는 것이다.

따라서 제주어가 전 국민을 대상으로 하여 소통의 도구로 사용할 수 없다고 하더라도 이는 지역어의 특징으로 인정하고 모어의 자격을 부여해야 한다. 제주 사람들은 어떠한 언어 사용 환경에서도 제주어를 우선시하여 사용하려는 적극적인 인식이 필요하다.

제주어 사용 인구를 확대하기 위하여 제주도내, 국내는 물론 국외 거주 제주 사람들도 제주어를 모어로 인식하고 사용할 수 있는 여건이 조성되어야 한다. 제주어를 모어로 하는 국내와 재외동포들까지 포함하여 제주어의 소멸 위기를 알리고, 제주 사람들이라면 당연히 제주어 보전의 주체가 되어야 한다는 인식을 확산할 필요가 있다.

2.3 제주어의 소멸

최근 제주사회에서 '제주어의 소멸 위기설'이 언급되면서 제주어의 소멸 가능성을 인정하는 부류와 이를 부정하는 부류가 있다. 학자들은 제주어 사용 인구수의 감소에 따른 자연적인 소멸을 예견하였고, 제주어 사용 환경이 열악해지면서 인위적인 소멸도 우려하고 있다.

가정에서 가족끼리 제주어로 대화하고, 조손간에 제주어로 의사소통 가능성이 희박해지고 언어장벽이 생기면서 소멸 조짐을 보이고 있다. 그러나 제주어 화자들은 실제로 가정과 사회에서 제주어를 자주 사용하지 않으면서도 제주어의 소멸 가능성을 인정하지 않는 경향이 있다. 제주 사람들이 제주어를 습득하고 사용하는 동안 제주어 소멸은 절대 일어나지 않는다고 보고 있다. 이러한 관점은 '내가 제주어를 사용하지 않는데 그 누가 사용하면서 생명력을 이어갈 것인가'에 대한 진지한 접근이 부족한 것이다.

반면 제주어는 생명력이 강해서 우리의 후손들에게까지 영원히 살아남을 것이라는 생각을 점검해 보아야 한다. 지금 제주어의 소멸 상황을 설정해 보자. '내가 살아있는 동안 제주어가 소멸된다면 우리들의 삶에 어떤 변화가 올 것인가, 만약 제주어가 정말로 당대에 소멸될 것이라고 생각한다면 보존할 가치가 있다고 보는가'에 대한 고민이 새로운 인식의 방법이 될 수 있다.

결국 제주어는 제주 사람들끼리 의사소통 수단으로 사용해 왔으며, 제주도가 건재하고, 제주 사람들이 살아있는 한 제주어는 소멸되지 않고 지속될 것이라는 막연한 믿음을 깨는 인식이 필요하다.

표준어는 제주어의 영역을 잠식함으로써 제주어의 존재 이유는 미미해지고, 제주어의 소멸 가능성을 예측할 수 있다.

따라서 '내가 제주어를 사용하고 있는데 어떻게 사라질 수 있느냐는 단순한 의심을 버리고, 내가 사용하더라도 사라질 수 있다는 절박성을 인식하는 태도'가 중요하다. 제주어를 새로운 시각으로 인식하게 되면 제주어 보전과 활용 방안을 강구하게 될 것이다. 이것이 제주어에 대한 인식의 변화이다.

3. 제주어에 대한 새로운 접근 방법

앞에서 제주어를 모어로 인식하고, 누구나 문화전달자로서 제주어를 지속적으로 사용하여 소멸되지 않아야 한다는 새로운 시각을 살펴보았다. 여기서는 제주어를 새롭게 인식하는데 필요한 접근 방법을 알아보고자 한다.

3.1 제주어의 가치

먼저 제주어의 문화적 가치를 파악하는 것이다. 제주어는 단순히 의사소통의 도구가 아니라 제주 문화의 핵심이라는 사실을 인정할 필요가 있다. 즉 제주어 사용 기간이 줄어든다면 제주도의 가치도 없어질 것이다. 이러한 확신을 갖고 제주어의 위대함을 찾아볼 수 있다.

아래 인용문을 통해 언어다양성의 가치를 알 수 있다.

전체 세계는 독립적인 민족어가 다양하기를 요구한다. 그래야 세계 자체를 구할 수도, 창의성을 보다 풍부히 할 수도, 인류의 문제들을 보다 확실하게 해결할 수도, 물질주의에 직면하여 거듭 인간성을 회복할 수도, 인류 전체를 위한 미학적·지적·정서적 능력을 더 훌륭하게 촉진할 수도 있고, 나아가 보다 높은 인간 활동 단계에 다다를 수도 있다. (……)모든 인류를 고양하는 가장 훌륭한 창조력은 보편적 문명화에서 발현되는 것이 아니라 별개 민족 집단의 개성, 특히 각 민족 나름의 진정한 언어로부터 발현되는 것이다. 각 민족이 자기 나름의 실로 세계 역사라는 태피스트라를 짜는 데 기여하고, 나아가 그 기여를 인정받고 존중받을 수 있을 때 마침내 각 민족도 서로의 기여를 통해 배우고 혜택을 보면서 호혜주의라는 의식을 갖게 될 것이다.

_김기혁·호정은 옮김(2012), 니컬러스 에번스 저,
『아무도 모르는 사이에 죽다』, 63~64쪽.

언어는 의사소통의 기능이 우선이다. 그런데 제주어 화자들은 가정에서, 사회에서 상호교류를 위하여 제주어를 반드시 사용한다고 볼 수 없다. 우리나라에는 공식적으로 국어가 있고 이는 학교교육을 통해 전파되어서 제주어 자리를 침범하였다. 제주 사람들이 제주어를 모르더라도 학교생활, 사회생활에 불편함이 없다. 말하자면 제주어를 사용해야 하는 절박성이 없는 언어 환경이므로 제주어 사용이 줄어들고 있는 실정이다. 만약 제주어가 가정에서만 쓰인다면 이는 가족어로 전락할 것이고, 지역사회에서 폭넓게 사용되고 전수되어야 지역어로 존재할 것이다.

『제2차 제주어 발전 기본계획』(2012 : 31)에 따르면 "자녀에게 제주어를 적극적으로 사용하도록 권장하십니까"라는 질문에 대해 41.2%

(145명/360명)가 '적극적으로 권장하지 않는다'로 가장 많았고, 다음으로 36.1%(127명/360명)는 '보통이다', 22.7%(80명/360)는 '권장한다'로 응답하였다.

이 조사를 통해 부모세대와 자녀세대가 제주어를 공유할 수 있는 공간이 조성되어야 함을 알 수 있다.

제주어가 가족어로 위축되지 않게 하려면 교육 영역의 확대가 필요하다. 제주어로 자신의 의사를 정확하게 표현할 수 있는 훈련 기회를 만드는 것이다. 여기에는 국어의 4영역인 말하기, 듣기, 읽기, 쓰기가 해당된다. 제주어는 입말이어서 말하기와 듣기 훈련은 잘 되어 있는데 글말로 쓰이는 읽기와 쓰기 기회가 부족했다.

따라서 제주어 보전 방법으로 제주어를 사용하는 것도 중요하지만 언제든지 제주어를 활용할 수 있도록 철자(문자)로 기록하는 것이 필요하다. 표준어는 국가에서 표기법을 제정하여 교육한 결과 문자 교육이 병행되었는데, 제주어는 일상적인 대화로 사용되면서 문자로 표현하는 기회가 드물었다. 이런 점을 감안하여 제주어를 문자로 남기기 위하여 '제주어 표기 방법'이 논의되고 있다.

3.2 제주어의 사용 주체

제주어 화자들은 스스로 제주어를 사용하고, 제주어 보존의 주체가 되려는 적극적인 의지가 있어야 한다. 반복되는 말이지만 내가 사용하지 않더라도 다른 사람이 제주어를 사용하면 살아남을 것이라는 방임적인 생각은 금물이다. 제주어 사용자수가 줄어들면 소멸되는 것은 당연하다. 지금은 소수의 제주어 사용자에 내가 포함되어야 한다는 사명감을 갖는 것이 중요하다. 이런 시각에서 접근하면 제주어 사용 주체는 언제나 내가 되어야 하고, 보전 주체도 내가 되어야 한다는 적극적인 언어관을 갖게 될 것이다.

유네스코(2010년)에서는 70세~75세 이상 제주어 사용자 수를 5천 명에서 1만 명으로 규정하였다. 제주어 사용자 수를 확인하는 방법은 연령별, 성별, 거주지별 등 여러 사회적 요인이 있다.

다음(표 참조)은 제주어 사용 인구수를 잠정적으로 주민등록인구로 가정해 보았다. 제주도의 연령별 인구 통계(2012년 12월 말 기준)를 보면 70대는 74,044명, 80대는 25,742명, 90대 이상은 5,454명이다. 이들 중 몇 명이 제주어 화자라고 할 수 있을지 현재로는 확인이 어렵다. 향후 언어정책 관련 구체적인 통계 조사가 진행되어야 할 것이다.

〈제주도 연령대별 인구 분포〉[1]

연도	지역	연령대	인원(명)
2012	제주도	60대	98,884
		70대	74,044
		80대	25,742
		90대	5,368
		100세 이상	186
합계			204,224

제주어의 소멸 논의에 따라오는 것이 보전 방법이다. 제주어의 보전 방법은 자주 거론되어서 지금은 진부한 내용이 될 수 있으나 연

---

1) 제주특별자치도 주요통계를 참조하여 정리하였다.

구와 정책이 병행되어야 한다.

제주어 보전 방법으로는 제주어 음성자료 구축이 있다. 이는 언제든지 복원할 수 있는 원천 자료가 되고, IT산업과 접목하여 교육용 자료 제작이 가능하다. 제주어를 문자로 기록화하는데, 이는 학습자료로 이용할 수 있다.

『제2차 제주어 발전 기본계획』(2012:32)에 의하면 '제주어는 반드시 보존되어야 한다' 45.8%(165명/360명), '가능하면 보존해야 한다' 45.3%(163명/360) 순으로 조사되어서 일반인들은 제주어 보존의 중요성을 인식하고 있다. 반면 '제주어를 보존할 특별한 이유가 없다'는 응답은 8.9%(32명/360명)에 불과했다.

제주어 보전정책으로는 가급적 다양한 공간에서 사용 인구를 확대하는 것이다. 읍면리단위, 주민자치센터 등을 제주어 활성화 공간으로 활용한다. 이때 제주어 교육을 담당할 수 있는 전문적인 인력이 배치되어야 한다.

이를 위해 제주어를 정확하게 전달하고 이해를 돕기 위하여 언어학적 소양을 갖춘 인력이 양성되어야 한다. 제주어 교육의 주체는 제주어 관련 전문적인 교육을 받은 사람이 정확하게 전달해야 한다는 인식 전환이 중요하다. 간혹 제주어 화자들 중에는 누구나 제주어 교육자가 될 수 있다는 위험한 생각이 퍼져 있다. 이는 한국인이라고 해서 한국어를 정확하게 가르칠 수 있는 사람이 아닌 것과 같은 이치이다. 제주어에 대한 예의를 갖추고 올바르게 전달할 수 있는 인적 인프라를 구축하여 언제, 어디든지 적임자를 파견할 수 있어야 한다. 이 인력은 단순히 일자리 창출에 목적을 두어서는 안 된다.

3.3 제주어 보전에 필요한 지표 개발 및 적용

제주어 보전과 활용을 위해 지표를 개발하여 실제 각 항목별로 지표조사를 한다. 그 결과에 따라 단계적으로 정책이 추진될 수 있는 방안 모색이 필요하다. 즉 제주어의 위기 정도를 구체적으로 조사하고 그에 따른 대응 전략이 필요하다. 이를 위해서는 언어정책에 필요한 요인들을 지표화하고 조사한다. 여기에는 제주어의 세대간 전달 정도, 제주어 사용시간, 사용장소 등이 포함된 언어 지표 개발이 가능하다(문순덕, 2012 참조).

언어보금자리 정책으로 언어 습득에 중요한 시기에 있는 취약 전 아동들에게 제주어를 접할 수 있는 공간을 마련해 준다. 이는 표준어 사용 환경에 노출된 아동들이 자신들의 모어라 할 수 있는 제주어와 제주 전통문화를 배울 수 있는 소통 공간을 가리킨다. 이 언어공유 공간을 통해 제주 사람들은 제주어와 제주 전통문화를 유지할 수 있다.

제주도에서는 국어의 영향으로 제주어의 사용 지역이 축소되고, 사용자 수가 감소하면서 제주어의 소멸 위기에 적극적으로 대처하는 방안을 모색하고 있다. 개인적으로는 제주어 화자들은 누구나 제주어 보전 주체라는 소명감을 가져야 한다. 또한 제주어를 모어로 인식하여 지속적으로 사용하려는 실천이 병행되어야 한다. 현재 제주사회의 언어적 환경을 보면 국어의 세력은 점점 더 강해질 것이고, 이에 비해 제주어의 위력은 약화될 것이다. 그러나 제주어가 우리들의 삶 전체라는 절박함을 인정하고 국어와 제주어가 공존하도록 이중언어 사용자가 되어야 한다.

민간단체와 공공기관 중심으로 제주어 사용 환경을 조성하고, 사용 기회 확대에 필요한 정책 추진이 병행되어야 한다. 특히 행정기관에서는 제주어 보전정책을 추진하기 위하여 '제주어 보전 및 육성 조례'를 제정하고(제280호, 2007), 5년 단위로 '제주어 발전 기본계획'을 수립하여 적극적인 보급 방안을 마련하였다. 다만 조례 제16조 '제주어주간 지정'을 보면 '탐라문화제 개최기간 즉 매년 10월 첫째 주 금요일부터 1주일을 제주어주간으로 정한다.'고 명시되어 있다.

이렇게 제주어주간 지정까지는 좋으나 탐라문화제 기간에 활동하도록 되어 있어서 이 주간을 알고 있는 사람들이 드물다. 향후 제주어주간을 별도로 지정하여 독자적으로 다양한 행사를 추진할 수 있는 방안 검토가 필요하다.

3. 제주어는 미래문화유산

이상으로 제주어의 위상을 점검해 보고, 제주어의 소멸 가능성을 인식해야 함을 살펴보았다. 우리나라에는 국어인 표준어가 있고 각 지역별로 지역어가 있다. 세계의 언어와 한국어를 보면 한국어 역시 사용자 수가 많지 않은 언어이고, 한국어의 위상 강화를 위해 국어정책을 추진하고 있다.

제주어 보전정책은 제주의 전통문화 보존과도 맞물린다. 제주어로 쓰인 농업어, 어업어, 축산어 등 전통적인 언어가 사라지고 있다. 이는 대상이 없어지면서 그것을 부르는 명칭이 사라지는 경우이다. 대상의 소멸과 그것을 지칭하는 언어의 사라짐은 비례하지는 않으나 가능하면 대상이 사라지더라도 해당 명칭은 살아남아야 문화다양성을 볼 수 있다. 현시점에서 우리는 명칭이 사라지기 전에 채록하고, 기록하고, 문서화하는 것이 필요하다.

언어 보전정책으로 제주어 교육이 있다. 현재 여러 기관에서 제주어 교육이 진행되고 있으며, 이를 통해 제주어의 중요성을 부각시킨 장점이 있다. 그러나 제주어는 언어이므로 간단히 전달할 수 있는 대상이 아니다. 적어도 언어학적 지식을 바탕으로 하여 제주어를 이해하고 전달할 수 있는 체계적인 교육과정 운영이 필요하다.

『제2차 제주어 발전 기본계획』(2012 : 33)에 의하면 제주어를 잘 알지 못하는 세대를 대상으로 한 제주어 교육 실시에 대한 의견으로 69.4%(250명/360)가 '필요하다', 21.4%(77명/360명)가 '보통이다'로 나타나 긍정적 의견이 대다수를 차지하고 있고, '필요하지 않다'는 의견은 9.1%(33명/360명)에 불과했다.

이 조사 결과를 보면 제주어 교육이 필요하고, 교육을 통해서라도 제주어를 사용하고 보존할 수 있다는 적극적인 접근 방법에 동의함을 알 수 있다.

『제2차 제주어 발전 기본계획』(2012 : 49)을 보면 "다문화 가족을 대상으로 제주어 교육을 한다면 가장 적절하다고 생각하는 방법은 어느 것입니까?"라는 질문에 대해서는 34.9%(22명/65명)가 '다문화 가족지원센터를 통한 교육의 활성화'가 가장 적절하다는 응답이 있다. 다음으로 '각 읍·면·동 주민자치센터에 제주어 강좌 개설'로는 25.4%(16명/65명)가 응답하였다. '제주특별자치도 차원의 독립된 제주어 교육기관 운영'에 20.6%(13명/65명), '제주어 관련 민간단체에 위탁 교육'에 11.1%(7명/65명), '1 : 1 제주어 도우미 제도 운영'에 7.9%

(5명/65명)가 응답하였다.

이 설문조사 결과는 제주어 교육 정책을 추진하는데 반영이 가능하다. 이는 오승훈(2013 : 21)에도 잘 드러난다. 제주거주 결혼이민자를 위한 한국어 교육과정이 개설되어 있으며, 결혼이민자들은 제주지역 적응에 필요한 제주어 교육기회도 필요하다는 입장이다.

따라서 제주어를 알고자 하는 대상은 늘어날 것이다. 이들의 욕구를 제때에 해소할 수 있도록 인적 인프라를 구축하고 맞춤형 제주어 교재 개발이 수반되어야 제주어에 새롭게 접근할 수 있는 기회를 제공할 수 있다.

제주어 연구는 학자들의 몫이나 제주어 사용의 지속가능성을 위하여 사회운동으로 확대하는 공격적인 방법을 고려할 필요가 있다. 요즘 우리 주변에서 제주어 전문 활동가 양성 프로그램이 활성화되어 있고, 이 수료자들이 여러 사회 교육기관에서 제주어 보급에 참여하고 있다. 또한 지역 방송국에서는 제주어로 연중 캠페인을 벌이고, 제주어 퀴즈 대회도 진행함으로써 제주어의 보전과 진흥에 기여하고 있다.

제주어가 콘텐츠산업이 될 수 있음을 보여주는 사례가 있다. 2013년 영화계의 주목을 받은 '지슬'이 대표이다. 제주어 화자들은 배우들의 제주어 사용을 직접 들을 수 있는 특권을 부여받았고, 제주어를 이해하지 못하는 사람들은 자막으로 해독하였다. 그 이전에도 제주어를 사용하는 영화와 드라마가 제작되었으나 '지슬'과 같이 전국적인 인기를 얻은 작품도 드물다.

'사우스카니발(south carnival)'이라는 뮤지션들의 제주어 보급도

두드러진다. 사운드를 들을 때는 외국곡 같으나 가사를 들어보면 정확하게 제주어로 부르고 있다. 특히 이들의 제주어 음반은 문화체육관광부와 한국콘텐츠진흥원에서 지원하는 '2013 신인뮤지션 육성지원사업'에 선정되었다. 두 사례는 제주어에 대한 인식과 접근의 다양성을 보여준다.

제주어는 풍부한 제주의 문화자원을 내포하고 있음을 인식하고, 제주어의 지속가능성을 유지하는 것은 제주어 사용자들의 몫이다. 우리가 제주어의 생명권을 쥐고 있는 위대한 언어 권력자이다. 우리가 제주어 사용을 거부한다면 국가의 기반에 부정적인 영향을 미칠 수 있다는 상상도 필요하다.

제주어 사용을 위한 선택과 권한을 가는 자는 누구인가?

제주어 부흥을 위한 정책 결정에 누가 관여할 것인가?

이 두 질문을 고민하고 대안을 찾아보는 것이 제주어의 지속가능성에 기여할 것이라고 본다.

제주어에 대한 유네스코 절멸위기의 진단 이후 극복 방안

1. 문제제기[1]

현재 전 세계에서 사용되는 언어의 수는 대략 6,000~7,400개 정도로 추정하고 있으며, 유네스코에서는 약 3,000개의 언어가 절멸위기에 있다고 보고 있다. 이를 좀더 구체적으로 살펴보면 오늘날 사용되는 언어의 절반 이상은 사용자 수가 3,000명 미만이고, 4분의 1정도는 사용자 수가 1,000명 미만이며, 모어 화자가 10명 이하인 언어도 229개이다.

에스놀로그(Ethnologue, 2005년 판)을 보면 현재 6,912개(2009년 판은 6,909개)의 언어가 사용되고, 이 중에 2,269개(32.8%)는 아시아에서, 2,092개(30.3%)는 아프리카에서 사용되고 있다.

20세기 후반에 인류의 다양한 문화의 소멸을 예견하면서 그 핵심에 놓인 언어의 절멸이 부각되었고, 사람들은 언어가 절멸되면 인류

---

[1] 이 글은 발표지의 특성상 개조식으로 서술되어 있는 것을 서술형 문장으로 다듬었고, 특수부호도 일부 수정하여 번호를 부여하였다.

의 문화자원도 없어질 수 있다는 사실을 인지하게 되었다.

이는 세계화의 영향으로 국가와 지역의 문화·사회적 경계가 무너지고 서로 혼류되면서 지배언어와 피지배언어의 언어 층위가 발생하게 된다. 이때 피지배언어는 사회적·정치적 약자의 언어로 사용자 수가 감소하게 되고, 결국 언어 절멸이라는 절차를 밟게 되는 것이다.

언어의 절멸 요인과 절멸 언어들이 부각되면서 한국어와 지역어의 보존 방안이 관심을 받게 되었다. 제주어는 한국어의 원 모습을 간직하고 있다는 위상에 비해 사용자의 감소로 절멸 위기에 놓여 있으며, 이러한 사실을 증명해 준 것은 2010년 12월 유네스코에서 발표한 '절멸위기설'이다.

다시 말하자면 언어는 특정지역에 맞게 진화해 온 문화적 경험의 결합체이므로 한 언어가 절멸된다면 그 언어의 낱말과 문법에 내포된 지식도 절멸되기 때문에 자신의 언어를 잃게 되면 정체성을 상실하는 원인이 된다.

결국 제주어의 절멸은 제주와 제주 사람들의 정체성 상실에 영향을 미친다고 보는데 제주어 사용 인구가 감소하는 것은 제주어를 사용하지 않아도 생존 문제에 아무런 영향을 미치지 않는다는 사실 때문이다.

이에 제주도에서는 본격적으로 제주어 보전과 활용 방안을 논의하는 계기가 되었으며, 절멸위기 선언 이후 제주어의 위기 극복을 위한 다양한 방안들이 논의되었다. 따라서 제주어 절멸의 가속화를 막기 위하여 유네스코에서 4단계로 지정한 경고를 되새기고 3단계로 올라가기 위한 극복 방안, 나아가서는 2단계 진단을 받을 수 있는 중장기적 언어정책이 수립·추진되어야 한다.

결국 언어 절멸 이유는 여러 가지가 있으나 그 중에서도 제일 중요한 것은 그 언어를 사용하는 사람들의 수가 줄어드는 것이다. 이에 언어는 사용하지 않으면 절멸된다는 단순한 사실을 어떻게 인식시키고 제주어 사용 환경을 조성할 것인가에 대한 방안 모색이 필요하다.

따라서 이 글에서는 제주어가 국가 단위는 아니지만 지역 단위의 대표 언어로서 '절멸위기의 언어' 진단 이후 제주도의 언어정책에 어떤 변화가 있었는지, 제주사회와 제주 사람들의 역할은 무엇인지 등을 살펴보고 제주어의 소생 방법에 대한 정책적 대안을 찾아보고자 한다.

2. 유네스코의 절멸위기 언어 진단 과정

2.1 절멸 원인

일반적으로 언어의 절멸 원인은 국가와 지역에 따라 차이가 있으나 인위적 요인과 자연적 요인으로 구분할 수 있다. 인위적 요인은 유네스코 한국위원회(2005:33)를 참조하고, 자연적·환경적 요인은 권재일(2006:6~7)을 참조하여 간단히 소개하고자 한다.

언어의 인위적 절멸 요인은 다음과 같다.

첫째, 어린이가 자신의 언어를 완전히 배우도록 하지 못하면서 어린이의 모어가 아닌 언어를 매개로 하는 정규교육(읽고, 쓰거나 부모

세대가 알고 있는 단어나 구조 등을 배우지 않는 것)을 시행하는 것이다.

둘째, 지배 언어를 사용하는 균질화된 대중매체와 오락 그리고 여타 문화상품들이 절멸 요인이다.

여기에는 영화나 TV프로그램, 대중음악 속의 언어가 다른 것보다 더 높은 위상을 갖는다는 메시지를 준다.

셋째, 일상생활에서 어린이들은 그들의 부모가 사용하는 언어를 듣거나 사용할 기회가 줄어들면서 종종 언어공동체의 해체를 가져오는 도시화, 이주, 사람들의 직업상 이동에 따라 언어 사용 기회가 감소하게 된다.

넷째, 지배 언어에 대한 지식을 요구하고, 소규모의 언어를 지속하게 하는 경제적인 또는 정성적인 인센티브를 제공하지 않는 노동시장을 들 수 있다.

다섯째, 불충분한 언어적 인권의 보호가 절멸 요인이 된다.

여섯째, 국가(1국가 1언어)와 개인이 다언어주의가 아닌 지배 언어의 단일 언어주의를 정상적이고 충분하며 바람직한 것으로 보게 하는 이데올로기가 절멸 요인이 된다.

이는 부모들이 자신의 자녀가 모어 배우기(이로써 노동 시장에서 실패함)와 지배 언어 배우기(이로써 모어를 희생함) 중에서 선택해야 한다고 생각하게 만든다.

언어의 자연적·환경적 절멸 요인은 다음과 같다.

첫째, 전쟁과 자연재해 등 외적인 요인에 의해 특정 언어의 사용자가 감소하면 해당 언어도 사멸하게 된다.

둘째, 생활공동체의 변화에 따라 언어공동체도 변하게 된다. 즉 전통적인 농경사회에서는 전통적인 생활방식 등 고유한 문화와 그 것을 표현하는 언어가 보존되나, 산업화 이후 도시화에 따라 생활환 경과 의식이 변하게 된다.

말하자면 사회적 성공을 위하여 자신의 원래 모습과 문화 등을 의도적으로 버리면서 특정 언어의 소멸이 가속화되는데 여기에는 사회제도와 교육이 중요한 역할을 한다.

셋째, 언어 환경의 변화도 주요하다. 즉 컴퓨터의 발달과 SNS의 활성화 등 정보통신 분야의 발전이 지배적인 언어의 보편화를 가져 온다.

2.2 진단 기준

유네스코에서는 전문가를 제주도에 파견하여 언어학자와 면담하 고, 제주어의 실태를 조사하여 <표 1>과 같이 정리하여 발표하였다. 즉 2010년 12월 제주어를 '4단계 위기의 언어'로 분류함으로써 2011 년 1월에 한국과 제주도의 언론매체를 통하여 알려지면서 절멸 예 방을 위한 언어정책안이 제기되었다.

유네스코에서는 '제주어, 제주'로 등록하고, 70세~75세 이상 제주 어 사용자 수는 5천 명에서 1만 명으로 규정하였다. 그동안 학자와 일부 사람들이 제주어의 귀중함을 역설해왔는데, 특별히 전 세계적 으로 '절멸 가능성이 농후한 언어'로 진단됨에 따라 그 사실을 심각 하게 받아들이는 계기가 되었다.

〈표 1〉 UNESCO Atlas of the World's Languages in Danger[2]

Original name(원 이름)	제주어
Name of the language(언어명)	Jeju(en), jeju(fr), jeju(es)
Alternate names(이칭)	Cheju, Ceycwu
Vitality(생명유지 필수성)	Critically endangered(치명적으로 위험한)
Number of speakers(사용자 수)	In 2010 : 5,000-10,000(all above 70-75 years)
Location(s)(소재지)	Jeju Island, Jeju Special Self-Governing Province
Country or area(국가 또는 지역)	Republic of Korea
Coordinates(등위)	lat : 33.3671 ; long : 126.4974
Corresponding ISO 639-3 code(s)	

<표 2>에서는 언어의 절멸 정도를 단계별로 진단했는데, 제주어는 4단계에 포함되어 있어서 이를 극복하려는 정책이 없으면 바로 5단계로 하강할 위치에 놓여 있다.

따라서 제주도에서는 제주어의 위상을 4단계에서 3단계로 등급을 상향시키고, 가능하다면 2단계로 상향될 수 있는 언어정책과 전략을 모색하는 것이 향후 과제라고 본다.

〈표 2〉 단계별 언어 절멸 정도[3]

단계	언어 상태 진단
1단계	취약한 언어(vulnerable language)
2단계	분명히 위기에 처한 언어(definitely endangered language)
3단계	중태에 빠진 언어(severely endangered language)
4단계	위기의 언어(critically endangered language)
5단계	소멸한 언어(exinct language)

---

2) http://www.unesco.org/culture/languages-atlas/
3) 유네스코한국위원회(www.unesco.or.kr), 「소멸위기에 처한 언어지도」참조.

유네스코 진단 단계와 크라우스의 체계(<표 3> 참조)를 비교하여 보면 '안전함, 안정적임'을 제외하고 '불안정함~소멸되기 직전'까지는 같다. 다만 크라우스의 체계에서 제주어는 현재 '매우 위태로움(C)과 소멸되기 직전(D)' 등급에 해당되므로 향후 제주어 정책에 따라 적어도 '불안정함(A⁻)'단계까지 상승할 수 있도록 제주사회와 제주 사람들이 노력해야 할 것이다.

〈표 3〉 언어의 절멸 위험성을 진단하는 크라우스의 체계 Krauss(2006b : 1)[4]

안전함(Safe)	A⁺	해당 언어의 화자가 백만 명 이상이거나, 혹은 단일어를 사용하는 국가의 공식어다
안정적임(stable)	A	아이들을 포함해, 모든 이들이 해당 언어를 쓴다.
불안정함 ; 무너지기 시작함 (unstable ; eroded)	A⁻	아이들까지 해당 언어를 쓰는 지역이 일부 있다
명확히 위태로움 (definitively endangered)	B	부모 세대 이상에서만 해당 언어를 쓴다
매우 위태로움 (severely endangered)	C	조부모 세대 이상에서만 해당 언어를 쓴다
소멸되기 직전임 (critically endangered)	D	증조부 세대의 극소수 화자만 해당 언어를 쓴다
소멸(Extinct)	E	해당 언어를 쓰는 사람이 없다

유네스코에서 설정한 단계별 언어 절멸 정도 진단 기준은 <표 4>와 같이 9가지로 선정하여 각각의 항목별 증감정도를 측정할 수 있다.

향후 제주어의 등급 상향 조정을 위하여 9가지 기준에 적합한 제주어 보전·활용 정책 추진이 가능하다고 보며, 이 기준을 토대로 하여 문제점을 해결하는 전략이 중요하다.

---

4) 김기혁·호정은 옮김(2012 : 11) 참조.

〈표 4〉 위기의 언어 판단 기준5)

연번	'위기의 언어' 판단 기준	연번	'위기의 언어' 판단 기준
1	세대 간의 언어 전승	6	언어 교육과 읽고-쓰기 자료 사용 여부
2	화자의 절대 수	7	(해당 언어에 대한)공식적인 지위 부여/ 사용을 포함한 정부와 해당 기관의 언어에 대한 태도와 정책
3	전체 인구 대비 해당 언어 구사자 비율	8	자신의 언어에 대한 그 지역 사회 구성원의 태도
4	언어 사용 분야의 변화	9	(해당 언어)자료의 양과 질
5	새로운 영역, 매체에(해당언어를 사용하여) 반응하기		

<표 5>는 유네스코에서 제시한 위기의 언어 판단 기준 중 제1 요소라 할 수 있는 '언어의 세대 간 전달'이 언어의 절멸에 관여하는 정도를 보여준다. 따라서 제주어 사용자의 세대간 교류로 보면 현재 제주어는 '절멸위기에 처함, 심각한 절멸 위기에 처함'에 해당된다.

〈표 5〉 절멸위기 정도

절멸위기 정도	언어의 세대간 전달
안전함	모든 세대가 언어를 사용함 : 언어의 세대 간 전달이 끊이지 않음. -『아틀라스』에 표기되지 않음.
취약함	대부분의 어린이들이 언어를 사용하고 있으나 특정 공간에서만 사용함. (예 : 집)
절멸위기에 처함	어린이들이 더 이상 집에서 언어를 모국어로 배우지 않음.
심각한 절멸위기에 처함	노령 인구가 언어를 사용함 : 부모 세대는 언어를 이해할 수는 있으나 아이들이나 서로에게 언어를 사용하지는 않음.
절멸 고비에 처함	노령 인구만이 언어를 부분적이고 드물게 사용함.

---

5) <표 4>와 <표 5>의 자료는 유네스코한국위원회(www.unesco.or.kr), 『아틀라스』 (2009년 판)을 참조하여 정리하였다.

♥	절멸됨	언어를 사용하는 사람이 없음. – 소멸 추정 시기가 1950년대일 경우 『아틀라스』에 포함됨.

유네스코의 위기 언어 진단 기준에 따라 제주어가 4단계 절멸위 기의 언어로 평가됨에 따라 앞으로는 이 위기를 극복하기 위한 다양 한 정책이 추진되어야 한다.

3. 국내외의 언어 보전정책과 동향

3.1 세계의 언어 보전정책

언어의 종말, 언어의 사멸, 언어의 멸종, 언어의 보전정책 등에 쓰 인 '언어'는 민족과 국가를 대표하는 개념으로 쓰였지만 소수자의 언어인 지역어에도 적용된다.

언어의 생명력과 역사성에 대한 관심은 언어학자들만의 관심 영 역을 넘어서 인간의 문제로 부각되었으며, 언어의 절멸은 문화의 다 양성을 저해하는 주요소라는 사실에 공감하는 분위기이다. 특히 전 세계적으로 절멸위기의 언어를 보존하려는 노력이 국가별로 추진되 고 있는데, 이는 1996년 '유네스코 세계 언어 권리 선언'이 채택될 정도로 언어의 소멸과 사멸이 문화의 멸종을 가속화한다는 사실을 인지한 결과이다.

〈표 6〉 세계 언어 권리 선언 과정6)

연도	내용
1991년	미국언어학회 ; 절멸 위기에 처한 언어 관련 심포지엄 개최
1992년	퀘벡 시에서 개최된 국제언어학회의(International Linguistics Congress)에서 유네스코에 절멸 위기의 언어를 보존할 언어학적 기구를 지원할 것을 촉구.
1993년	유네스코에서 절멸 위기 언어 프로젝트(Endangered Languages Project) 채택
1995년~ 2004년	UN의 토착민족의 10년 세계 포럼 (International Decade of the World's Indigenous People)
1995년	절멸 위기 언어 기금(Endangered Language Fund) (미국) 설립 절멸 위기 언어 재단(Foundation for Endangered Languages) (영국) 설립 국제 절멸 위기 언어 정보 센터(International Clearing House for Endangered Languages) (일본 도쿄대학) 출범
1996년	유네스코 세계 언어 권리 선언 (Universal Declaration of Linguistic Rights) (바르셀로나) 채택
2000년	제1회 세계 모어(母語)의 날 (International Mother Language Day) (2월 21일)
2001년	유네스코 문화 다양성과 그 실행 계획에 관한 국제 선언 채택 (문화다양성 보편선언)
2002년	발전과 대화를 위한 세계 문화다양성의 날 선포 (5월 21일)
2003년	유네스코 다언어의 증진과 사용에 관한 권고 채택
2007년	유네스코 세계 언어 문서화센터 (World Language Documentation Center) 설립
2008년	세계 언어의 해 지정

유네스코에서는 2000년부터 2월 21일을 '세계 모어의 날'로 지정하여 오늘에 이르는데 이는 방글라데시 언어수호의 날에 기원한다. 그 내용을 좀더 살펴보면 방글라데시와 파키스탄이 동파키스탄과 서파키스탄으로 분리되었을 때 서파키스탄은 동서파키스탄의 공용어를 우르두어로 반포했다. 이에 동파키스탄은 벵골어 사용 국가였으므로 이에 반발하여 대학살이 발생하였다(1952년 2월 21일).

---

6) 이 내용은 <언어다양성 보존 활용 센터 홈페이지>와 <유네스코 한국위원회 홈페이지>를 참조하여 정리하였다.

동파키스탄은 1971년 모국어인 '벵골어를 지키는 나라'라는 의미의 국명인 방글라데시로 독립하면서 2월 21일을 국경일로 지정하였고, 2012년 2월 21일에는 방글라데시 언어 수호의 날 60주년 기념식이 성대히 거행되었다.[7]

3.2 세계의 언어 보전 동향

2012년에 '아이폰'과 '온라인 플랫폼'을 이용하여 언어 절멸을 예방하고, 절멸한 언어의 회생 방법을 시도하여 언어가 IT산업과 융합하여 살아남을 수 있음을 보여 주었다.

다음은 아이폰을 이용한 절멸위기의 언어 부활 시도[8] 내용이다.

소셜네트워크서비스(SNS)와 스마트폰 어플리케이션을 이용하여 절멸 가능성이 있는 언어들을 교육할 수 있게 개발하였다.

영국 BBC방송은 2012년 2월 18일 시베리아와 몽골의 유목민인 튜바족과 북아메리카의 원주민들이 아이폰과 페이스북을 통해 부족의 고유한 언어를 젊은 층에게 교육하는 사실을 보도하였다.

데이비드 해리슨(미국 스워스모어칼리지의 언어학 교수)은 절멸위기에 놓인 언어의 발음과 문법 등을 공부할 수 있는 온라인 사전 8종을 만들었다. 이 사전은 3년 동안 해당 언어 사용자의 원어민을 대상으로 발음과 문법을 조사하여 프로그램을 제작하였다.

구글(인터넷 회사)에서는 전 세계적으로 절멸위기에 놓인 언어들을 살려내는 데 도움을 줄 수 있는 새로운 서비스를 출시하였다.[9]

---

7) 국립국어원, 「쉼표, 마침표」, 2012년 7월 8일자 참조.
8) 「매일경제 인터넷신문」, 2012년 2월 21일자 참조.

이 서비스는 미국의 나바호어부터 스페인의 아라고네스, 인도의 고로 등 사용인구의 감소에 따른 절멸위기의 언어 정보를 인터넷상에 게재함으로써 이 언어의 활성화에 기여하게 될 것이다. 또한 이 서비스는 누구든지 절멸위기에 놓인 언어 자료를 공유할 수 있는 '온라인 플랫폼'이다.

두 프로그램은 세계화의 진전에 따라 소수문화의 소멸이 가속화되는 단점이 있으나 IT산업 발전이 소수자 언어의 부활과 복원에 적용할 수 있는 장점을 보여줌으로써 절멸 위기의 언어가 회생될 수 있다는 희망을 인류에게 안겨 주었다. 이를 제주어의 부활 방안으로 적용해 볼 수 있다.

3.3 한국의 언어 보전정책 동향

한국어의 위상을 보여주는 자료로 에스놀로그(2009년 판)를 보면 한국어 모어 화자 수는 6천6백만 명 정도로 17위로 나타나고, 5천만 명 이상이 모어로 사용하는 언어와 화자 수는 <표 7>과 같는데, 이는 인구수 기준이다.

1억 이상이 모어로 사용하는 언어는 중국어……일본어 등 9개이고, 5천만 명 이상이 사용하는 언어로 독일어……터키어 등 20개 정도이다.

---

9) 「조선일보 인터넷신문」, 2012년 7월 18일자 참조.

〈표 7〉 세계 언어와 모어 사용 화자 수[10)]

순위	언어	모어 화자 수 (백만 명)	순위	언어	모어 화자 수 (백만 명)
1	중국어	1,213	11	자바어	84.6
2	스페인어	329	12	펀자브어	78.3
3	영어	328	13	텔루구어	69.8
4	아랍어	221	14	베트남어	68.6
5	힌디어	182	15	마라티어	68.1
6	벵골어	181	16	프랑스어	67.8
7	포르투갈어	178	17	한국어	66.3
8	러시아어	144	18	타밀어	65.7
9	일본어	122	19	이탈리아어	61.7
10	독일어	90.3	20	터키어	50.8

〈표 8〉은 국내의 인구 추이에 따른 한국어 사용자 수를 나타낸 것으로, 단순히 국내 거주 인구수를 한국어 사용자 수로 바라본 것이다. 이는 '언어의 세대간 전달'이 얼마나 잘되느냐에 따라 안전함과 절멸됨의 기준이 되므로 결국 해당 언어 사용자의 비율이 높을수록 언어의 생존율이 높음을 보여준다.

〈표 8〉 국내에서 한국어 사용 인구 추이[11)]

국어사용 인구 /연도	2005년	2006년	2007년	2008년	2009년	2010년	2011년
국내(총인구수)	47,279,000	48,290,184	48,456,369	48,606,787	48,746,693	47,554,074	50,734,284

---

10) 언어다양성 보존 활용센터(www.cld-korea.org//diversity/diversity.php)를 참조하여 정리하였다.
11) 국립국어원 사이트(www.korean.go.kr)·통계청 사이트(2012) 참조하여 재구성하였다.

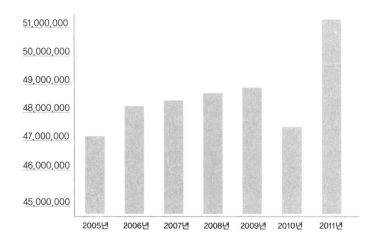

세계의 언어로 보면 한국어도 위기의 언어에 속하며, 개별 국가를 기준으로 하면 한국의 각 지역의 언어들은 사라져 갈 언어지도에 포함된다. 현재 국가의 언어정책은 한국어의 세계 전파에 역점을 두고 있으며(세종학당 설치 및 운영, 한국어 교사 파견 및 양성 등), 지역어 정책으로는 지역의 문화재로서 언어보존 정책을 추진하고 있는 정도이다. 「국어기본법」에 의해 전국 시도별 1개소씩 국어문화원을 설치하여 국어와 지역어의 연구, 보전에 기여하고 있다.

2012년 문화체육관광부의 언어정책은 다음과 같으며, 주로 한국어의 해외 보급에 초점을 두고 있다.

세계 속의 문화강국 위상 제고	· 국가대표 문화공간 조성 : 한글박물관 건립
전략적 해외진출 강화 – 해외 한국어 보급 확대	· 세종학당 확대 운영 및 한국어교원 전문성 강화 · 2011년 60개소 19억 원, 2012년 90개소 30억 원

한국어의 다양한 언어 모습을 보유하고 있는 지역어 조사·보존

을 위하여 국립국어원에서는 10년간(2004~2013) 권역별 지역어를 조사하여 전사하고 보존·활용하도록 지역어 음성웹데이터베이스를 구축하고 있다.

지역어 조사 지역은 국내로는 경기, 강원, 충북, 충남, 전북, 전남, 경북, 경남, 제주 등 9개 권역이다. 국외 집단 이주 한민족 대상 지역어 조사로는 중국(길림성, 요령성)과 우즈베키스탄, 카자흐스탄, 키르기스스탄 등 중앙아시아 국가가 포함되어 있다.

전국 지역어(방언) 보존과 활용에 기여하고 있는 민간단체로는 '강릉사투리보존회, (사)경남방언연구보존회, (사)제주어보전회' 등이 있다.

국립국어원에서 추진하고 있는 '지역어 조사'와 '민족생활어 조사' 사업이 있고, 지방자치단체에서는 지역의 언어학자와 교육계, 지역어 보존회 중심으로 언어의 지속성에 동참하는 정도이다.

3.4 제주어의 보전정책 동향

절멸위기 진단 이전(2010년 12월 기준) 제주어 보전 동향은 다음과 같다.

2006년 4월에 국립국어원과 국립민속박물관은 「제주지역어의 유네스코 세계무형문화유산 등재」 추진 업무협약을 체결했으며, 「제주어 보존 및 육성 조례」 제정 논의 등 제주어의 위상 정립에 관심을 표명했다.

2007년 3월에 문을 연 <국어문화원>(제주대학교 부설 기관)에서도 제주어의 보존·활용 사업을 추진하고 있다.

2007년 '제주민속문화의 해 '기념행사로 「제주지역어 경연 대회」(학생부, 일반부 구분. 5월 27일)가 개최되고, 「언어 자원의 다원화를 위한 제주학술대회」(제주어학술대회 : 5월 26일)가 열렸다.

2007년 9월 제주특별자치도의회 의원 발의로 「제주어 보존 및 육성」 조례가 제정되었다. 「제1차 제주어발전기본계획(2008~2012)」수립·시행하였으며, 제주어보전 육성위원회 구성(2008. 05.), 『개정증보 제주어사전』 편찬(2009) 등의 사업이 있었다.

특히 지방자치단체에서는 '제주어말하기대회' 등 민간단체 사업을 지원해 오고 있다.

절멸위기 진단 이후(2011년 1월 이후)의 제주어 보전 동향은 다음과 같다.

2011년 4월에 「제주어 보존 및 육성 조례」를 일부 개정하고 '제주어 보존육성위원회'의 기능을 강화하는 등 제주어 보전정책을 펴고 있다. 조례 개정에 따라 '제주어보존육성위원회'가 위촉되었다(2011. 04.).

제주어 중점 연구기관으로 제주발전연구원 부설 제주학연구센터가 개소(2011. 08.)되었다.

지역 연구기관으로는 제주대학교 국어문화원 부설로 제주어센터가 개소(2011. 08.)되어 제주어 자료구축 사업을 추진하고 있다.

'제주방언연구회'가 조직되어(도내외 제주어 전공자 중심) 연 2회 연구 활동과 현장 활동을 병행하고 있다.

2012년도 제주도의 제주어 정책 추진 현황은 다음과 같다.

제주발전연구원 제주학연구센터 제주어 연구 지원	· 제2차 제주어발 기본계획 수립(2013~2017) · 제주어표기법 개정 사업 추진 · 『제주어와 영어로 굳는 제주이야기』 발간
언론매체 지원 사업	· 제주문화방송(라디오) : 제주어 속담 캠페인 · (주)코리아 인터넷 방송국 : 제주어 인터넷 방송국 운영 · 제주CBS방송국 : 제주어 배워보카 진행
민간 단체 지원 사업	· (사)제주어보전회 주최'제주어 선생 양성과정'운영 지원(2012년 3회째) · 제주어소식지 『덩드렁마께』 발간 · 제주어축제 지원 (제주어 동화구연대회, 제주어 연극, 제주어 시 낭송대회, 제주어 노래부르기, 제주어 말하기 대회, 제주어 문학백일장)

4. 제주어의 절멸위기 극복을 위한 정책적 제언

현재 제주어는 절멸위기의 언어로 4단계에 속하므로 5단계인 절멸 언어가 되지 않도록 보전정책과 아울러 최소한 3단계로 올라갈 수 있는 극복정책이 있어야 한다.

따라서 지역사회 각 구성원과 공공기관의 역할을 제언하고자 한다.

4.1 역할적 측면

4.1.1 학계와 연구기관의 역할

① 연구자 양성을 통한 인적 인프라 구축

언어 절멸을 막고 절멸된 언어를 되살리기 위하여 사용자의 확대도 중요하지만, 언어학적 기초자료 구축(제주어 구술발화자료, 음성녹음자료 등)과 이를 담당할 전문 연구자 양성 등 인적 인프라 구축이 필요하다.

이와 더불어 언어자료 개발과 제작, 대중교육, 전문교육, 제주어 교사 양성 등 제주어의 부활에 기여할 언어학 분야의 전문인력 양성을 추진한다.

② 지역대학의 교육과정에 제주어 관련 교과목 개설 운영

교과목 이수기간에 학생들은 주민자치센터 등 평생교육기관을 방문해서 제주어 구연자와 언어 체험활동을 하거나 제주어 활동가로 실습하고, 이를 실습시간에 반영한다.

③ 제주어 연구기관·단체의 역할 강화

현재 조직되어 있는 연구기관과 단체 중심으로 제주어 사용 환경 조성을 담당하게 한다. 지역사회의 다양한 곳에서 제주어 교육자료와 교사 도움 요청 시 응대할 수 있는 여건을 조성한다. 제주어 대중교육 자료를 개발하고 제작하여 국내외인들이 언제든지 이용할 수 있는 시스템을 구축한다.

④ 유네스코 진단 결과에 대한 정확한 점검 방안 검토

유네스코 진단 4단계(절멸 위기의 언어)가 정확한지에 대한 점검과 제주어의 실태를 다각도로 파악한 후에 그에 합당한 정책을 추진한다.

4.1.2 교육계의 역할

① 학교 교육을 통한 제주어 보급 기회 확대

정규 교육과정에 제주어를 포함하여 운영할 수 있는 여건을 마련한다. 또한 학교 내 특정 공간을 '제주어 사용지역'으로 선정하고,

제주어로 알림판 등 제작 홍보에 힘쓴다. 어린이나 청소년 등 젊은 세대들이 쉽게 접근할 수 있는 교재와 교육 방법을 개발한다.

② 제주어 교사 양성에 참여

제주어 교육과정 운영을 위해 교사 직무연수 프로그램으로 선정할 수 있도록 제도화한다. 일반인을 제주어 교사로 양성하여 어린아이들에게 제주어를 자연스럽게 가르칠 수 있도록 여건을 조성한다.

4.1.3 지역사회와 지방자치단체의 역할

① 제주어 보전·전승을 위한 지속적인 예산 지원

도청과 행정시 중심으로 제주어 보급을 위해 단기, 중기 사업을 체계적으로 추진하고, 대중적인 활동비를 보조해 준다. 연구기관과 단체 중심으로 제주어 교사로 활동할 수 있는 인력을 양성하여 필요한 기관에 파견할 수 있는 행·재정적인 지원을 한다.

② 읍면리 단위로 제주어 알림판 제작·활용

마을 단위별로 알림판, 마을의 문화자원 기록 시 제주어를 활용하도록 권장한다.

③ 주기적(3~5년 단위)으로 제주어 정책을 점검하여 등급 상향 조건 확인

제주어 사용자들이 제주어에 대한 자부심을 갖고 전파할 수 있도록 제주어 사용 환경 개선과 더불어 적당한 시기별로 제주어 사용 실태를 조사한다. 공공기관에서 제주어 부활을 위한 언어정책을 추진하려면 유네스코 위기 언어 진단 9가지 조건에 준하여 이를 해결

할 수 있는 정책 추진이 대안이다.

④ 제주어에 모어의 자격 부여

제주어 사용자 감소 이유는 여러 가지가 있으나 가장 일차적인 것은 모어의 자격을 부여하지도 않고, 사용할 의무를 상실하는 점이다. 이는 한국인의 공용어인 표준어(국어)가 있어서 이미 지배언어로 정착되었으므로 이런 점을 감안하여 제주어를 사용하고, 살리려는 강제적인 언어 환경 조성이 필요하다. 제주어는 사용자 수의 감소에 따라 절멸이 가속화될 것이므로 제주어 사용을 권장하고 제주도의 공식 언어로 예우하고 공적인 지위를 부여한다.

⑤ 제주어 사용 인구를 국내외로 확산 유도

제주어 사용자들은 제주도 거주자만이 아니라 제주어를 모어로 하는 국내외 재외동포들까지 포함될 수 있도록 정책적인 홍보를 추진한다. 제주의 역사와 문화 등을 제주어로 제작하여 보급한다.

4.1.4 언론계의 역할

① 신문사과 방송사 중심 제주어 프로그램 제작 보급에 지속적 참여

2012년 현재 제주도의 언론계에서 운영하고 있는 제주어 프로그램은 제주어 퀴즈, 제주어로 제주 문화 소개하기 등이 있는데, 지속적으로 제주어 보급에 참여가 필요하다.

4.2. 보전적 측면

4.2.1 제주어 등 제주 문화에 대한 자존감 부여

① 제주어 보전에 대한 희박한 의식의 변화 시도

표준어라는 대체 언어가 있어서 제주어 사용 기회가 줄어들고, 제주어를 사용해야 할 절대적 의무가 존재하지 않으므로 표준어에 밀리고 있는 현실이다. 제주어 절멸 후 제주 사람들의 삶이 어떻게 변할지 각종 자료제작을 통해 교육·홍보한다.

② 제주어를 제주의 위대한 문화유산이라는 인식 유도

과거부터 현재까지 제주의 모든 것에 대한 존중감을 부여하고 이를 표현하는 제주어가 문화유산임을 인식하게 한다. 제주어가 살아남고 '3단계 중태에 빠진 언어'로 등급이 상향되기 위하여 제주어 사용자 간에 문화유산의 계승자라는 의무와 권리를 부여한다.

③ 제주어 사용에 대한 의지 확산

젊은 세대들이 제주어를 사용하지 않게 되고 전승 의무가 감소하고 있는 실정이므로 가정과 사회에서 제주어로만 대화하도록 권장한다. 다양한 세대 간에 제주어 소통 기회 확대를 위해 부모와 조부모 세대에서는 유아기와 어린이를 대상으로 제주어를 사용함으로써 언어 세대 간 전달이 용이하도록 한다.

제주어 사용자들이 언어공동체의 제1 요소로 제주어를 인지하고 있는가, 자신들이 제주어를 사용하고 보존의 주체가 되려는 적극적인 의지가 있는가에 대한 공감대 형성이 중요하다.

4.2.2 제주어 사용 환경 개선과 확대

① 제주어 사용 환경 조성

제주어는 무형문화이므로 사용하지 않으면 절멸되는 것은 기정사실이다. 이에 제주어 사용 인구나 횟수가 줄어들지 않고 지속적으로 사용할 수 있는 언어 사용 환경 조성이 필요하다. '제주어 발언대' 등을 설치해서 누구나 신청하면 제주어로 자유발언을 할 수 있는 제주어 전용 무대를 제공해 준다.

② 제주어 사용권역 설정과 제주어 구연자 활약 기회 제공

가정과 사회에서 일상적으로 제주어 사용 환경을 조성하여 권장하고, 민간단체에서는 다양한 활용 사업을 추진한다. 제주도에서 개최되는 각종 축제 때에 단순히 말하기대회만 할 것이 아니라, 행사에 참여하는 모든 사람들이 제주어를 사용할 수 있도록 제주어 사용 지역을 지정·운영한다. 또한 제주어사용(발음, 어휘 등)에 능통한 구연자를 활용하여 제주어를 배우고자 하는 사람들을 도와준다.

4.2.3 제주어의 문서화

① 제주어 조사·자료 구축

제주어의 복원과 보존에 필요한 음성과 영상 자료를 조사하고 구축하여 아카이브화 한다. 일시적인 분위기에 편승하여 손쉬운 사업 중심의 정책은 지양하고, 제주어가 절멸되더라도 재생하여 연구할 수 있도록 자료를 구축한다.

② 전문 연구자 양성과 자료 구축에 필요한 기술과 예산 지원

자료 구축을 위해 기록할 수 있는 장비, 시간, 예산, 전문인력 등 인적·물적 인프라를 확보한다.

③ 제주어 정보제공자 발굴·**활용**

제주어를 정확하게 구사하고 전달할 수 있는 정보제보자를 확보한다. 제주 전통문화 자원을 다양하게 전달해 줄 수 있는 정보제보자를 발굴한다.

한국어의 세계화 정책이
제줏말 진흥 정책에 주는 시사점

1. 머리말

우리나라에는 우리의 고유한 언어가 있음에도 불구하고 외국어 (특히 영어)의 영향으로 한국어[1]의 자리가 점점 위축되고 있는 실정이다. 다행히 한류열풍에 따라 한국 문화와 한국어에 대한 관심이 증폭되면서 정부에서는 한국어 교육기관 운영을 통해 한국어의 세계화에 주력하고 있다.

국가에 따라 자국의 언어 보전정책 추진에 정도 차이가 있는데, 일부 국가는 자국의 언어를 재외 자국민은 물론 외국인들도 배우고 사용할 수 있도록 적극적인 언어 전파 정책을 추진하고 있다.

---

1) 한국어는 대한민국 국민이 공식적으로 사용하는 언어로 주로 대외적(국외)인 용도로 사용한다. 국어는 한 나라에서 공용어로 인정되어 사용하는 언어로 대내적(국내)인 용도로 사용한다. 우리나라에서는 국어가 곧 한국어의 뜻으로 쓰인다. 한글은 한국어를 표기하는데 쓰이는 문자를 가리킨다.

　우리나라는 한국어의 세계화를 위해 국외에 한국어 교육기관 운영 및 지원 정책을 펴고 있다. 한국 문화의 위상을 강화하고, 한국어를 세계에 알리기 위하여 <세종학당>을 운영하고, 한국어 교사 양성과 파견, 교재 개발·보급을 지원하고 있다. 이런 정책은 국외에 한국문화원과 세종학당 설치 확대에 반영되어 있다. 세종학당은 한국어 교육을 통해 문화교류를 활성화하기 위하여 운영하는 교육기관으로, 주로 문화체육관광부가 예산을 지원한다.

　이와 같이 정부에서는 한국어의 세계화 정책을 통해 한글과 한국 문화의 가치 확산에 심혈을 기울이고 있다. 이는 <국립국어원, 세종학재단, 문화체육관광부> 등 공공기관을 통해 한국어 관련 교육기관을 설치·운영하고 있으며, 특히 외국어로서 한국어 교육 기회를 제공하고 있다.

　한국어의 국외 보급도 중요하지만 국내에서도 한국어의 올바른 사용과 위상 강화를 위한 언어정책이 수반되어야 한다. 즉 국가 차원에서 한국어의 진흥 정책을 추진하는 것은 당연하다고 보는데, 국내에서는 자국의 언어 진흥을 위해 어떤 노력을 하고 있는가? 이와 더불어 각 지방자치단체별로 지역어의 보전정책을 수립·추진하고 있는가? 이에 대한 긍정적인 해답이 결국은 지역어와 지역문화를 진흥하는 방법이라고 본다.

　지역어의 발전과 확장이 문화융성의 콘텐츠를 구성하는 핵심요소라는 관점에서 현 정부는 문화융성을 이루기 위하여 문화가 발전하면 국민이 행복해 질 수 있다는 입장을 견지하고 있다. 물론 문화융성은 문화예술 분야에 국한된 것이 아니고, 문화를 매개로 하는 콘텐츠산업은 물론 지역문화 진흥까지 포괄하는 내용이다. 현 정부에서 추진하고 있는 지역문화, 진흥에는 지역어 진흥 정책이 포함되어 있다.

지방자치단체에서는 지역의 발전 척도를 경제성장에만 맞출 것이 아니라 한국어와 지역어의 가치 확산 정책에도 관심을 가질 필요가 있다. 제주도에서는 제줏말2)의 진흥을 위해 다양한 정책을 추진하고 있는데, 잘못하면 국어(한국어)는 없고 제줏말만 중요하고 살아남아야 할 대상으로 오해할 수도 있다고 본다. 그런 점에서 여기서는 한국어의 세계화를 위한 정부의 정책을 제시하고, 정부의 정책 중에 제줏말의 진흥에 접목할 수 있는 방안을 찾아보고자 한다.

---

2) 제주사회에서는 제줏말, 제주방언, 제주지역어, 제주어 등이 혼용되고 있는데, 제주도에서는 정책적인 용어로는 '제주어'를 사용하고 있다.

　일반적으로 언어와 민족은 별개로 볼 수 있는데, 우리나라에서는 민족과 언어를 동일하게 보는 경향이 있다. '국명·민족명+어'라고 할 때는 주로 국가나 민족을 기반으로 하여 사용한다. 우리나라와 같이 국어가 있고, 각 지방에서 사용되고 있는 대표 언어인 지역 방언이 있는 경우에는 이것을 부르는 명칭은 언어학적인 측면에서 '지역명+방언'으로 쓰인다(서울방언, 경기도방언, 충청도방언, 경상도방언 등). 그러므로 한국어의 범주에 드는 제주방언이 학술적인 용어에 해당된다. 다만 제주 사람들은 지역 정체성을 잘 드러내주는 '제주어' 사용을 선호하는 경향이 있고, 제주방언 사용에 대한 부정적인 인식도 있는 편이다. 그러나 언어명은 문법체계 등 언어라고 부를 수 있는 조건을 갖추어야 하므로 현재는 '제주방언, 제줏말' 정도가 무난하다고 생각한다.

　또한 '제주 말'이라 하면 제주도에서 사용되고 있는 여러 말이 가능하다(경상도말, 전라도말, 서울말 등). 따라서 이 글에서는 '제주도의 말(언어)'이라는 뜻으로 '제줏말'로 사용하고자 한다.

2. 한국어의 세계화 정책 동향

2.1 정부의 한국어 정책

정부에서는 2014년 한국어의 진흥을 위해 'K-Culture로 신한류 창출'을 주요 정책과제로 설정하여 '한글'의 가치를 국내외에 홍보하고, 국제문화교류 기반을 구축하려는 계획이다.

먼저 '한글' 브랜드 정립 및 홍보를 달성하기 위하여 "우리의 혼, '한글'의 가치에 대한 국내외 인식 제고 및 보급"을 추진 중이다. 이를 실현하기 위한 구체적인 내용은 다음과 같다.

> - 국립한글박물관 개관(2014년 10월) 및 한글문화주간 확대 운영
> - 한글의 산업적 발전 기반 마련(패션, 무용, 로봇 등 다양한 한글상품 공모)
> - 범국민 언어문화개선운동(("안녕 우리말") 본격 추진
> - '한국수어법령' 제정 및 청각장애인 언어불편해소 사업 추진

또한 '한글'을 포함한 신한류 창출을 실혈한 수 있도록 "해외 한국문화 확산을 위한 기반 확충 및 지원체계 개선"에 필요한 국제 문화교류 네트워크 활성화 기반 구축에 역점을 두고 있다. 이 세부과제 추진 방법은 다음과 같다.

> - 국제문화교류 및 한류확산 거점으로 해외 인프라 확충
> - 세종학당 단계적 확대(120→130개소 ; 해외대학, 한국관광공사, 한국무역협회 등 협업)

- 문화원과 세종학당의 운영여건 개선 및 프로그램 강화
- 문화원의 종합운영계획 수립 및 평가 강화, 문화원 운영을 성과 중심 체제로 개편, 현지인력 임금수준 개선, 국내 우수프로그램 문화원 순회(8개소)
- 세종학당 교원 파견 확대(38명), 우수학당 시설개선 지원(10개소), 문화프로그램 개발·보급, 해외진출 기업과 협력 등 교육환경 지속 개선
  국제문화교류 전담조직 지정을 통해 분산 수행 중인 지원 기능의 대내외 창구 일원화 및 종합적 지원

따라서 정부에서는 한국어의 세계화를 위해 세종학당 설치와 운영 등 외국인을 대상으로 한국어 교육 기회를 제공하고 있다.

2.2 한국어의 위상 변화

최근 한국어의 위상 강화를 위해 언어 정보 향상에 노력한 사실을 알 수 있는 사례가 있다. 국립국어원은 '에스놀로그'3)에 한국어의 사용자 수 순위 조정을 요청했는데, 이는 2010년 자료에 따라 세계 18위에서 2014년 13위로 상향 조정된 것이다(<표 1> 참조).

한국어 사용자 수 상향 조정 과정을 들여다보면 국립국어원에서

---

3) 국립국어원 온라인소식지 「쉼표, 마침표」, 2014년 5월 20일자 참조.
에스놀로그(Ethnologue)는 각종 언어 관련 공식적인 통계 자료를 제공하고 있는 세계적인 언어 정보 제공 사이트이다. 주로 2005년판, 2009년판에는 현재 사용 중인 언어 수가 나와 있다. 이 사이트(http://www. ethnologue.com)에서는 세계 언어별 사용자 수 순위를 집계하여 발표한다. 2010년 기준 세계의 언어 정보가 2014년 개정판에 반영되었고, 2009년 판에는 한국어가 18위로 집계되었는데, 이번에 13위로 상향 조정되었다.

는 '에스놀로그'에서 제공되고 있는 한국어 사용자 수와 관련된 정보가 수정되지 않았다고 보고, 2013년 11월에 '에스놀로그' 편집진에 정보 수정을 요청하였다. 그 결과 2014년 4월 30일에 공개한 개정판에는 우리나라가 요청한 한국어 사용자 수가 반영되어 순위가 조정된 것이다. 이러한 결과에 따라 한국어의 위상을 알리고, 한국어 사용자들의 위상에도 영향을 미칠 것이라고 본다.

'에스놀로그' 2014년 개정판을 보면, 전 세계 한국어 사용자 수는 6,640만 명에서 7,720만 명으로 증가하였다. 이번 개정판에서 사용자 수가 1,000만 명 이상 대폭 상향 조정된 언어는 한국어와 터키어 둘뿐이며, 다섯 계단 이상 순위가 상승한 언어도 한국어와 터키어 둘만 나타나서 한국어의 국제적인 위상이 높아진 것은 국가 차원의 결실로 볼 수 있다.

〈표 1〉 세계 언어 순위 5천만 명 이상 사용 언어[4]

개정 전				개정 후(2014. 04. 30.)			
순위	언어	사용 국가 수	사용자 수 백만 명	순위	언어	사용 국가 수	사용자 수 백만 명
1	중국어	33	1,197	1	중국어	33	1,197
2	스페인어	31	406	2	스페인어	31	414
3	영어	101	335	3	영어	99	335
4	힌디어	4	260	4	힌디어	4	260
5	아랍어	59	223	5	아랍어	60	237
6	포르투갈어	11	202	6	포르투갈어	12	203
7	벵골어	4	193	7	벵골어	4	193

---

4) 국립국어원 온라인소식지 「쉼표, 마침표」(2014년 5월 20일자) 참조.
   진하게는 개정 후 순위가 상승한 언어이고, 고딕체는 순위가 하락한 언어이다.

8	러시아어	16	162	8	러시아어	16	167
9	일본어	3	122	9	일본어	3	122
10	자바어	3	84.3	10	자바어	3	84.3
11	독일어	18	83.8	11	란다어	6	82.6
12	란다어	7	82.7	12	독일어	18	78.2
13	텔루구어	2	74.0	13	한국어	5	77.2
14	마라티어	1	71.8	14	프랑스어	51	75.0
15	타일어	6	68.8	15	텔루구어	2	74.0
16	프랑스어	51	68.5	16	마라티어	1	71.8
17	베트남어	3	67.8	17	터키어	8	70.8
18	한국어	6	66.4	18	타일어	6	68.8

<표 2>에서 보듯이 '국가통계포털'(통계청에서 운영)에 구축된 통계자료를 근거로 하여 '에스놀로그'에 정보 수정 요청을 한 것이다. 한국어 사용자 수는 인구통계에 따른 것으로 개정 전 자료는 1986년 통계자료이므로 2010년 통계를 적용해 주도록 한 것이다. 개정 전에는 전 세계 한국어 사용자 수가 6,640만 명인데 개정 후에는 7,720만 명으로 조정되었다.

〈표 2〉 에스놀로그의 한국어 관련 통계 개정 내용[5]

개정 대상	개정 전	개정 결과
남한 내 한국어 사용자 수	4,200만 명	4,840만 명
북한 내 한국어 사용자 수	2,000만 명	2,330만 명
중국 내 한국어 사용자 수	192만 명	271만 명
일본 내 한국어 사용자 수	67만 명	90만 5천 명

---

5) 국립국어원 온라인소식지 「쉼표, 마침표」(2014년 5월 20일자) 참조.

러시아 내 한국어 사용자 수	4만 2,400명	4만 2,400명
독립 국가 연합 내 한국어 사용자 수	-	전 세계 사용자 수에 일부 포함
타이 내 한국어 사용자 수	항목 있으나 사용자 수 정보 없음	삭제
미국 내 한국어 사용자 수	-	전 세계 사용자 수에 일부 포함
기타 국가 한국어 사용자 수	-	전 세계 사용자 수에 일부 포함
한국어 사용자 거주 주요 국가	6개국 남한, 북한, 중국, 일본, 러시아, 타이	5개국 남한, 북한, 중국, 일본, 러시아
전 세계 한국어 사용자 수	6,640만 명	7,720만 명
한국어 사용자 순위	세계 18위	세계 13위

2.3 한국어의 세계화 정책 주요 내용

정부에서는 한국어 위상을 높이고 사용 인구를 확대하기 위하여 한국어 검정 시험을 실시하는 한편 한국어 교육기관을 운영하고 있다.

2.3.1 한국어 능력 검정시험 제도

우리나라에는 외국인을 위한 한국어 검정시험제도와 내국인을 위한 국어능력 평가 시험제도가 있다. 특히 외국인이 응시할 수 있는 시험에는 응시 자격이 조금씩 다르다.

① 한국어능력시험(TOPIK : Test Of Proficiency in Korean)

이는 국립국제교육원이 주최하고 교육과학기술부가 인정하는 자격시험으로 매년 4회(1월, 4월, 7월, 10월) 실시된다. 이 시험은 한국어를 모국어로 하지 않는 재외동포 및 외국인을 대상으로 한국어 사용능력을 측정·평가하는 시험이다. 특히 외국 국적자가 한국어

교원 자격을 취득하려면 TOPIK 6급에 합격해야 한다.

이 시험은 1등급부터 6등급까지 세 단계로 구분된다. 초급은 1, 2등급이 해당되고 중급은 3, 4등급에 해당되며 고급은 5, 6등급 수준에 해당된다.

② 세계한국말인증시험

2000년에 위원회를 발족한 세계한국말인증시험(KLPT : Korean Language Proficiency Test)은 2001년부터 한글학회가 주관하여 운영하고 있다. 미주, 유럽, 동남아 등 40여 곳에서 시험을 실시해 왔다. 한국어를 모국어로 하지 않는 사람 대상 한국어 능력 평가시험이다.

③ 고용허가제 한국어능력시험(EPS-TOPK)

이 시험제도는 외국인 고용허가제의 일환으로 외국인 구직자에 대한 한국어 구사능력, 한국사회 및 산업 안전에 관한 이해 등을 평가하는 시험이다.

다만 이 시험에 응시할 수 있는 자격은 우리나라와 양해각서를 체결한 국가의 국민 중에 한국에서 취업을 희망하는 경우에 해당된다.

④ 한국어능력평가시험(KLAT : Korean Language Ability Test)

한국어를 모국어로 하지 않는 외국인 및 재외동포, 한국 대학(원) 진학 희망자, 한국 기업 취업 희망자 등이 응시할 수 있다.

외국인 대상 한국어 검정시험 제도 이외에 한국어를 모국어로 사용하는 내국인 대상 시험제도가 있다.

⑤ 국어능력인증시험(TOKL : Test Of Korean Language)

(재)한국언어문화연구원에서 주관하는 국어능력인증시험은 2009년 10월 8일 문화체육관광부가 국가공인으로 인정한 자격시험이다.

공인 받은 자격의 종목 및 등급으로 국어능력 1급, 2급, 3급, 4급, 5급(국어능력인증시험) 등으로 나뉜다. 한국어를 모국어로 하는 학생 및 일반인이 응시할 수 있다.

⑥ KBS 한국어능력시험(Korean Language Test)

이 시험 응시 자격을 보면 대한민국 국적을 가진 국민이라면 누구나 응시할 수 있다. 다만 외국인등록증, 거소증(거주증 또는 영주권) 중 한 가지를 소지하고 있는 외국인은 응시할 수 있다.

또한 장애인들도 누구나 KBS한국어능력시험에 응시할 수 있도록 장애인을 위한 별도 '장애인 응시 기준'을 마련하고 있다.

〈표 3〉 한국어 능력 검정시험 유형

시험명	시행처	비고(응시자격)
한국어 교육능력검정시험	한국산업인력공단	외국인
한국어능력시험(TOPIK)	국립국제교육원	외국인
세계한국말 인증 시험(KLPT)	한글학회	외국인
한국어능력평가시험(KLAT)	한국어능력평가원	외국인
고용허가제 한국어능력시험(EPS-TOPK)	한국산업인력공단	외국인 (구직자 대상)
한국어교원자격증	국립국어원	내외국인
KBS한국어능력시험	KBS한국어진흥원	내국인
국어능력인증시험(TOKL)	한국언어문화연구원	내국인

2.3.2 세종학당 지정 현황과 한국어 교육

언어 보전정책은 세계적인 추세이므로 정부는 한국어의 보전과 사용 확산을 위해 교육기관을 운영하고 있다. 국내에는 대학과 사설 교육기관을 중심으로 하여 외국인을 위한 한국어 교육기관이 운영되고 있다. 이는 한국어 교사를 양성하거나, 외국인에게 한국어를 가르치는 교육기관이다. 국외에서는 세종학당 지정과 운영을 통해 한국어 교육을 수행하고 있다.

국외에서 운영되고 있는 세종학당 유형으로는 일반 세종학당과 문화원 세종학당이 있다. 일반 세종학당은 세종학재단(2012년 12월 설립)에서 예산을 지원한다. 현지 기관에서 세종학당 운영 신청을 받아 심사위원회의 심사를 거쳐 선정한다. 문화원 세종학당은 한국 문화원에서 운영하는 교육기관을 가리킨다.

세종학당 지정 현황을 보면 2007년 3개국 13개소를 시작으로 2008년에는 4개국 14개소, 2009년에는 6개국 17개소이다. 그런데 2010년 이후 세종학당 지정이 2배 이상 증가하고 있는 것으로 봐서 한국어의 세계화를 위해 적극적인 정책 추진 결과로 보인다. 현재(2014년 2월 기준) 세종학당은 총 52개국 103개 지역 120개소가 지정 및 운영되고 있다. 여기에는 일반 세종학당(국내 연계 기관, 46개국 93개소), 문화원 세종학당(24개국 27개소)이 있다.

참고로 한국문화원 수는 2014년 27개소, 2015년 130개소, 2017년 40개소 등으로 확대할 계획이다. 세종학당 수 역시 2013년 120개소, 2015년 130개소, 2017년 180개소로 확대 예정이다.

〈표 4〉 대륙별 세종학당 개소 수6)

구분	2010	2011	2012	2013(10월)	2014년
아시아	6개국 16개소	17개국 40개소	19개국 56개소	21개국 *타이완 제외 72개소	24개국 79개소
유럽	4개국 4개소	7개국 11개소	10개국 16개소	15개국 24개소	13개국 20개소
아메리카	2개국 2개소	3개국 5개소	8개국 12개소	8개국 14개소	8개국 14개소
아프리카	1개국 1개소	3개국 3개소	4개국 4개소	5개국 5개소	5개국 5학당
오세아니아	-	1개국 1개소	2개국 2개소	2개국 2개소	2개국 2개소
계	13개국 23개소	31개국 60개소	43개국 90개소	51개국 117개소	52개국 103지역 120개소

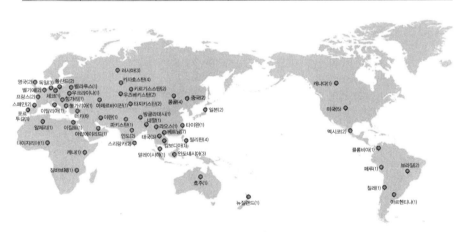

〈그림 1〉 세종학당 분포 지도(2013년 기준)

　다음 〈표 5〉를 보면, 국외에 개설된 한국어 교육 기관 유형을 알
수 있다(2013년 10월 기준). 독립형은 세종학당을 운영하려는 현지(국
외) 기관이 세종학당재단에 직접 신청한 후 재단의 지원금을 교부받

---

6) 〈표 4〉와 〈그림 1〉은 누리-세종학당홈페이지(http://www.sejonghakdang.org)를
　참조하였다.

아서 직접 운영하는 것을 말한다. 연계형은 국내기관 또는 대한민국
재외공관(대사관, 문화원 등)이 현지(국외)기관과 세종학당 운영 관련
업무를 협약한 후 세종학재단에 신청하여 운영하는 것을 가리킨다.

〈표 5〉 세종학당 운영 유형[7]

유형 구분	세종학당 운영 기관 유형	개소 수
독립형	현지 대학 독립 운영	31
	현지 비영리단체 독립 운영	9
재외공관 연계형	재외공관 독립 운영	2
	재외공관-현지기관 연계 운영	11
국내 기관 연계형	현지 대학-국내 대학 연계 운영	23
	현지 대학-국내 비영리단체 연계 운영	2
	현지 비영리단체-국내 대학 연계 운영	3
한국산업인력공단 연계형	한국산업인력공단-현지 대학 연계	6
	한국산업인력공단-비영리단체 연계	3
총계		90

세종학당 운영 이외에도 외국어로서 한국어의 위상을 알 수 있는
자료로는 〈표 6〉과 같다. 이는 2013년 현재 한국어를 제2외국어 정
규 과목에 포함하고 있는 국가이다.

〈표 6〉 외국어로서 한국어 과목 포함 국가[8]

지역	국가	국가 수
아시아	일본, 중화인민공화국, 타이완, 필리핀, 우즈베키스탄, 키르기스스탄, 카자흐스탄, 타지키스탄, 타이	9
아프리카	케냐, 카메룬	2

---

7) 누리-세종학당홈페이지(http://www.sejonghakdang.org)
8) 누리-세종학당홈페이지(http://www.sejonghakdang.org)

아메리카	미국, 캐나다, 파라과이, 브라질, 아르헨티나	5
오세아니아	오스트레일리아	1
유럽	노르웨이, 독일, 프랑스, 러시아, 우크라이나, 영국	6
	총계	23

앞에서는 한국어의 세계화를 위하여 국외에서 운영하고 있는 한
국어 교육기관을 제시하였는데, 이와 성격은 좀 다르지만 국내로 이
주하는 외국인들(특히 결혼이민자)을 위해 한국 적응에 필요한 기초
언어 연수 제도를 시행하고 있다.

즉 정부에서는 결혼이민자를 위한 한국어 교육 정책을 시행하고
있다. 이 제도는 2013년 4월 1일부터 시행 예정에 대비하여 '결혼이
민 사증발급 심사기준' 중 기초 수준 이상의 한국어 구사 요건을 심
사하기 위해 재외공관별 한국어 교육기관을 지정하였다.

한국어 교육기관 지정 현황을 보면 7개 기관을 지정하고(재외공관
지정요청 한국교육원), 세종학당 총 52개국 103개 지역 120개소를 일
괄 지정하였다(<표 7> 참조).

〈표 7〉 재외공관 지정요청 한국교육원[9]

연번	관할공관	교육기관명
1	주러시아대사관	로스토프나도누 한국교육원
2	주블라디보스톡총영사관	블라디보스톡 한국교육원
3	〃	하바롭스크 한국교육원
4	주우즈베키스탄대사관	타슈켄트 한국교육원
5	주파라과이대사관	파라과이 한국교육원

---

9) 법무부 출입국외국인정책본부 이민행정과, 「보도자료」(2014년 3월 5일) 참조.

6	주태국대사관	태국 한국교육원
7	주호치민총영사관	호치민 한국교육원

2.3.3 지역어의 중요성 인식 확산

정부 차원에서 한국어의 세계화를 위해 예산과 인력을 지속적으로 지원하고 있다. 물론 국가의 위상을 드높이는데 자국어 사용 인구 확산은 아주 중요한 요소이다. 그러나 한국어의 국외 보급에만 치중하고 국내에서 한국어의 올바른 사용 환경 조성은 물론 지역어의 상용화 및 사용 기반 조성을 게을리 한다면 결국 한국 문화의 발전은 기대하기 어렵다고 본다. 이런 점에서 우리나라 사람들이 국어(표준어)와 지역어 사용 이유, 지역어 보존에 대한 의견 등을 살펴봄으로써 지역어와 지역문화 진흥의 실마리를 짐작할 수 있을 것이다.

우리나라 사람들은 공통어인 국어를 사용하면서 지역어(방언)에 대해서는 어떻게 생각하고 있는지를 잘 보여주는 조사 연구가 있다. 국립국어원(2011)에서 실시한 『2010년 국민의 언어의식 조사』에 따르면 표준어와 방언[10]에 대한 국민들의 언어의식이 상이하게 나타나고 있다.

이 조사는 언어정책 기반 조성을 위한 기초 자료로 활용하기 위한 것이다. 먼저 '표준어와 방언을 구분하여 사용하는 것이 바람직하다'는 의견이 2005년 47.8%에서 5년 후인 2010년 조사결과 27.5%로 대폭 감소하였다. 그 다음으로 '표준어든 방언이든 어느 것을 사용

---

10) 여기서는 '국민의 언어의식 조사' 자료를 참조하여서, 표준어와 방언이라는 용어를 그 대로 인용하여 설명하였다.

해도 무방하다'는 응답이 31.5%이고, '방언은 가능하면 사용하지 않는 것이 바람직하다.'는 응답이 25.4%로 나타났다. 이 조사 결과를 보면 5년 사이에 방언과 표준어를 구별하여 사용하지 않아도 좋은데, 가급적 방언 사용에 부정적 의견이 증가함을 알 수 있다.

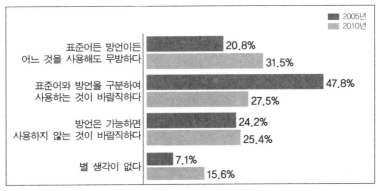

〈그림 2〉 표준어와 방언의 바람직한 사용 방향

〈그림 3〉은 각 지역의 방언을 사용하는 화자(話者)들이 방언사용에 어떤 입장인지 잘 보여준다. 방언을 사용하는 것이 좋다는 응답이 62%(긍정적인 생각)로 가장 높게 나타났고, 방언사용이 나쁘다는 응답은 6.7%(부정적 생각)로 나타난 것을 보면 우리나라 사람들은 대체적으로 해당 지역의 방언을 사용하는 것을 긍정적으로 인식하고 있음을 알 수 있다. 이 응답 결과를 보면 표준어에 잠식당하고 있는 방언의 생명력이 회복될 수 있음을 알 수 있다.

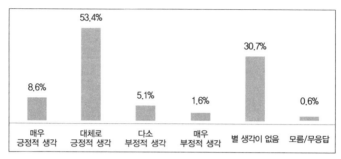

〈그림 3〉 방언사용자들의 방언사용에 대한 견해

　〈그림 4〉는 방언이 지속적으로 살아남아야 하는 이유를 잘 보여준다. 방언은 그 지역의 고유한 말이고, 표준어와 다르므로 존속되어야 한다는 응답이 86.6% 정도이다. 이는 우리나라 사람들은 표준어 사용 환경에서 표준어를 사용하고 있으나 각 지역의 방언은 그 지역의 문화를 보여줄 수 있는 대상으로 인식함을 알 수 있다.

　이런 점을 고려하면 한국어(표준어)를 세계에 전파하는 시도만큼 국내에서는 지역의 언어를 부흥하게 하는 정책을 정부와 지방자치단체가 보다 적극적이고 주도적으로 시행해야 함을 알려준다.

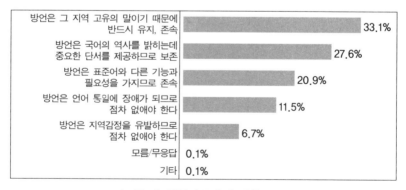

〈그림 4〉 방언의 존속에 대한 의견

3. 맺음말

정부에서 추진하고 있는 한국어의 세계화 정책은 중장기계획에 따라 교육기관 운영, 교육 프로그램 제공, 교사양성과 지원 등 인적·물적 인프라 구축에 역점을 두고 있다. 즉 한국어의 진흥을 위해 국가는 정책과 제도를 정비하고 국민들의 동참을 유도하고 있다.

여기서는 한국어의 진흥 정책을 참조하여 제줏말 진흥 정책 방안을 제안하고자 한다.

3.1 제줏말 진흥 관련 인프라 구축

제줏말은 유네스코에서 2010년 12월 '소멸위기의 언어'(4단계)로 분류한 이후 제주도 차원에서 체계적인 보전 방안을 마련하여 진흥 정책을 추진하고 있다. 특히 2011년 이후 제주사회에서는 국어가 공용어로 사용하고 있음에도 불구하고 제줏말 진흥의 필요성에 대한 사회적 공감이 형성되어 있다.

그런 차원에서 제주발전연구원 부설로 설립된 '제주학연구센터'에서는 제주어11) 보전 및 관리 방안과 관련된 연구와 활용 방안들을 연구하고 있다. 이 센터에서는 '제주어 표기법 제정, 제주어 기초어휘 선정, 제주어 대중 교재 발간' 등 제줏말 연구사업을 수행하고 있다.

지역사회에서는 민간단체 중심으로 '제주어말하기대회' 등 제줏말의 상용화에 노력하고 있다. 언론계에서는 '제줏말 관련 게재 지

---

11) 이 글에서는 '제줏말'로 통일하여 논의를 전개하고 있는데, 기관이나 연구명에 '제주어'가 쓰일 경우 그것을 그대로 살려서 제시하였다.

면 배정, 캠페인, 퀴즈' 등을 통해 제줏말 사용 환경 조성에 적극적으로 동참하고 있다. 예술인들은 제줏말 활용을 위해 창작활동에 적용하고 있다.

이와 같이 제줏말 진흥을 위한 인적 인프라가 일정 부분 구축되어 있으나, 제줏말의 사용 범위를 국내외로 확산하기 위하여 좀더 조직적인 정책이 필요하다. 제줏말을 자유자재로 구사할 수 있는 세대가 한정되어 있으므로, 신구세대가 제줏말을 사용할 수 있는 공간을 조성한다. 일명 '제주어보금자리'를 만들어서 어린이부터 어른까지 제줏말 사용 여건을 마련해 준다. 이를 위해 제줏말 교재를 개발·보급하고, 영구적인 보전을 위해 문자기록화 사업을 병행한다.

제줏말을 정확하게 전달하고 이해를 돕기 위하여 언어학적 소양을 갖춘 전문인력이 양성되어야 한다.

또한 대중예술로 표현할 수 있는 인프라 구축 방안이 있다. 영화나 드라마 작가들이 제줏말로 작품을 쓰고자 할 때 도움을 받을 수 있는 기관과 자료 제공이 가능하도록 준비해 둔다. 최근에 '뚜럼브라더스, 사우스카니발'과 같은 대중음악인이나 영화『지슬』감독은 제줏말을 자유자재로 구사할 수 있는 제주 사람이어서 창작이 가능했다고 볼 수 있다.

제주도에서 제줏말을 상용화할 수 있는 방안으로는 특정 관광지에서 전적으로 제줏말을 사용할 수 있도록 하고, 음식점 등 특정 공간에서는 가능하면 제줏말로 의사소통할 수 있는 환경을 조성해 주고, 제주 관광 안내 책자를 제줏말로 제작하여 보급하는 방안이 있다.

세계적으로 한류 바람이 불고 있으며, K-POP과 한국 드라마, 영화 등을 통해 한국의 위상이 높아지고 있다. 이와 더불어 한국어와 한국 문화에 관심도 증폭되고 있다. 국내에서는 영화나 드라마 촬영 지로 제주도가 중요하게 인식되고 있으므로, 제줏말 사용이 가능하 도록 영화제작자나 방송국과 협력체계를 구축하는 방안이 있다.

3.2 법적·제도적 지원 활용

제주도는 우리나라에서 유일하게 지역어의 진흥을 위하여 다양 한 정책을 추진하고 있다. 그 사례를 보면 우선 「제주어 보존 및 육 성 조례」가 제정되고(2007. 09. 27. 제280호), 이에 따라 '제주어 보존 계획 수립, 제주어 실태조사, 제주어보전육성위원회 설치, 제주어 보급과 교육' 등을 실천할 수 있도록 명문화하였다. 이와 같은 제도 적 지원하에 제줏말 진흥 정책이 추진되고 있으나 아직도 부족한 점이 있다.

앞으로 이 제도의 취지를 잘 살리고 제줏말의 진흥을 위해서는 '제주어주간'을 독자적으로 운영하는 것이 효율적일 것이다. 제도적 지원하에 제줏말을 재료로 하여 '디자인 공모, 전시, 글짓기, 말하기, 공연' 등 다양한 예술행위를 유도할 수 있다.

또한 '제주어 표기법'이 제정되었으나(2013년 12월) 아직도 이를 상용화할 수 있는 법적 근거가 미약한 편이다. 제줏말은 입말이므로 문자로 기록하기 위하여 표기 방법이 필요하다. 이런 취지에서 '제 주어 표기법'을 보급해야 하는데 이를 위해서는 학교교육, 시민교육, 대중매체 등을 통해 알리고, 강좌를 개설하여 언어교육을 병행하는 방안이 있다.

3.3 제줏말 능력평가 시험 제도 도입

이는 한국어 검정시험제도나 자격증 제도를 참고하여 운영하는 방안이 있다. 현재 제줏말을 체계적으로 교육할 수 있는 교육기관 지정, 자격증 취득에 필요한 교육 등이 병행되어야 한다.

관광업 관련 종사자, 방과후 교육 담당자, 문화예술교육강사, 방송인(아나운서 등), 교사 등 제줏말 학습이 필요한 사람들이 응시할 수 있도록 제도 도입이 필요하다. 또한 문화복지사, 사회복지사 등 실제로 제줏말을 체계적으로 전달해야 하는 직업에 종사할 경우 이 시험에 응시할 수 있도록 권장한다.

3.4 제줏말 교육기관 설립과 교육과정 운영의 내실화

교육계에서는 제줏말 사용 환경 기반조성을 위해 다양한 방법으로 제줏말 사용을 권장하고 있다. 또한 일반 교육기관에서는 제줏말 교육과정을 운영함으로써 제줏말의 지속적인 진흥에 지역사회와 교육계가 적극적으로 동참하고 있다.

그러나 한국어와 지역어의 위상을 생각해 보면 제줏말의 중요성만 강조하고 제줏말의 진흥에만 몰입한다면 한국어를 소홀이 다룰수 있는 단점이 있다. 따라서 제줏말 교육과 동시에 한국어 진흥 교육도 병행할 수 있어야 한다.

제주도 주관으로 '제줏말 연구기금'을 조성하여 국내 대학 또는 특정지역에 제줏말학당을 설치·운영하는 방안이 있다. 우선 제주도 내에서는 제도권에 있는 교육기관을 활용하고, 민간단체가 운영할 수도 있다. 국내에서는 먼저 제주도민회를 대상으로 하거나 설치를 요청하는 지역에서 운영해 본다. 국외지역도 재외도민들이 밀집되어 있는 지역에서 운영하면서 보완하는 방법이 있다. 이럴 경우 한국문화원이나 세종학당과 연계하는 방법을 모색해 볼 수도 있다.

이와 같이 제줏말 교육기관을 운영하려면 교사 양성이 급선무이다. 전문인력을 확보하기 위하여 '제줏말 자격증 제도'를 도입하고, 제줏말 교육프로그램을 개발하여 교재와 같이 보급하여야 체계적으로 운영될 수 있을 것이다.

앞으로 제주도는 지속적이고 전문적인 운영을 위하여 '제줏말 교육기관 설치 및 운영, 제줏말 교사 양성, 제줏말 교육기관 인력 파견 지원, 제줏말 교재 개발과 보급, 제줏말 문화지도 제작' 등 제줏말의 상용화를 위해 중장기적인 정책을 수립하여 적극적인 정책 추진과 예산 확보를 통해서 시행해야 할 것이다.

따라서 제줏말을 체계적·지속적으로 상용화하기 위해서는 '(가칭)제줏말 상용화 중장기 계획' 수립이 필요하다.

한국어의 세계화 전략으로 한국어를 세계로 전파하는 것도 중요하지만, 국내로 유입되는 한국어 교육 수요자를 위한 정책 수립도 병행해야 할 것이다. 이는 제주도에도 해당된다.

제주도 거주 외국인(이주자, 결혼이민자 등)들을 대상으로 한국어 교육과 제줏말 교육을 병행하는 것도 크게 보면 한국어의 세계화 정책에 해당된다.

다문화가정 자녀들을 위해 제줏말 특별 교육과정(방과후 프로그램 등)을 운영함으로써 언어 장벽으로 인한 소외감이 없도록 지원하는 방안이 있다.

제주도에 거주하는 외국인 이주자와 최근 제주로 이주해 오는 이주자, 기존에 이주하여 정착한 외지인들은 제줏말에 대한 이해 부족으로 불편을 겪을 수 있다. 따라서 제주도에 살고 있는 다양한 사람들이 자유롭게 제줏말을 배울 수 있는 교육기관 설립과 교육 프로그램 개설이 필요하다.

3.5 제주도민의 제줏말 사랑 실천 의식 제고

제주 사람들이 제줏말을 지속적으로 사용하고 소멸되지 않게 하는 방법은 제줏말 진흥의 중요성을 인식하는 것이다. 물론 우리나라 사람들은 한국어로 말하기와 쓰기가 가능하므로 지역에 상관없이 의사소통에 장애가 되지 않는다.

반면 제줏말을 비롯한 지역어는 해당 지역 사람들만 자유롭게 의사소통이 가능하다는 단점이 있어서 지역어에 대한 접근이 어색할 수 있다. 그러나 제주어에 대한 장벽 극복이 앞으로 제주 문화 계승과 발전에 중요한 나침반 역할을 하기 때문에 정부나 지방자치단체는 제줏말 진흥 정책의 추진에 역점을 두어야 할 것이다.

제주특별자치도 고시 제2014-115호
2014. 7. 18.

제주어 어문규범

(제주어 표기법)

일러두기

---

1 제주어 표기법은 제주 사람들이 쓰는 말의 표기 방법을 정함으로써 일정한 원리에 따라 제주어로 표기할 수 있는 환경을 제공하여 제주 어의 적극적 사용과 보전의 토대를 마련하는 데 제정 목적을 둠.

2 제주어 표기법을 구성하는 용어 중 '제주어'는 '제줏말', '제주방언' 등과 동일한 의미로, '표기법'은 '표기 방법', '표기 지침'의 의미로 사용함.

3 여기에 사용한 부호의 의미는 다음과 같음.

❶ 한자, 한자어 표시에 사용하는 부호

( ) : (소괄호)
예시 어휘와 그에 병기한 한자, 한자어의 음이 같을 때 씀.
예: 시(市)

[ ] : (대괄호)
예시 어휘와 그에 병기한 한자, 한자어의 음이 다를 때 씀.
예: 삼춘[三寸]

❷ 그 밖의 부호

/ / : (양쪽 빗금)
음소 표시에 씀.

' ' : (작은따옴표)
형태 표시에 씀.

‒ : (붙임표)
접사나 어미 등 의존형태소를 나타낼 때 씀. 예: ‒음, ‒을디

~ : (물결표)
소괄호 밖의 요소와 결합될 수 있는 형태소 및 형태소의 결합형을 표시할 때 씀. 예: 나쁘(~다), 좁작(~ᄒ다)

/ : (빗금)
지역적·사회적으로 다른 제주어나 그 밖에 대응되는 것을 나란히 적을 때 씀. 예: 엊치냑/엊츠냑

제1장 총 칙

제1항 목 적

제주어 표기법(이하 이 '표기법')의 목적은 한글 맞춤법의 취지를 따라 제주 사람들이 쓰는 말의 표기 방법을 정하는 데 있다.

제2항 원리 및 방법

1. 이 표기법은 형태소의 본디 꼴(원형)을 밝혀 적는 경우와 바뀐 꼴(변이형)을 적는 경우를 구별한다.
2. 표기가 이미 굳어진 것은 그대로 허용한다.

제3항 범 위

이 표기법에서는 통합성과 포괄성을 기준으로 삼아서 제주어를 적는다.

제4항 자 모

이 표기법에서는 제주어의 음소와 아래의 자모들이 일치하도록 하여 제주어를 적는다.

ㄱ	ㄲ	ㄴ	ㄷ	ㄸ	ㄹ	ㅁ	ㅂ	ㅃ
ㅅ	ㅇ	ㅈ	ㅉ	ㅊ	ㅋ	ㅌ	ㅍ	ㅎ
ㅏ	ㅐ	ㅑ	ㅒ	ㅓ	ㅔ	ㅕ	ㅖ	ㅗ
ㅘ	ㅙ	ㅚ	ㅛ	ㅜ	ㅝ	ㅞ	ㅟ	ㅠ
ㅡ	ㅢ	ㅣ	·					

다만, 'ㅇ'은 모음으로 시작하는 음절의 초성 글자로도 쓰고, 'ㅚ, ㅟ'는 한자 형태소를 적을 때만 쓴다.

제5항 합 자

1. 자음은 초성 글자와 받침 글자로 적고, 모음은 중성 글자로 적는다.
2. 제주어는 초성 글자와 중성 글자, 받침 글자를 모아서 적는다.

[붙임] 필요한 경우 자모의 결합도 사용할 수 있다.

제2장 본디 꼴을 적는 것

제6항 된소리

하나의 형태소 안에서 나는 된소리는 'ㄲ, ㄸ, ㅃ, ㅆ, ㅉ'으로 적는다.

1. 두 모음 사이에서 나는 된소리

스끼	어따/아따	나쁘(~다)
마씀/마씸/마씨	주짝/조짝/쭈짝/쪼짝	

2. /ㄴ, ㄹ, ㅁ, ㅇ/ 뒤에서 나는 된소리

빈찍/핀찍	슬짝	늠삐	덩싹덩싹

다만, 하나의 어미 안에서 /ㄹ/ 뒤에 오는 된소리는 평음 글자로
적는다.

-을디/-을지   -을수룩/-을수록

[붙임] 같은 음절이나 비슷한 음절이 겹쳐 나지 않는 /ㄱ, ㅂ/ 뒤의
된소리는 평음 글자로 적는다.

녹대   역불로   덕석   낙지
겁데기   놉새   납작

제7항 같은 음절이나 비슷한 음절
같은 음절이나 비슷한 음절이 겹쳐 나는 것은 같은 자모로 적는다.

꼿꼿ᄒ다   딱딱ᄒ다   뺏뺏ᄒ다   쑥쑥
급급ᄒ다/ᄭᅵᆸᄭᅵᆸᄒ다 눅눅ᄒ다   닥닥   밋밋
식식   족족   독닥불미/똑딱불미

제8항 속 음
한자 형태소의 소리가 위치와 관계없이 본음에서 바뀐 것은 바
뀐 대로 적는다.

곡석/곡슥[穀食]   공치새[功致辭]   공치새[功致辭]
궨당[眷黨]   농시[農事]   당췌[當初]
동세[同壻]   모냥[模樣]   멘장[面長]
포[裸]   벵/펭[甁]   삼춘[三寸]
손지[孫子]   웬수[怨讐]   ᄌᆞ석/ᄌᆞ슥[子息]
ᄌᆞ녜[潛女]

제9항 파생어

　접사가 붙어서 이루어진 말은 다음과 같이 적는다.

1. 접두사가 붙어서 이루어진 말은 접두사와 어근을 밝혀 적는다.

　홀아방　　　　　　　홀어멍　　　　핫아방　　　핫어멍
　할아바지/할아부지　할애비

2. '-이'나 '-음' 또는 자음으로 시작하는 접미사가 붙어서 이루어
　진 말은 어근과 접미사를 밝히고 구별하여 적는다.

　다듬이　　　　　엇이/웃이　　　굳이
　끗들이　　　　　살렴살이　　　절룩발이　　　ᄂ직이
　빙색이/벵삭이　높이다　　　　쌓이다
　둘음박질　　　　줍음

　돈구다　　　　　벗기다/벳기다　울리다　　　짚숙(～ᄒ다)
　좁작(～ᄒ다)　앉지다/앚지다　높직(～이)　늦추다
　받후다　　　　　굳히다

[붙임] '-이'나 '-음' 이외의 모음으로 시작하는 접미사가 붙어서
　　　　된 말은 어근과 접미사를 구별하여 적지 아니한다.

　귀마구리　　　꼬락사니　　　스래기　　　스타귀/사타귀
　이파리　　　　지동/지등　　　지붕

　다만, 'ㄹ'로 끝나는 어근에 접미사 '-ㅁ'이 붙어서 파생된 말은
어근을 밝혀 적지 아니한다.

　ᄀ뭄　　　　구뭄/그뭄　　　수눔　　　　ᄌ늠

제10항 체언과 조사

체언과 조사가 결합하여 소리가 바뀌지 않거나, 바뀌더라도 꼭
바뀔 만한 이유가 있는 것은 체언과 조사의 본디 꼴을 적되 체언
과 조사를 구별하여 적는다.

득[鷄]	: 득이	득을	득도	득만
논[畓]	: 논이	논을	논도	논만
물[馬]	: 물이	물을	물도	물만
놈[他人]	: 놈이	놈을	놈도	놈만
ᄋᆞ듭[八]	: ᄋᆞ듭이	ᄋᆞ듭을	ᄋᆞ듭도	ᄋᆞ듭만
꼿[花]	: 꼿이	꼿을	꼿도	꼿만
고장[花]	: 고장이	고장을	고장도	고장만
자리[蓆]	: 자리가	자리를/자릴	자리도	자리만

제11항 어간과 어미

어간과 어미가 결합하여 소리가 바뀌지 않거나, 소리가 바뀌더
라도 꼭 바뀔 만한 이유가 있는 것은 어간과 어미를 구별하여 적
는다.

낚다[釣]	: 낚안	낚으민	낚으곡	낚나	낚는
넘다[越]	: 넘언	넘으민	넘곡	넘나	넘는
막다[墇]	: 막안	막으민	막곡	막나	막는
묻다[埋]	: 묻언	묻으민	묻곡	묻나	묻는
살다[生]	: 살안	살민	살곡		사는
안다[抱]	: 안안	안으민	안곡	안나	안는
잇다[連]	: 잇언	잇으민	잇곡	잇나	잇는
잡다[把]	: 잡안	잡으민	잡곡	잡나	잡는
좇다[從]	: 좇안	좇으민/좇이민	좇으곡/좇이곡	좇나	좇는
춫다[索]	: 춫안	춫으민/춫이민	춫곡	춫나	춫는

제3장 바뀐 꼴을 적는 것

제12항 두음법칙

한자 형태소가 단어의 첫머리에 와서 본디 소리와 다르게 발음되는 것은 발음되는 대로 적는다.

낙방(落榜)	냥(兩)	냥쭝(兩-)	녹각(鹿角)
니ᄉ무소(里事務所)	양펜(兩便)	여ᄌ(女子)	열녀(烈女)
예도(禮度)	요소(尿素)	용담(龍潭)	유리(琉璃)
이발(理髮)	욤치(廉恥)		

[붙임] 모음과 /ㄴ/ 뒤에 오는 '렬, 률'은 '열, 율'로 적는다.

나열(羅列)   비율(比率)   분열(分裂)   진열(陳列)

제13항 합성어

어휘 형태소가 다른 어휘 형태소와 어울릴 때 본디 소리와 다르게 나는 것은 다음과 같이 적는다.

1. 'ㄹ'로 끝나는 어휘 형태소가 다른 어휘 형태소와 어울릴 적에, /ㄹ/ 소리가 나지 아니하는 낱말은 아니 나는 대로 적는다.

ᄀᆞ대   ᄄᆞ님   ᄆᆞ날[午日]   ᄆᆞ쉬   소낭/소남

2. 다른 어휘 형태소 뒤에서 어휘 형태소의 초성 /ㄱ, ㄷ, ㅂ, ㅈ/이 /ㅋ, ㅌ, ㅍ, ㅊ/으로 바뀌는 것은 소리 나는 대로 적는다.

슬퀘기	뭄쿡	동카름	보리크르
느물팟	우영팟	조팝	
우녁칩	할망칩	식게칩	

3. 모음으로 끝나는 어휘 형태소가 다른 어휘 형태소와 어울릴 적에 /ㅂ/ 소리가 덧나는 것은 'ㅂ'을 앞 글자의 받침 글자로 적는다.

| 좁쌀 | 찹쌀 |

제14항 파생어

소리만 특이하게 변한 것은 소리 나는 대로 적는다.

| 하르방 | 하르바님 | 하리비/하르비 |

제15항 체언과 조사

체언과 조사가 결합하여 꼭 바뀔 만한 이유가 없는데도 체언이나 조사의 소리가 바뀌는 것은 바뀌는 대로 적되, 체언과 조사를 구별하여 적는다.

안[內]	안네	안네도	안네만
질[路]	질레	질레도	질레만
바깟[外]	바깟디	바깟디도	바깟디만

다만, 다른 소리가 덧나기도 하고 덧나지 않기도 하는 것은 덧나지 않은 꼴로 적는다.

내[川]에　　　　시(市)에　　　　질레에

[붙임] 서술격 조사 '이-' 앞에서 /ㅈ, ㅍ/ 등으로 나타나는 체언의
종성은 다른 조사 앞에서도 'ㅈ, ㅍ' 등으로 적는다.

낮이라도	낮이	낮을	낮도	낮만
앞이라도	앞이	앞을	앞도	앞만

제16항　어간과 어미

어간과 어미가 결합하여 꼭 바뀔 만한 이유가 없는데도 어간이
나 어미의 소리가 바뀌는 것은 바뀌는 대로 적되, 어간과 어미를
구별하여 적는다.

갈다[耕]	갈앗저	가난	갈지도	갈게	갈아도
걷다[步]	걸엇저	걸으난	걸을지도	걷게	걸어도
아프다[痛]	아팟저	아프난	아플지도	아프게	아파도
올르다[登]	올랏저	올르난	올를지도	올르게	라도
조랍다[瞌]	조라왓저	조라우난	조라울지도	조랍게	조라와도

제17항　준 말

준말은 준 대로 적는다.

1. 형태소 내부

(본딧말)	(준말)
무엇	뭣/뭐/멋/머
그것	그거/거
다슷	닷
기영/그영	경

2. 어간과 어미의 결합

　(본딧말)　　　　　　　(준말)

　　ᄒᆞ여　　　　　　　　헤

　　ᄒᆞ연　　　　　　　　헨

　　좋은　　　　　　　　존

　　ᄒᆞ엿저　　　　　　　헷저

3. 어미와 어미의 결합

　(본딧말)　　　　　　　(준말)

　　가키어　　　　　　　가켜

4. 조사와 조사의 결합

　(본딧말)　　　　　　　(준말)

　　보다는　　　　　　　보단

　　에서는/이서는　　　　에선/이선

5. 단어와 단어의 결합

　(본딧말)　　　　　　　(준말)

　　어제ᄀᆞ냑　　　　　　엊치냑/엊츠냑

　　저 아이　　　　　　　자이

　　그 아이　　　　　　　가이

　　이 아이　　　　　　　야이

제4장 굳어진 표기

제18항 /ㄷ/ 끝소리

본디부터 /ㄷ/이 아닌 음절의 끝소리는 'ㅅ'으로 적는다.

덧(~니)　　섯(~들)　　숫(~구락)　　ㅅ믓
옷(~옷)　　쳇(~새끼)　　헛(~일)

제19항 한자 형태소

한자 형태소는 본음대로 적는다.

1. 표준어의 /ㅢ/가 /ㅣ/로 소리 나는 것

영희(英姬)　　　의원(醫院)　　　합의(合意)　　　희미(稀微)

2. 표준어의 /ㅖ/가 /ㅔ/로 소리 나는 것

계획(計劃)　　　은혜(恩惠)　　　폐백(幣帛)　　　혼례(婚禮)

3. 표준어의 /ㅚ/가 /ㅞ/로 소리 나는 것

괴이(怪異)　　　외국(外國)　　　쇠약(衰弱)　　　죄(罪)
최(崔)　　　퇴비(堆肥)　　　회의(會議)

제20항 합성어

고유어 어휘 형태소가 다른 어휘 형태소와 어울릴 때 본디 소리
와 다르게 나는 것은 다음과 같이 적는다.

1. 모음과 평음 사이에서 /ㄷ/ 소리가 덧나는 것은 'ㅅ'을 앞 글자
   의 받침 글자로 적는다.

   귓벵   꿸주시   댓순   수돗물
   웃드르   정짓낭/정젯낭 정짓문/정젯문

[붙임] 자음 뒤에서 평음이 된소리로 바뀌는 것은 따로 표기하지
        않는다.

   몸국   당가름   엉도   알드르   톱밥

2. 모음과 /ㅣ/ 사이에서 /ㄴ/ 소리가 덧나는 것은 'ㅅ'을 앞 글자
   의 받침 글자로 적는다.

   꿸입   농숫일   바깟일/바껏일/배껏일   베갯잇   츠렛일

부 칙

1. 지역적으로 혹은 사회적으로 다른 제주어는 모두 인정하여
   적는다.

   신그다/실르다   풀/쿨   품/쿰   신짝/신착

   ᄆᆞ르다/ᄆᆞᆯ르다[乾/裁]   첫째/첫채/첫차

   ᄀᆞᆯ겡이/ᄀᆞᆯ게/ᄀᆞᆯ각지   재열/재/자/자리/젤/잘

   숫구락/숫가락   -을걸/-으컬   -을디/-을티

   -광/-강/-과/-가/-꽝/-깡 부터/부떠

2. 이 표기법에서 명시적으로 정하지 않은 것은 한글 맞춤법에
   따른다.

▌참고문헌

강영봉 외(2008), 『제주지역어 생태지수 조사보고서』, 국립국어원 · 제주대학교국
　　　어문화원.

강근보(1975), 「제주도 방언 어휘고(2) : 곡용에서의 '-마씀'을 중심으로」, 『국문학
　　　보』 7, 제주대국어국문학회.

강영봉(2001), 『제주의 언어 1』(수정판), 제주문화.

＿＿＿(2008), 「'제주어 표기법'에 대하여」, 『영주어문』 15, 영주어문학회.

강정희(1991), 「규칙용언과 방언차에 대하여-제주방언 '닮다'구문을 중심으로」,
　　　『국어학』 21, 국어학회.

＿＿＿(2000), 「제주방언의 의존명사 '디'의 문법화」, 『21세기 국어학의 과제』, 월인.

＿＿＿(2005), 『제주방언 형태변화 연구』, 도서출판 역락.

＿＿＿(2007), 「생태학적 관점에서 본 제주사회 변화와 제주방언의 변화」, 『새국어생
　　　활』 17-4(겨울호), 국립국어원.

＿＿＿(2008), 「형태에 관한 제주방언 표기」, 『영주어문』 15, 영주어문학회.

＿＿＿(2012), 「소멸위기의 제주방언 보전을 위한 방언 활성화 방안」, 『영주어문』
　　　23, 영주어문학회.

국립국어원(2011), 『2010년 국민의 언어의식 조사』, 국립국어원.

권루시안 옮김(2005), 데이비드 크리스털 저, 『언어의 죽음』, 이론과 실천.

권재일(2006), 「국어사 연구와 사라져가는 언어 연구」, 『23회 한말연구학회 전국학
　　　술대회 발표자료집』, 한말연구학회.

김기혁(1995), 『국어문법연구』, 박이정.

김기혁 · 호정은 옮김(2012), 니컬러스 에번스 저, 『아무도 모르는 사이에 죽다』,
　　　글항아리.

김선희(1984), 「합성동사의 의미 분석 : '먹다, 치우다, 들다, 제거하다, 붙이다, 나

(아)가다'를 중심으로」, 『한글』 183, 한글학회.

김윤경 · 김영서 역(2001), Louis-Jean Calvet 저, 『언어전쟁』, 한국문화사.

김일병(2000), 『국어 합성어연구』, 도서출판 역락.

김지은(1990), 「도움움직씨 '(-아) 버리다'의 의미에 대한 연구」, 『한글』 207, 한글 학회.

김지홍 뒤침(2012), 노만 페어클럽 저, 『담화분석 방법-사회조사연구를 위한 텍스 트 분석』, 도서출판 경진.

김찬흡 외 옮김(2002), 이원조 저, 『역주 탐라지』, 푸른사상.

김창섭(1994), 「국어의 단어형성과 단어구조」, 서울대박사논문.

김하수(1989), 「언어행위와 듣는 이의 신호에 관한 화용론적 분석 시도 : 담화 속의 '네'」, 『말』 14, 연세대한국어학당.

김형주 · 김병홍(2001), 『디지털시대의 언어문화』, 동아대 출판부.

남광우 편(1971), 『고어사전』(보정판), 일조각.

남기심 · 고영근(1993), 『표준국어문법론』(개정판), 탑출판사.

노대규(1996), 『한국어의 입말과 글말』, 국학자료원.

_____(1997), 『한국어의 감탄문』, 국학자료원.

두행숙 옮김(2005), 프란츠M 부케티츠 저, 『멸종 사라진 것들』, 들녘.

문병우(2002), 『한국어 화용표지 연구』, 국학자료원.

문순덕(2004), 「제주국제자유도시와 제주어 2」, 『제주도』 108, 제주도.

_____(2005a), 「제주방언 높임말 첨사의 담화 기능 : '마씀, 양, 예'를 중심으로」, 『언어연구』 20-3, 한국현대언어학회.

_____(2005b), 「제주방언의 간투 표현」, 『한글』 269(가을호), 한글학회.

_____(2006a), 「제주도 소재 음식점 상호에 나타난 지명의 의미」, 『언어학연구』 11-1, 제주국제언어학회.

_____(2006b), 「제주방언 '불다'의 문법화 과정」, 『영주어문』 12, 영주어문학회.

_____(2006c), 「제주어의 국제적인 파워3」, 『제주특별자치도도』 110, 제주특별자치도.

_____(2006d), 「생명력이 강한 제주방언」, 『문화북제주』 3, 북제주문화원.

_____(2008), 「제주어의 문화정책 방안」, 『제주발전연구』 12, 제주발전연구원.

_____(2010a), 「제주방언의 보전 전략」, 『영주어문』 19, 영주어문학회.

문순덕(2010b), 「제주방언 성별語」, 『제주학』 5, 제주학연구소.

_____(2011a), 「제주어의 활용과 보존 방안」, 『제주발전포럼』 통권 37, 제주발전연구원.

_____(2011b), 「제주 구비문학에 나타난 제주방언의 문법 연구」, 『영주어문』 21, 영주어문학회.

_____(2012), 「제주어, 유네스코 절멸위기의 진단 이후 극복 방안」, *JDI Focous* 149, 제주발전연구원.

_____(2013), 「제주어에 대한 새로운 인식과 접근」, 『제주특별자치도』 117, 제주특별자치도.

_____(2014), 「한국어의 세계화 정책이 제줏말 진흥 정책에 주는 시사점」, 『제주발전포럼』 통권 49, 제주발전연구원.

문순덕·김원보(2012), 「제주방언 담화표지 '계메' 연구」, 『언어학연구』 17-1, 한국언어연구학회.

_____(2013), 「제주방언 '처레'와 '셍'의 담화의미」, 『언어학연구』 18-1, 한국언어연구학회.

민현식(1999), 『국어 문법 연구』, 도서출판 역락.

박성일 옮김(2008), 팀 에덴서 저, 『대중문화와 일상, 그리고 민족 정체성』, 이후.

박세연 옮김(2009), 한스 애빙 저, 『왜 예술가는 가난해야 할까』, 21세기북스.

박영순(2001), 『한국어 문장의미론』, 도서출판 박이정.

_____(2004), 『한국어의 사회언어학』(개정판), 한국문화사.

박영준 외(2003), 『한국어가 사라진다면』, 한겨레출판사.

박용후(1988), 『제주도방언연구-자료편』, 고려대학교 민족문화연구소.

_____(1989), 『제주방언연구-고찰편』, 과학사.

박욱현 옮김(1999), Alwin Fill 저, 『생태언어학』, 한국문화사.

박진호(1998), 「보조용언」, 『문법연구와 자료』, 태학사.

방종현(1947), 「제주도의 방언」, 『朝鮮文化總設』, 동성사.

서정목(1987), 『국어의문문연구』, 탑출판사.

서정수(1994), 『국어문법』, 뿌리깊은나무.

_____(2006), 『국어문법』, 한세본.

성기철(1985), 「현대 국어 대우법 연구」, 서울대박사논문.

_____(1991), 「국어 경어법의 일반적 특징」, 『새국어생활』 1-3, 국립국어연구원.

성낙수(1984/1992), 『제주도 방언의 통사론적 연구』, 계명문화사.

손세모돌(1993), 「국어보조용언에 대한 연구」, 한양대박사논문.

송상조(1994), 「제주방언 '기다, 아니다'에 관한 고찰」, 『한뫼』 7, 제주도중등국어교
          육연구회.

송상조 편(2007), 『제주말큰사전』, 한국문화사.

시정곤·김진희(2009), 「의존명사 구문의 양태적 고찰」, 『한국어학』 41, 한국어학회.

_____(2011), 「'의존명사+이다' 구문에 대한 양태적 고찰」, 『어문연구』
          68, 어문연구학회.

신지연(1988), 「국어 간투사의 위상 연구」, 서울대석사논문.

안주호(1992), 「한국어 담화표지 분석」, 『말』 17, 연세대학교 한국어학당.

오승신(1995), 「국어의 간투사 연구」, 이화여대박사논문.

오승훈(2013), 「제주특별자치도 거주 결혼이민자의 한국어 교육 실태 및 향후 과
          제」, *JDI Focus* 165, 제주발전연구원.

오영나 옮김(2008), 앤드류 달비 저, 『언어의 종말』, 작가정신.

왕안석 외(2005), 『한국 사회와 호칭어』, 역락.

유네스코 한국위원회(2005), 『지구의 언어, 문화, 생물 다양성 이해하기』.

유창순(1964), 『이조어사전』, 연세대 출판부.

이기갑 외(1998), 『전남방언사전』, 태학사.

이기동(1976), 「조동사의 의미 분석」, 『문법연구』 3, 문법연구회.

이상규(2000), 『경북방언사전』, 태학사.

이상복(1984), 「국어의 상대존대법 연구」, 『배달말』 9, 배달학회.

이성범 역(1996), Jacob L. Mey 저, 『화용론』, 한신문화사.

이숭녕(1957), 「제주도방언의 형태론적 연구」, 『동방학지』 3, 연세대 동방학연구소.

이익섭(1994), 『사회언어학』, 민음사.

이익환(1995), 『의미론개론』(수정·증보판), 한신문화사.

이익환·권경원 역(1992), Stephen C. Levinson 저, 『화용론』, 한신문화사.

이정민·박성현(1991), 「'-요' 쓰임의 구조와 기능: 문중 '-요'의 큰 성분 가르기

      및 디딤말 기능을 중심으로」,『언어』16-2, 한국언어학회.

이한규(2011), 「한국어 담화표지어 '예'의 의미」,『현대문법연구』65, 현대문법학회.

이해영(1994), 「담화표지 '글쎄'의 담화 기능과 사용 의미」,『이화여자대학교 논문집』13, 이화여자대학교 한국어문학연구소.

이화자(1998),『광고표현론』, 도서출판 나남.

임규홍(1995), 「담화표지 '뭐냐'와 '있지'에 대하여」,『어문학』56, 한국어문학회.

임동훈(2008), 「한국어의 서법과 양태 체계」,『한국어 의미학』26, 한국어의미학회.

임지룡(1997),『인지의미론』, 탑출판사.

전춘명 옮김(2001), Klaus J. Mattheier 저,『독일사회방언학』, 한신대 출판부.

정승철(2008), 「방언 표기법의 이상과 현실」,『영주어문』15, 영주어문학회.

제주문화예술재단 편(2009),『제주어사전』(개정증보), 제주특별자치도.

제주특별자치도(2012),『제2차 제주어 발전 기본계획(2013~2017)』, 제주특별자치도.

차현실(1986), 「양상부사의 통사적 특성에 따른 의미 분석 -'아마', '글쎄', '혹시'를 중심으로」,『말』11, 연세대학교 한국어학당.

채완(2004가), 「아파트 상표명의 구성과 조어」,『한국어의미학』14, 한국어의미학회.

＿＿＿(2004나), 「아파트 이름의 사회적 의미」,『사회언어학』12-1, 사회언어학회.

최철 편역(1983), 「제주풍토록」,『동국산수기』, 명문당.

최현배(1971),『우리말본』, 정음사.

한길(1986), 「들을이높임법에서의 반말의 위치에 관하여」,『국어학신연구』, 탑출판사.

한국정신문화원어문연구실(1995),『한국방언자료집 Ⅸ : 제주도편』, 한국정신문화연구원.

한글학회(1991),『우리말큰사전 1』, 어문각.

한상미(2011), 「담화 및 화용과 한국어 교육 연구」,『이중언어학』47, 이중언어학회.

한영목(2000), 「보조용언 -번지다, 쌓다'와 충남 방언」,『한글』249, 한글학회.

허웅(1975),『우리옛말본』, 샘문화사.

허재영(2001), 「감탄사 발달사」,『한국어의미학』9, 한국어의미학회.

현평효(1974/1985),『제주도방언연구-논고편』, 이우출판사.

＿＿＿＿(1977), 「제주도방언의 존대법」,『국어국문학』74, 국어국문학회.

＿＿＿＿(1991), 「제주도방언 존대법의 특징」,『새국어생활』1-3(가을호), 국립국

어연구원.

홍민표(2008), 「일본의 국어정책」, 『사회언어학』 16-2, 사회언어학회.

홍종선(2000), 「현대 국어 연구를 위한 시기별 언어 자료」, 홍종선 외, 『현대 국어 형성과 변천 1 : 음운·형태』, 박이정.

국립국어원 홈페이지(www.korean.go.kr)

국립국어원 온라인소식지(http://www.urimal365.kr), 「쉼표, 마침표」.

세종학당 홈페이지((http://www.sejonghakdang.org)

언어다양성 보존 활용센터(www.cld-korea.org/diversity/diversity.php)

위키백과 홈페이지(ko.wikipedia.org)

유네스코 홈페이지(www.unesco.org/culture/languages-atlas)

유네스코한국위원회 홈페이지(www.unesco.or.kr)

통계청 홈페이지(www.kostat.go.kr)

찾아보기

▌**문순덕**(文舜德)

문학박사
현재 제주발전연구원 책임연구원
저서로는 제주방언문법 연구, 섬사람들의 음식연구,
제주여성의 일생의례와 언어 등이 있다.

제주방언의 그 맛과 멋

2014년 11월 25일 초판 1쇄 펴냄

저　자 문순덕
발행인 김흥국
발행처 도서출판 보고사

등록 1990년 12월 13일 제6-0429호
주소 서울특별시 성북구 보문동7가 11번지 2층
전화 922-5120~1(편집), 922-2246(영업)
팩스 922-6990
메일 kanapub3@naver.com
http://www.bogosabooks.co.kr

ISBN 979-11-5516-321-4　93710